Duncan J. D. Smith

NUR IN KÖLN

Ein Reiseführer zu sonderbaren Orten,
geheimen Plätzen und
versteckten Sehenswürdigkeiten

Aus dem Englischen von Walter Goidinger

Fotografien von Duncan J. D. Smith

CHRISTIAN BRANDSTÄTTER VERLAG

Meinem Vater Trevor in liebendem Gedenken,
der in mir die Begeisterung geweckt hat,
mich auf die Suche nach ungewöhnlichen Orten zu machen.

Oben: Detail eines Grabsteins auf dem Alten Kalker Friedhof (s. Nr. 48)

Seite 2: Spätgotische Stapelhäuser am Fischmarkt, im Hintergrund die Kirche Groß St. Martin (s. Nr. 36)

Inhalt

Vorwort 8

Stadtzentrum (westliches Rheinufer):
Nördliche Innenstadt (Stadtbezirk 1) *(Altstadt-Nord, Neustadt-Nord)*

1 Die Ruinen von Colonia Agrippinensium 11
2 Der Vater des modernen Parfums 14
3 Die Brunnen von Köln 17
4 Die Erfindung des Stolpersteins 19
5 Die Ausgrabung des Goldschmiedviertels 21
6 Kirchen in Ruinen 23
7 Ein ungewöhnliches Denkmal für einen preußischen König 25
8 Das beliebteste Theater in Deutschland 28
9 Private Liebhabereien für die Öffentlichkeit 30
10 Mittelalterlicher Humor! 32
11 Kuriosa im Dom 34
12 Entlang den römischen Mauern 37
13 Ein Abstieg in die Krypten von Köln 40
14 Geburtsort der elektronischen Musik 43
15 Das Eldorado für Besteck-Liebhaber 45
16 Wo Stimmen des Widerspruchs noch zu hören sind 47
17 Straßennamen und Hausnummern 50
18 Die Pferdeköpfe in der Richmodstraße 52
19 Die faszinierende Geschichte des Geldes 55
20 Panamahüte und eine gute Tasse Tee 57
21 Wie Köln aussehen hätte können 60
22 Das Grauen von Klingelpütz 63
23 Auf den Spuren der Pilger 66
24 Der Untergang der *Cöln* 68
25 Der unterirdische Kronleuchter 70
26 Ein Pionier der Nachkriegsmoderne 73
27 Kölns erster Wolkenkratzer 76
28 Der größte Trümmerhaufen der Welt 79
29 Ein Automobil in Beton 81

Stadtzentrum (westliches Rheinufer):
Südliche Innenstadt (Stadtbezirk 1) *(Altstadt-Süd, Neustadt-Süd)*

30 Die Welt in einem Museum 83
31 Ein Dutzend romanische Kirchen 86

32	Den Senf nicht vergessen!	88
33	Casanova und die Elendskirche	91
34	Filmstadt Köln	93
35	Pforten in die Vergangenheit	96
36	Hotelgeheimnisse – geheimnisvolle Hotels	98
37	Europas erstes Kunsthotel	101
38	Beim Klange chinesischer Glocken	104
39	Hommage an einen Wasserspeicher	107

Stadtzentrum (östliches Rheinufer):
Innenstadt (Stadtbezirk 1) *(Deutz)*

40	Die letzten Drehbrücken	110
41	Ist das wirklich eine Kirche?	113
42	Ein Weg unter dem Rhein	116
43	Die erste Motorenfabrik der Welt	119
44	Eine preisgekrönte Tankstelle	121

Östliche Vorstädte:
Porz (Stadtbezirk 7)
Kalk (Stadtbezirk 8)
Mülheim (Stadtbezirk 9)

45	Am Fluss bei Zündorf	123
46	In freier Natur	126
47	Beim Tempel der afghanischen Hindus	128
48	Auf Gottes grünem Acker	130
49	Von der Brauerei ins Bierglas	133
50	Die eigentliche Heimat der Schwebebahn	136
51	Das Herz des türkischen Köln	139
52	Wo Raubritter einst Hof hielten	142
53	Eine Heimat für alte Straßenbahnen	145
54	Kölns früheste Einwohner	148
55	Eine Preußische Optische Telegrafenstation	150
56	Ein unverhoffter japanischer Garten	152

Nordwestliche Vorstädte:
Ehrenfeld (Stadtbezirk 4)
Nippes (Stadtbezirk 5)
Chorweiler (Stadtbezirk 6)

57	Auf den Spuren seltener Tiere	154
58	Palmen und Riesenseerosen	157
59	Alte Eisenbahnen am Rhein	160

60	Die Welt der Bunker	**162**
61	Der vierzigmillionste Ford ist ein Fiesta	**165**
62	Ein ungewöhnlicher See	**168**
63	Eine Prise Landleben	**171**
64	Wo der Rote Baron das Fliegen lernte	**173**
65	Sprechende Steine der Juden	**176**
66	Auf der Suche nach dem echten Köln	**179**
67	Gedenkstätten menschlichen Leides	**182**
68	Ein Leuchtturm fern vom Meer	**185**
69	Urbane Kletterei	**187**
70	Ein Badetempel im Jugendstil	**189**

Südwestliche Vorstädte:
Rodenkirchen (Stadtbezirk 2)
Lindenthal (Stadtbezirk 3)

71	Die europäische Hauptstadt des Karnevals	**192**
72	Eine verborgene römische Grabkammer	**195**
73	Historische Wohnsiedlungen	**197**
74	Die Entführung in Lindenthal	**200**
75	Adenauer, der große Erneuerer	**202**
76	Hitlers Weg zur Kanzlerschaft	**205**
77	Napoleons Friedhof	**208**
78	Die akademische Kohlengrube	**210**
79	Vom Friedhof zur Markthalle	**212**
80	Kontroverse am Martin-Luther-Haus	**215**
81	Türme für Bismarck	**217**
82	Die einstmals größte deutsche Festung	**219**
83	Die Legende von Bischof Maternus	**221**
84	Schießpulver, Kerzen und Kunst	**224**

Anhang

Öffnungszeiten	**227**
Zum Weiterlesen	**230**
Danksagung	**231**
Impressum	**232**

Vorwort

> *"In Köln, der Mönchs- und Knochenstadt,*
> *Wo jeder Fußweg mörderische Steine hat"*
> Cologne, Samuel Taylor Coleridge (1828)

Köln (oder auf gut Kölsch: Kölle) mag nur die viertgrößte Stadt Deutschlands sein und manchmal zugunsten Berlins, Hamburgs und Münchens übersehen werden, sie bleibt dennoch die Stadt mit der reichsten Geschichte. Die Worte des Dichters Samuel Taylor Coleridge (1772–1834) erfassen gut die vielfältige Vergangenheit Kölns. An dieser strategischen Lage an den Rheinufern gründeten die Römer ihre nördlichste Kolonie, die der Stadt den Namen geben sollte. Der Standort war auch wirtschaftlich bedeutend, was den späteren Aufstieg Kölns zu einer fränkischen Machtbasis ebenso erklärt wie den Anschluss seiner wohlhabenden Kaufmannschaft an den Bund der Hanse. Als *Sancta Colonia* konnte die größte mittelalterliche Stadt Deutschlands auf ihre zahlreichen romanischen Kirchen stolz sein, deren Reliquienschätze die Position Kölns als bedeutende Pilgerstätte begründeten.

Im Jahr 1475 verlieh Friedrich III. (1452–1493),* Kaiser des Heiligen Römischen Reiches, Köln den Status einer Freien Reichsstadt, den es bis zur Ankunft der napoleonischen Truppen 1794 beibehielt. Von 1815 bis 1918 stand Köln unter preußischer Verwaltung und diente als stark befestigtes Bollwerk gegen Frankreich. Nach dem Zweiten Weltkrieg, dem ein großer Teil der Innenstadt zum Opfer fiel, wurde Köln die größte Stadt (wenn auch nicht die Hauptstadt) im Bundesland Nordrhein-Westfalen; seither hat Köln sich als wichtigstes Dienstleistungs-, Kultur- und Medienzentrum der Region neu definiert.

Die reiche Geschichte Kölns gibt den – relativ wenigen – Mainstream-Reiseführern Gelegenheit für einschlägige Empfehlungen. Der Besucher sieht sich einer großen Auswahl an Museen, Galerien, Restaurants und bemerkenswerten Gebäuden gegenüber. Köln hat indessen viel mehr zu bieten, als sich dem ersten Augenschein erschließt, und dieser Stadtführer richtet sich an alle unabhängigen Reisenden, die ein wenig mehr als die üblichen Reiseführer-Highlights entdecken wollen. Ein paar Minuten Planung und ein Blick auf eine gute Straßenkarte** sind ausreichende Voraussetzung, um ausgetretene Pfade verlassen und ein ganz anderes Köln entdecken zu können.

Auf der Grundlage eigener Erfahrungen bei seinen Wanderungen durch die neun Stadtbezirke lenkt der Autor den Blick der Besucher in neue und ungewohnte Richtungen. Das Köln der römischen Ruinen rückt ins Blickfeld, die Stadt religiöser Reliquien, vergessener Festungen, unvermuteter Kultstätten, aufgelassener Friedhöfe und kaum bekannter Museen; wir besuchen stimmungsvolle Krypten und extravagante Läden. Nicht zu vergessen das exzellente Kanalsystem aus dem 19. Jahrhundert und ein künstliches Kohlebergwerk unter der Universität – beide sind für Besucher zugänglich. Köln blickt aber auch auf eine turbulente Vergangenheit zurück, wobei insbesondere die Zeugnisse der schmerzvollen jüdischen Geschichte und zahlreiche Andenken an die Opfer der Nazigewalt eindrücklich an schreckliche Zeiten gemahnen.

Es versteht sich, dass sich ein großer Teil dieser ungewöhnlichen historischen Stätten in der Kölner Altstadt befindet, am westlichen Rheinufer und in Deutz im Osten. Eine nicht minder große Zahl an interessanten Orten ist jedoch außerhalb dieser gut besuchten Bereiche angesiedelt – in den Stadtbezirken Ehrenfeld, Nippes und Chorweiler im Nordwesten sowie in Rodenkirchen und Lindenthal im Südwesten. Weitere versteckte Orte warten auf der anderen Flussseite in den östlichen Bezirken Porz, Kalk und Mülheim auf ihre Entdeckung.

Dank einem weitreichenden Stadtbahnnetz, zusammengesetzt aus überirdischen Straßenbahnen und U-Bahnen, sowie dem umfangreichen Busnetz und den Fahrradwegen lassen sich alle Orte rasch erreichen, ohne dabei die Möglichkeit einzuschränken, seine eigenen, persönlichen Pfade und Routen zu erforschen. Im Sinne dieser Gestaltungsfreiheit wurden auch die Wegbeschreibungen auf ein Minimum beschränkt. Ob sie sich auf die Suche nach den Reliquien der Heiligen Ursula und ihrer Jungfrauen machen, oder sehen möchten, wo der Rote Baron das Fliegen lernte, ob sie sich für den ersten Wolkenkratzer der Stadt oder vielmehr für das erste Kunsthotel der Welt begeistern oder ob sie das Kölner türkische Viertel erforschen wollen – es ist zu hoffen, dass Stadtabenteurer und Stadterforscherinnen das Gefühl bekommen, diese Entdeckungen ganz selbständig gemacht zu haben.

Duncan J. D. Smith
Köln & Wien

---

* Die Daten hinter den deutschen Herrschernamen beziehen sich auf die Regierungsjahre, die Daten hinter den Namen anderer wichtiger Persönlichkeiten beziehen sich auf deren Lebenszeit.
** Die meisten Straßenkarten Kölns decken das Stadtzentrum und die Vororte ab; der ausgezeichnete Falk Stadtplan Extra erfasst alle neun Stadtbezirke und verzeichnet Eisenbahn-, Stadtbahn- und Busrouten.
(Die Namen und Nummern der Stadtbezirke sind nach jeder Kapitelüberschrift aufgeführt, für die Innenstadt zusätzlich mit Stadtteilbezeichnungen in Klammern. Am Ende jedes Kapitels sind andere interessante Orte in Gehdistanz erwähnt. Eine alphabetische Liste der Öffnungszeiten finden Sie im hinteren Teil des Buches.)

Ein Stapel römischer Töpfe im Römisch-Germanischen Museum am Roncalliplatz

1. Die Ruinen von Colonia Agrippinensium

Innenstadt (Altstadt-Nord) (Stadtbezirk 1), Tour auf den Spuren der Römer, Start im Untergeschoss von C&A, Schildergasse 60–68
Stadtbahn 1, 7, 9 Heumarkt; Bus 132 (ab 2015: Nord-Süd-Stadtbahn Rathaus)

Die Geschichte Kölns im eigentlichen Sinne beginnt mit den Römern. In den Jahren 58–51 v. Chr. eroberten die Legionen Julius Cäsars (100–44 v. Chr.) jenen Teil Westeuropas, den sie Gallien nannten. Im Verlauf dieser Eroberungszüge vertrieben sie die Bevölkerung des linken Rheinufers, das die östliche Grenze (Limes) Galliens zum Stammgebiet der Germanen bildete, und siedelten dort einen romfreundlichen germanischen Stamm vom rechten Rheinufer an: die Ubier. Im Jahr 38 v. Chr. errichtete der römische Feldherr Marcus Vipsanius Agrippa (ca. 63–12 v. Chr.) ein als Oppidum Ubiorum bezeichnetes Heerlager an der Stelle des heutigen Köln. Im Jahr 50 n. Chr. erhielt diese Siedlung einen neuen, höheren Status. Sie wurde auf Wunsch von Agrippina der Jüngeren (16–59 n. Chr.) von ihrem Gatten, Kaiser Claudius (10 v. Chr. – 54 n. Chr.), zur *Colonia* erhoben, hieß ab nun also Colonia Claudia Ara Agrippinensium (CCAA), und war im Jahr 90 n. Chr. bereits zur Hauptstadt der römischen Provinz Germania Inferior avanciert.

In ihrer Blütezeit war Colonia Agrippinensium ein Abbild der Ewigen Stadt Rom mit einem kaiserlichen Altar (daher *Ara*), einem *Capitolium,* in dem die Götter des Capitols verehrt wurden, einem rechtwinkligen Straßennetz und einer wehrhaften Stadtmauer (s. Nr. 12 & 13). Auch nach 2000 Jahren kann man Elemente der Anlage noch im modernen Stadtbild ausmachen. So folgt beispielsweise die Hohe Straße – übrigens die erste echte Fußgängerzone Deutschlands – dem Verlauf des römischen *Cardo Maximus* (die Nord-Süd verlaufende Hauptstraße einer römischen Siedlung). Auch die Schildergasse liegt oberhalb des seinerzeitigen *Decumanus Maximus* (ost-westliche Hauptstraße). Hier ist auf Nummer 60–68 im Tiefgeschoss des Kaufhauses C&A gegenüber der öffentlichen Toilettenanlage ein Teilstück des römischen Forums zu sehen.

Im Untergrund des heutigen Köln finden sich zahlreiche faszinierende Bruchstücke der römischen Vergangenheit: eine römische Ringschule *(Palaestra)*, ein Freibad *(Natatio)* und ein Lagerhauskomplex *(Horrea)* unterhalb der Kirche Groß St. Martin auf Groß St. Martin 9;

Die beeindruckenden Ruinen des römischen Prätoriums

das *Capitolium* unterhalb der Kirche St. Maria im Kapitol, Kasinostraße 6 (Altstadt-Süd); und eine Begräbnisstätte mit römischen Steinsarkophagen unterhalb der St. Severinskirche am Severinskirchplatz (s. Nr. 13).

Ein Besuch im Römisch-Germanischen Museum, Roncalliplatz 4 (Altstadt-Nord), vervollständigt die Eindrücke. Beim Bau des Museums wurden Reste einer gepflasterten Straße zum römischen Hafen ausgegraben und zur Südseite des Museums gebracht. Dieses ausgezeichnete Museum begeistert nicht nur mit seinen eindrucksvollen Großskulpturen, zum Beispiel einem alten Stadttor und einem 15 Meter hohen Mausoleum, sondern auch mit Alltagsgegenständen wie Ledersandalen, Öllampen, Fingerhüten, Gläsern, Broschen, Spielsachen, dem Handspiegel einer Dame, Waagschalen und Schreibgeräten aus Bronze.

Nach dem Museumsbesuch empfiehlt sich nochmals ein Abstieg unter die Erde zu den eindrucksvollsten unterirdischen Zeugnissen des römischen Köln. Das *Praetorium* war der Sitz des römischen Statthalters der Provinz Germania Inferior, seine Überreste erreichen wir über eine Stiege an der Kleinen Budengasse 2 (Altstadt-Nord). Über mehrere Gehwege, eingezwängt zwischen dem römischen Bodenniveau und einem modernen Betondach, gelangt man nicht nur zu den

Über diesen Steinkanal unterhalb der Kleinen Budengasse wurde einst das Abwasser des Prätoriums entsorgt.

Ruinen, sondern auch zum römischen Abwasserkanal. Dieses 2,5 Meter hohe und 1,22 Meter breite Bauwerk diente einst der Entwässerung des Gebäudes und war bis zum Abzug der Römer aus dem Rheinland im 5. Jahrhundert in Gebrauch. Noch heute kann man seinem Verlauf einige hundert Meter lang folgen.

Das Schicksal des *Praetorium* widerspiegelt das Schicksal der Römer im Rheinland: Zwischen 260 und 274, als die Franken und Alemannen die römische Herrschaft über Gallien bedrohten, wurde es Herrschersitz des abtrünnigen gallischen Reiches. Als das Gebiet erneut von Rom erobert wurde, baute Kaiser Konstantin I. (272–337) das *Praetorium* wieder auf und errichtete die erste feste Brücke über den Rhein sowie das Kastell Divitia (heute Deutz). Dies hinderte jedoch die Franken nicht daran, die Stadt 355 und 388 zu plündern, und 455 wurde Colonia Agrippinensium Herrschaftssitz eines fränkischen Stammes, der Ripuarier. Um diese Zeit hatte sich das römische Heer bereits gänzlich aus dem Rheinland zurückgezogen. Das *Praetorium* wurde in der Folge von Merowingern und Karolingern besetzt. Um die Mitte des 8. Jahrhunderts wurde das Gebäude schließlich durch ein Erdbeben zerstört.

Weitere Sehenswürdigkeiten in der Nähe: 2, 3, 6, 14, 16, 18

2. Der Vater des modernen Parfums

Innenstadt (Altstadt-Nord) (Stadtbezirk 1), Duftmuseum im Farina-Haus in Obenmarspforten 21, gegenüber dem Gülichplatz
Stadtbahn 1, 7, 9 Heumarkt; Bus 132 (ab 2015: Nord-Süd-Stadtbahn Rathaus)

„Ich habe einen Duft gefunden, der mich an einen italienischen Frühlingsmorgen erinnert, an Bergnarzissen, an Orangenblüten kurz nach einem Regen. Er erfrischt mich, belebt meine Sinne und meine Phantasie." Mit diesen Worten beschreibt der 23-jährige italienische *Parfumeur* Giovanni Maria Farina (1685–1766) seine Hochstimmung, als es ihm geglückt war, ein Parfum herzustellen, das er zu Ehren seiner Wahlheimat am Rhein *Original Eau de Cologne (Original Kölnisch Wasser)* nannte. Das unverwechselbare Duftwasser wird noch immer von der gleichen Familie hergestellt und an der gleichen Adresse – Obenmarspforten 21 (Altstadt-Nord) – verkauft, wo sich jetzt auch das faszinierende Duftmuseum im Farina-Haus befindet. Weltweit gibt es nur sehr wenige Produkte, die seit so langer Zeit mit dem Namen einer Stadt verbunden sind.

Giovanni Maria Farina kam 1706 nach Köln. 1709 gründete sein Bruder Giovanni Battista an der Ecke Unter Goldschmied und Große Budengasse eine Handlung für „Französische Waren" wie Seidenstoffe, Perücken, Federn, Gürtel und Schnallen. Für elegantes Ausstattungszubehör war Köln in der Zeit des späten Barock oder Rokoko ein lukrativer Markt, und Giovanni Maria wurde mit seinem Parfum Teilhaber an dem Unternehmen. Interessanterweise genossen die Brüder Farina als Katholiken bürgerliche Rechte, obwohl sie Ausländer waren. Dass sie nicht berechtigt waren, Mitglieder einer Zunft zu werden, sollte sich sogar als Vorteil erweisen, da sie so branchenübergreifend und über die Gemeindegrenzen hinaus Handel treiben konnten. Das war ein entscheidender Faktor, zumal der eigentliche Markt für Luxusartikel die fürstlichen Gesellschaften außerhalb der Stadt Köln waren.

1714 wurde Giovanni Maria unter dem Namen Johann Maria Farina Stadtbürger von Köln, und im Jahr 1723 übersiedelte das Geschäft an seinen heutigen Standort Obenmarspforten (das neubarocke Gebäude von heute entstand 1897–1899). Für die erhoffte gehobene Klientel, die als Botschafter den Ruf seines Parfums in die weite Welt hinaustragen sollte, entwarf Johann Maria selbst den Verkaufsraum.

Farina war versiert in der hohen Kunst eines *aromatiseur*, bei der es darum ging, reinen Alkohol aus Qualitätsweinen zu destillieren,

Ein Originalflakon im Duftmuseum im Farina-Haus in Obenmarspforten

zumal sich dieses Ethanol als die beste Trägersubstanz für natürliche, aus Blüten und Früchten gewonnene Duftstoffe herausgestellt hatte. Was sein Parfum so besonders auszeichnete, war sein meisterlicher Einsatz purer Essenzen, die bis dahin in Europa unbekannt gewesen waren: zum Beispiel Bergamotte, Limette, Grapefruit und Bitterorange (*neroli*), die durchwegs im Herkunftsgebiet gewonnen wurden. Im Duftmuseum wird das aufwändige Verfahren der *enfleurage* vorgeführt, der Extraktion der Aromaessenz aus der Pflanze. Farinas *Original Eau de Cologne* mit der feinen, vom verdampfenden Alkohol getragenen Zitrus-Kopfnote begeisterte die Trägerinnen und umhüllte sie mit einer fremdländisch-mediterranen Aura. Die Tatsache, dass die Herz- und Basisnoten des Duftes auf der Haut jeder Benutzerin ein jeweils individuelles Aroma ergaben, stellte sich als einmalig genial heraus.

Historische Parfumflakons im Duftmuseum im Farina-Haus

Eine weitere Innovation zu jener Zeit war die Fähigkeit Farinas, trotz der bei Verwendung natürlicher Ingredienzien unvermeidlichen Abweichungen die typische Duftnote seines Parfums exakt reproduzieren zu können. Zu diesem Zweck erstellte er eine präzise definierte Sammlung von Referenzproben, die noch heute in Verwendung sind. Damit war ein Höhepunkt der Parfumeurskunst erreicht, und Farina gilt mit Recht als Vater des modernen Parfums.

Farinas Strategie, seinen Kundenkreis außerhalb Kölns zu suchen, erwies sich als äußerst erfolgreich, und sein Auftragsbuch gleicht einem Who's who europäischer Adels- und Herrscherhäuser. So sandte Kaiser Karl VI. von Österreich ein Fläschchen (bzw. einen *flacon*) *Original Eau de Cologne* an alle, deren Unterstützung er zur Durchsetzung der Pragmatischen Sanktion brauchte, die seiner Tochter Maria Theresia den Weg zum Thron ebnen sollte. Kaiserin Maria Theresia war selber eine hochgeschätzte Kundin, und auch König Ludwig XV. von Frankreich, König Friedrich der Große von Preußen, Kaiserin Elisabeth von Österreich und Königin Viktoria von England gehörten zum erlauchten Kundenkreis (die illustre Liste wurde im Laufe der Zeit unter anderem von Marlene Dietrich, Indira Gandhi und Diana Prinzessin von Wales ergänzt). Die von Farina mit höchster Akribie geführten Kassenbücher und die Abschriften vieler Briefe, die er an seine Kundinnen schrieb, stellen ein einmalig vollständiges Archiv einer europäischen Handelsgesellschaft dar. Auch das Pult, an dem er seine Schreibarbeiten zu erledigen pflegte, befindet sich im Museum, ebenso eine Sammlung historischer Riechfläschchen und eine Auswahl der vielen unvermeidlichen Nachahmungen seines Parfums. Im Jahr 1874 wurde im Reichstag ein Gesetz zum Schutz von Markennamen erlassen. Als Erster wurde *Johann Maria Farina gegenüber dem Jülichsplatz* in das Markenregister eingetragen.

Weitere Sehenswürdigkeiten in der Nähe: 3, 4, 6, 7, 10

3. Die Brunnen von Köln

Innenstadt (Altstadt-Nord) (Stadtbezirk 1), Brunnentour, Start beim Frauenbrunnen im Hof von Obenmarspforten 21
Stadtbahn 1, 7, 9 Heumarkt; Bus 132 (ab 2015: Nord-Süd-Stadtbahn Rathaus)

Liebhaber klassischer Musik kennen das stimmungsvolle Tongemälde *Fontane di Roma* des italienischen Komponisten Ottorino Respighi (1879–1936), eine großartige Beschwörung der Stadt, in der er sich 1913 niederließ. Doch nicht nur in Rom, sondern auch in Köln verschönert eine ansehnliche Anzahl Brunnen das Stadtbild – nach neuester Zählung über 100! Machen wir uns nun auf eine Entdeckungsreise zu einigen Brunnen in Altstad-Nord (gegen den Uhrzeigersinn).

Der Rundgang beginnt am Frauenbrunnen im Hof von Obenmarspforten 21, einem Werk der deutschen Keramik-Künstlerin Anneliese Langenbach (1926–2008). Er zeigt zehn Frauen, die die unterschiedlichen Volksgruppen repräsentieren, die Köln im Verlauf seiner 2000-jährigen Geschichte bewohnt haben, von den vorrömischen Ubiern und den Römern über die Franken, Juden und Preußen bis heute. Draußen auf dem Gülichplatz steht der Fastnachtsbrunnen, der 1913 errichtet wurde. Dieser Brunnen besteht aus einem Bronzekessel, der mit Figuren des berühmten Kölner Karnevals geschmückt ist (s. Nr. 71).

Weiter Richtung Norden, vorbei am Rathaus, kommen wir in der Kleinen Budengasse am Theo-Burauen-Brunnen vorbei, der an den Kölner Bürgermeister der Jahre 1956–1973 erinnert. Nicht weit davon, am Alten Markt, findet sich ein weiterer Brunnen mit einem Karnevalsthema, der Jan-von-Werth-Brunnen aus dem Jahr 1884. Er erinnert an die Liebesgeschichte von Jan und Griet, die alljährlich zur Eröffnung des Kölner Karnevals aufgeführt wird. Weiter Richtung Osten über den Marsplatz, wo eine alte, handbetriebene, öffentliche Wasserpumpe zu sehen ist, erreichen wir den bezaubernden Ostermannplatz mit dem Ostermann-Brunnen. Dieser wurde Ende der 1930er Jahre zur Erinnerung an den Kölner Liedermacher Willi Ostermann (1876–1936) errichtet, dessen beliebte Lieder vor allem im Karneval erklingen.

Wir wenden uns wieder Richtung Norden und kommen Am Hof zum Heinzelmännchen-Brunnen. Die 1900 geschaffenen Skulpturen zeigen die Heinzelmännchen, die der Sage nach des Nachts kamen und die Arbeit der Kölner Handwerker fertig stellten. Zu sehen ist auch die misstrauische Ehefrau, die aus Furcht, ihr Mann könnte in seinem

Eifer nachlassen, getrocknete Erbsen in der Werkstatt ausstreute. Woraufhin die Wichtel, die über die Erbsen stolperten, das Weite suchten und nie wieder kamen ...

Am Vorplatz des Kölner Doms steht der Taubenbrunnen, 1953 vom deutschen Künstler Ewald Mataré (1887–1965) entworfen, dessen Werk die Nazis als „entartete Kunst" denunzierten. Es ist der erste abstrakte Brunnen, der nach dem Zweiten Weltkrieg in Köln errichtet wurde. Etwas weiter westwärts findet sich im Hof des Museums für Angewandte Kunst An der Rechtschule noch ein Brunnen von Mataré: Der Stefan-Lochner-Brunnen steht als schlanke Säule da, gekrönt von einem Engel mit einer Malerpalette in Händen. Seine Errichtung soll an den 500. Todestag des größten spätgotischen Malers der Stadt Köln erinnern, dessen Arbeiten im Wallraf-Richartz Museum in Obermannspforten (Altstadt-Nord) zu sehen sind (s. Nr. 11).

Der Frauenbrunnen steht in einem Innenhof in Obenmarspforten 21.

Weiter Richtung Westen treffen wir am Appellhofplatz auf den Römerbrunnen aus dem Jahr 1915. Er erinnert an das römische Erbe Kölns und greift mit der kapitolinischen Wölfin, die Romulus und Remus säugt, die Gründungslegende Roms auf. Am westlichsten Punkt dieses Rundganges erreichen wir am Erich-Klibansky-Platz den Löwenbrunnen, in den die Namen von mehr als 1000 jüdischen Kindern eingeschrieben sind, die von den Nazis ermordet wurden.

Weiter geht's zum bezaubernden DuMont-Brunnen an der Breiten Straße, 1986 als Referenz an das hier in der Nähe angesiedelte, große Kölner Verlagshaus errichtet und mit literarischen Motiven ausgeschmückt. Etwas weiter, auf dem Offenbachplatz, befindet sich ein Brunnen, der 1966 vom Kölner Bildhauer Jürgen Hans Grümmer (1935–2008) entworfen wurde. Es heißt, er habe dafür Glasscherben der zerstörten Berliner Gedächtniskirche sowie Teilstücke der Luxusyacht von Aristoteles Onassis verwendet. Schließlich beenden wir unsere Tour beim Bierbrunnen am unteren Ende der Schilderstraße. Er wurde von Studenten 1970 entworfen und zunächst von einer Kölner Brauerei gesponsert. Anstelle des seinerzeitigen Biers sprudelt allerdings heute Wasser aus dem Brunnen!

Weitere Sehenswürdigkeiten in der Nähe: 2, 4, 5, 6, 7, 10

4. Die Erfindung des Stolpersteins

Innenstadt (Altstadt-Nord) (Stadtbezirk 1), Stolperstein auf dem Rathausplatz
Stadtbahn 1, 7, 9 Heumarkt; Bus 132 (ab 2015: Nord-Süd-Stadtbahn Rathaus)

Auf dem Rathausplatz, vor dem Eingang in das Kölner Rathaus, wo 1933 Nazitruppen den damaligen Bürgermeister Konrad Adenauer (1876–1967) seines Amtes enthoben und Gauleiter Josef Grohé (1902–1987) an seine Stelle setzten, ist eine kleine Messingtafel in das Kopfsteinpflaster eingefügt. Darauf zu lesen ist eine vom damaligen Reichsführer-SS Heinrich Himmler (1900–1945) erlassene Verordnung über die Deportation von Kölns „Zigeunerischen Personen" (gemeint waren Roma und Sinti) in das Konzentrationslager Auschwitz. Die Tafel ist das Werk von Gunter Demnig (1947 in Berlin geboren), der im Jahr 1990 den Weg der Deportierten von ihrem Versammlungsort in Bickendorf bis zum Bahnhof Deutz mit Kreide auf dem Pflaster markierte. Als eine Anrainerin Erstaunen darüber äußerte, dass jemals Zigeuner in ihrer Nachbarschaft gewohnt hatten, entschloss sich Demnig, die Kreidespur in Metall auszuführen, als bleibende Erinnerung an die Ermordeten.

Auch die kleine Messingtafel auf dem Rathausplatz stammt von Demnig. Sie ist das Beispiel eines sogenannten Stolpersteines. Diese sollen, meist vor der letzten bekannten Wohnstätte von Opfern des Naziregimes verlegt, die Passanten neugierig machen. Den ersten Stolperstein legte Demnig 1966 ohne Genehmigung in Berlin, und nach mehrjährigen Verhandlungen wurde ihm gestattet, weitere zu installieren. Es folgten andere Länder, wie Österreich, Polen, Ungarn, die Tschechische Republik und Italien, und inzwischen ist die Zahl der Stolpersteine in Europa auf etwa 25 000 angewachsen.

Demnig geht es nach eigenen Worten darum, die individuellen Namen von Millionen von Juden, Widerstandskämpfern, Homosexuellen und Roma und Sinti, die in den Jahren 1933–1945 durch die Nazis zugrunde gingen, dem Vergessen zu entreißen. Die Steine tragen Namen, Geburtsdatum, Todesdatum und Todesort und sollen den Opfern, die meist nicht bestattet wurden und an die keine Grabtafel erinnert, wieder eine Identität verleihen. Im Unterschied zu herkömmlichen Holocaust-Gedenkstätten, die zumeist aus Wandtafeln und aufrecht stehenden Denkmälern bestehen, überzeugen die Stolpersteine durch ihre

Ein Stolperstein vor dem Rathaus

Bescheidenheit bei gleichzeitiger Allgegenwart. Demnig bezeichnet sein Projekt als soziale Skulptur, die – im Ganzen betrachtet – als größtes Kunstdenkmal der Welt betrachtet werden kann.

Der Verfasser des Buches, in dem Sie gerade lesen, hat zufällig die näheren Hintergründe zu einem Kölner Stolperstein erfahren, als er gerade ein Photo machen wollte. Neben ihm stand ein Amerikaner, der ihm erzählte, er sei nach Köln gekommen, um an der Verlegung eines Stolpersteins für seinen Großvater Michael Marx teilzunehmen, der an der Adresse Eigelstor 110 (Altstadt-Nord) gewohnt hatte. Ende März 1939, der Krieg stand vor der Tür und der Antisemitismus trat offen zutage, schickte Marx seinen Sohn in die Sicherheit von Rotterdam, blieb selbst jedoch in Köln, um seiner kranken Frau beizustehen. Im Jahr 1941 wurde er in ein Zwangsarbeitslager an der Neußer Straße (Nippes) gesteckt. Am 20. Juli 1942 wurden er und andere jüdische Bewohner Kölns per Zug deportiert, angeblich um nach Polen umgesiedelt zu werden. In Wirklichkeit wurden sie in Viehwaggons in das Todeslager von Maly Trostinez am Rand von Minsk in Weißrussland gebracht. Dass keiner von ihnen überlebt hat, lässt den Stolperstein am Eigelstor 110 zur besonders schmerzhaften Erinnerung werden.

Jeder kann sich an Gunter Demnig wenden und für ca. 100 Euro für Materialkosten und Zeitaufwand des Künstlers einen Stolperstein bestellen. Die historische Recherche zum jeweiligen Gedenkstein erfolgt auf freiwilliger Basis entweder von überlebenden Familienangehörigen oder ansonsten auch von freiwilligen Mitbürgern oder Studenten. Oftmals nimmt die Familie an der Verlegung des Steines teil und bringt damit eine lange Trauerzeit zu einem Abschluss.

> Gunter Demnigs Stolpersteinen nachempfunden sind die sogenannten Totensteine, die am Flussufer am Ende der Markmannsgasse (Altstadt-Nord) verlegt sind. Der Künstler Tom Fecht (geb. 1952) hat sie als Teil einer 1992 initiierten, europaweiten Initiative installiert. Sie dienen dem Gedenken an die Opfer von AIDS an den Orten, wo sie gelebt, gearbeitet und ihre sozialen Kontakte gehabt haben.

Weitere Sehenswürdigkeiten in der Nähe: 2, 3, 5, 6, 7, 10

5. Die Ausgrabung des Goldschmiedviertels

Innenstadt (Altstadt-Nord) (Stadtbezirk 1), Archäologische Zone/
Jüdisches Museum auf dem Rathausplatz
Stadtbahn 1, 7, 9 Heumarkt; Bus 132 (ab 2015: Nord-Süd-Stadtbahn Rathaus)

Bis vor kurzem war der Kölner Rathausplatz nur ein ödes Stadtpflaster, genutzt zur Durchfahrt zwischen Hoher Straße und Altem Markt, und allenfalls als Treffpunkt für die Besucher von Trauungen im Rathaus. Nun aber gibt es einen weiteren guten Grund, hierher zu kommen: eine seit 2007 laufende und voraussichtlich bis 2012 dauernde Ausgrabung bringt die faszinierenden, fragilen Überreste eines der bedeutendsten jüdischen Viertel in Europa ans Tageslicht. Nach Beendigung der Ausgrabungsarbeiten wird dieser Bereich gemeinsam mit dem anschließenden Palast des römischen Statthalters (Praetorium) als Archäologische Zone/Jüdisches Museum der Öffentlichkeit zugänglich gemacht werden (s. Nr. 1). Die Besucher werden dann die einmalige Gelegenheit haben, auf einer Fläche von 7000 Quadratmetern 2000 Jahre städtischer Entwicklung in Köln nachzuvollziehen.

In Köln gab es seit dem 1. Jahrhundert unserer Zeitrechnung eine jüdische Gemeinde, und im Jahr 321 bestimmte der römische Kaiser Konstantin I. (272–337) die Juden zur Teilnahme am Stadtsenat (Curia). Dies ist die älteste schriftliche Quelle für das Bestehen einer jüdischen Gemeinde nördlich der Alpen. Es gibt dokumentarische Hinweise, dass die Juden anfangs friedlich in Köln leben durften. Aus archäologischen Funden ist zu schließen, dass ihr Ghetto um den Rathausplatz herum lag, wo die Ruinen einer Synagoge, die zu den größten Deutschlands gehört, entdeckt wurden. Sie geht zumindest auf das 9. Jahrhundert zurück und stand auf dem Grund eines aus dem 4. Jahrhundert stammenden Bauwerks. Obwohl viele Kölner Juden bei einem Pogrom zu Beginn der Kreuzzüge 1096 umkamen, erholte sich die Gemeinde schnell und erlebte im wahrsten Sinn des Wortes ein „goldenes Zeitalter", kamen doch zu dieser Zeit viele Juden als Goldhändler und Pfandleiher zu Vermögen, also in Berufen, die bei Christen verpönt waren. Die jüngsten Ausgrabungen brachten Reste einer Häuserzeile aus dem 12. und 13. Jahrhundert bei der Portalsgasse zutage, zwischen der nicht zufällig so benannten Judengasse und Unter Goldschmied, wobei Letztere natürlich an die Existenz jüdischer Goldschmiede an dieser Stelle erinnert.

Archäologen legen die Reste der mittelalterlichen Synagoge am Rathausplatz frei.

Besonders interessant ist das Haus Bardowick, das das erste Innungshaus der Goldschmiede gewesen sein könnte. In den Grundmauern sind noch Teile einer römischen Fußbodenheizung erkennbar (Hypocaustum). Das Haus Nichols heißt nach dem Goldschmied Nichol, der Mitte des 13. Jahrhunderts hier gelebt hat, wenngleich der Goldschmied Theoderich von Metz als erster Besitzer urkundlich dokumentiert ist. An der Rückseite des Hauses schloss eine jüdische Bäckerei an. Auch das Haus zum Golde hatte, wie schon der Name sagt, mit der Goldschmiedekunst zu tun. Die Besitzerin Maria Goltslegerrsa führte hier ein Blattgoldgeschäft. Am Haus Koppe erregt eine Steinsäule die Aufmerksamkeit, die ein Gewölbe getragen haben könnte, ähnlich dem noch bestehenden im Girkeller an der Lintgasse 14 aus dem 12. Jahrhundert. (Das einzige vollständig erhaltene romanische Patrizierhaus in Köln ist das Overstolzenhaus an der Rheingasse 12 (Altstadt-Süd)).

Zwischen den Häusern und der Synagoge lag die sogenannte Mikveh, ein rituelles Tauchbecken, das um 1170 errichtet wurde. Das Bad diente zur Beseitigung „religiöser Unreinheit": zur Reinigung von Ritualgegenständen, wenn sie von Nichtjuden berührt worden waren, sowie zur Reinigung der Frauen nach der Menstruation und vor der Hochzeit. Da bei diesen Ritualen nur lebendiges Wasser verwendet werden darf, liegt das Bad 17 Meter unter dem Straßenniveau, wo das Grundwasser mit dem Wasserstand des Rheins steigt und fällt – das hebräische Wort Mikveh bedeutet „versunken".

Obwohl der Erzbischof von Köln 1266 ein Edikt zum Schutz der Juden erlassen hatte, erlitt die Gemeinde 1349 ein zweites Pogrom, in erster Linie als Reaktion auf den Ausbruch des Schwarzen Todes, der Pest, in Köln. Die Geschichte des mittelalterlichen Judenviertels endet 1424, als überhandnehmende Vorurteile dazu führten, dass die noch vorhandenen Juden über den Rhein nach Deutz verwiesen wurden. Ihre Synagoge konvertierte man zu einer Kapelle für den Stadtrat. Erst mit dem Einzug der Franzosen im Jahr 1790 wurde es Juden wieder erlaubt, an das Westufer zu ziehen (s. Nr. 65).

Weitere Sehenswürdigkeiten in der Nähe: 2, 3, 4, 6, 7, 8

6. Kirchen in Ruinen

Innenstadt (Altstadt-Nord) (Stadtbezirk 1), Kirche Alt St. Alban auf dem Quatermarkt
Stadtbahn 1, 7, 9 Heumarkt; Bus 132 (ab 2015: Nord-Süd-Stadtbahn Rathaus)

Ende des Zweiten Weltkriegs lag die Kölner Innenstadt infolge der Luftangriffe der Alliierten zu 90 Prozent in Ruinen, was den Architekten und Stadtplaner Rudolf Schwarz (1897–1961) veranlasste, vom „größten Trümmerhaufen der Welt" zu sprechen (s. Nr. 28). Schwarz entwarf 1947 den Generalplan für den Wiederaufbau von Köln, der den Bau mehrerer neuer Verkehrsadern und die Wiederherstellung der zwölf großen romanischen Kirchen der Stadt vorsah (s. Nr. 31). Die Zerstörung dieser Kirchen hatte einen enormen kulturellen Verlust für Köln bedeutet, und entsprechend groß war die Zustimmung zu ihrem Wiederaufbau, auch wenn manche Kunsthistoriker das Vorhaben in Frage stellten.

Weitaus weniger bekannt sind die vielen nicht-romanischen Kirchen der Stadt, die ebenfalls im Krieg beschädigt wurden, zum Beispiel die Herz-Jesu-Kirche und die Mauritiuskirche, die man zur Mahnung an die Sinnlosigkeit des Krieges teilweise als Ruinen stehen ließ. Aus dem 11. Jahrhundert stammt die Kirche Alt St. Alban auf dem Quatermarkt (Altstadt-Nord), bis zu ihrer Zerstörung 1943 eine der ältesten Pfarrkirchen von Köln. Nachdem man beschlossen hatte, sie nicht wieder aufzubauen, wurde im Stadtgarten (Neustadt-Nord) eine neue St. Albankirche errichtet. Seit 1959 bilden die stimmungsvollen Ruinen von Alt St. Alban im Verein mit den mahnenden Statuen *Trauernde Eltern* eine Gedenkstätte für die Toten beider Weltkriege. Der Bildhauer Ewald Mataré (1887–1965) fertigte die Statuen als Kopien der von Käthe Kollwitz (1867–1945) stammenden Originale an, die auf einem Soldatenfriedhof in Flandern stehen, wo ihr dort gefallener Sohn begraben ist. (Das Käthe-Kollwitz-Museum findet sich am Neumarkt 18–24 (Altstadt-Nord)).

Anders ist man mit der Kirche St. Kolumba an der Kolumbastraße 4 (Altstadt-Nord) verfahren, die – zuerst 980 erwähnt – ebenfalls zu den wichtigsten Kölner Pfarrkirchen gehört. Sie wurde 1943 schwer beschädigt, lediglich einige Außenmauern und eine gotische Marienstatue blieben unversehrt. 1947 errichtete der Architekt Gottfried Böhm (geb. 1920) innerhalb der Ruinen eine Kapelle zum Schutz der Statue, die

Von der Kirche Alt St. Alban am Quatermarkt sind nur nackte Ziegelwände erhalten.

seither *Madonna in den Trümmern* heißt. Kerzenlicht, farbiges Glas und ein muschelförmiges Gewölbe verleihen der Kapelle eine ganz besondere Atmosphäre. Oberhalb des Einganges in die Kapelle erinnert die Skulptur eines Bären an die Legende der Heiligen Kolumba, deren Jungfräulichkeit von einem Bären gerettet worden sein soll.

Im Jahr 2007 erfolgte eine aufsehenerregende Umgestaltung der Ruinen zur neuen Heimstätte des Kunstmuseums des Erzbistums Köln, das 1853 gegründet wurde und eine wesentliche Sammlung christlicher Kunst beherbergt. Der Schweizer Architekt Peter Zumthor (geb. 1943) schaffte in einer raffinierten Kombination der mittelalterlichen Ruinen und der Kapelle mit einer gänzlich neuen Außenkonstruktion einen einzigartigen, kontemplativen Raum, das Kolumba-Museum. Zugänge erlauben den Besuchern Blicke auf die Grundmauern der alten Kirche und auch auf die noch älteren archäologischen Funde aus der römischen Periode. Aus stadtplanerischer Perspektive betrachtet haben die wiederbelebten Ruinen dieser einstmals schönsten Gegend Kölns ein Stück ihres verlorenen Herzens zurückgegeben.

> Auch die Antoniterkirche an der Schildergasse 57 (Altstadt-Nord) wurde im Zweiten Weltkrieg teilweise zerstört. Sie ist die älteste protestantische Kirche in Köln und wurde als einfache gotische Kirche Mitte des 14. Jahrhunderts erbaut. Im Getriebe der Hauptgeschäftsstraße von Köln ist sie eine Ruheoase. Über dem Taufbecken hängt eine Kopie des *Schwebenden Engels* von Ernst Barlach (1870–1938). Das Original wurde 1927 gegossen und befand sich im Dom von Güstrow in Mecklenburg-Vorpommern, wo der Bildhauer Barlach lebte und arbeitete. Vom Naziregime wurde es als „entartete Kunst" entfernt und erst 1953 durch eine andere Kopie ersetzt.

Weitere Sehenswürdigkeiten in der Nähe: 2, 3, 4, 5, 7, 8

7. Ein ungewöhnliches Denkmal für einen preußischen König

Innenstadt (Altstadt-Nord) (Stadtbezirk 1), Denkmal König Friedrich Wilhelms III am Heumarkt
Stadtbahn 1, 7, 9 Heumarkt; Bus 106, 250, 260; Bus 132 (ab 2015: Nord-Süd-Stadtbahn Heumarkt)

Nach der Niederlage Frankreichs im Jahr 1815 fiel Köln unter preußische Herrschaft. An die Regierungsjahre der verschiedenen preußischen Könige jener Epoche erinnern vier mächtige Reiterstandbilder an der Hohenzollernbrücke: an der Ostseite die von Friedrich Wilhelm IV. (1840–1861) und Wilhelm I. (1861–1888); an der Westseite jene von Friedrich III. (1888) und Wilhelm II (1888–1918). Doch ein König fehlt. Das Standbild des ersten preußischen Königs von Köln, Friedrich Wilhelms III. (1797–1840), findet man versteckt am Heumarkt, dort, wo im Mittelalter Heu gehandelt wurde. Die konfliktreiche Geschichte dieses Königs ist freilich besonders lesenswert.

Von den Statuen auf der Brücke, durchwegs Darstellungen der preußischen Militärmacht, unterscheidet sich das Reiterstandbild Friedrich Wilhelms III. ganz erheblich. Vielleicht hat das damit zu tun, dass unter seiner wenig wirkungsvollen Regierung die preußische Armee von den Franzosen 1806 bei Jena und Auerstedt vernichtend geschlagen wurde.

Auch wenn die Bewohner Kölns die preußische Herrschaft nicht liebten, brachte sie ihnen doch wirtschaftliche und kulturelle Vorteile. Grund genug für den damaligen Bürgermeister der Stadt, als sich der Beginn der preußischen Herrschaft zum 50. Mal jährte, dem fehlenden Preußenkönig Friedrich Wilhelm III. ein Denkmal setzen zu lassen. Sein Vorschlag fand wenig Unterstützung, zumal das preußische Regime immer noch unbeliebt war, und so gab es nur wenige, die Geld dafür zur Verfügung stellen wollten. Auch interessierte Künstler waren kaum zu finden, bis sich schließlich doch der Kölner Bildhauer Gustav Blaeser (1813–1874) bereit erklärte.

Was dabei herauskam, war erstaunlich: 1878 wurde das Denkmal schließlich enthüllt. Es zeigt den König zu Pferd auf einem Sockel, dessen Basis rundherum mit Reliefs bedeutender Männer seiner Zeit versehen ist, unter anderen der Komponisten Beethoven und Mendelssohn, des Schriftstellers Lessing und des Philosophen Hegel, des Forschers Humboldt, des Architekten Schinkel und der Generäle

Innenstadt | **25**

Das Reiterstandbild König Friedrich Wilhelms III. am Heumarkt

Scharnhorst und Gneisenau. So wird im Gegensatz zu den kriegsbezogenen Darstellungen der anderen Preußenstandbilder Kölns dasjenige Friedrich Wilhelms III. zwar auch in einen militärischen, aber doch weitgehend in einen kulturellen und wirtschaftlichen Kontext gestellt. Von den 16 porträtierten Männern haben nur sechs einen militärischen Hintergrund! Auf diese ungewöhnliche, subtile Art ehrte der Künstler den verstorbenen König und brachte gleichzeitig einen Seitenhieb gegen die Härte der preußischen Herrschaft an. Es muss kaum erwähnt werden, dass der preußische Hof dieses Denkmal nicht angemessen „königlich" fand.

Ob sie nun geliebt oder gering geschätzt wurde, jedenfalls entwickelte sich die riesige Reiterskulptur bald zu einem beliebten Treffpunkt.

Skulpturen schmücken den Sockel der Statue Friedrich Wilhelms III.

Die Kölner verabredeten sich mit Vorliebe „ungerm Stätz" („unter dem Schweif") – bis im Zweiten Weltkrieg eine Luftmine die Reiterstatue in Stücke zerfetzte. Bis 1980 ging sie eigentlich niemandem ab, und erst als einige Bruchstücke der zerstörten Skulptur entdeckt wurden, setzte eine Debatte ein, ob das Denkmal nicht wiederhergestellt werden sollte. Eine Debatte, die durch die Aktion eines Künstlers zusätzlich angeheizt wurde, der eine Styroporkopie des Reiterstandbildes auf den noch vorhandenen Sockel stellte, die dort oben blieb, bis ein Unwetter sie zerstörte. 1990 wurde die Statue vom Bildhauer Raimund Kittl wieder in Eisen gegossen und erneut aufgestellt. Sie musste allerdings bereits im November 2007 wieder entfernt werden. Die Beine des Pferdes waren gefährlich spröde geworden, da die für den Neuguss verwendete Eisenlegierung zu viel Blei enthielt. Die Behörden befurchteten eine Gefährdung übermütiger Denkmalkletterer während des bevorstehenden Karnevals.

Die Kontroverse rund um das Standbild erreichte einen neuen Höhepunkt, als sich herausstellte, dass die Reiterstatue zu groß ist, um unter den Brücken oder durch die Tunnel der Stadt transportiert zu werden. So wurden das Riesenpferd und sein Reiter letztlich per Schiff in eine Werkstätte in das nahegelegene Godorf im Bezirk Rodenkirchen gebracht. Die ganze Aktion kostete die Stadt 20 000 Euro, doch im Jahr 2010 konnten schließlich ein neuerstandener König und sein Pferd wieder am Heumarkt enthüllt werden. Die vorhandenen Sockelfiguren sind noch die Originale, gezeichnet von den Beschädigungen des Zweiten Weltkriegs. Wie es scheint, hat man nach 130 Jahren König Friedrich Wilhelm III. seine Schwächen endlich vergeben.

Weitere Sehenswürdigkeiten in der Nähe: 4, 5, 6, 8, 9, 10

8. Das beliebteste Theater in Deutschland

Innenstadt (Altstadt-Nord) (Stadtbezirk 1), Hänneschen Puppenspiele am Eisenmarkt 2–4
Stadtbahn 1, 7, 9 Heumarkt; Bus 132 (ab 2015: Nord-Süd-Stadtbahn Rathaus)

Die Hänneschen Puppenspiele am Eisenmarkt

Durchaus möglich, dass im beliebtesten Theater Deutschlands Puppen am Werk sind, die Kölner Dialekt sprechen! Jedenfalls behauptet das Heribert Malchers, der voll verständlichem Stolz darauf hinweist, dass alle zehn wöchentlichen Vorstellungen in den Hänneschen Puppenspielen am Eisenmarkt 2–4 (Altstadt-Nord) stets ausverkauft waren, seit er 1988 dort Direktor wurde.

Das Hännesche Puppentheater oder richtiger, da seit 1926 im Besitz der Stadt Köln, die „Hänneschen Puppenspiele der Stadt Köln" wurden 1802 von Johann Christoph Winters gegründet. Es handelt sich um ein *Stockpuppentheater,* das heißt, die Puppen werden von hinter der Bühne versteckten Puppenspielern an Stöcken geführt, zum Unterschied von an Schnüren hängenden Marionetten. Seinen Namen hat das Theater von Hans Knoll, der Hauptfigur der Aufführungen, allgemein Hännesche genannt und Bewohner eines fiktiven Ortes Knollendorf. Manchmal erhascht man in der Puppenwerkstatt um die Ecke, Marmannsgasse 3, einen Blick auf ihn, neben Regalen mit Minikostümen und Vitrinen mit aufgereihten Miniaturköpfen.

Das Theater befindet sich seit 1930 am Eisenmarkt und hat Platz für rund 300 Zuschauer. Die Nachmittagsvorstellungen sind auf Kinder abgestimmte, durchwegs sehr heitere Slapstick-Komödien. Die Abende sind für das erwachsene Publikum und haben eine gesellschaftspolitische Ausrichtung. Sie greifen aktuelle Ereignisse der Stadt auf, die hinter dem fiktiven Knollendorf gut erkennbar ist. Die Puppen stellen lokale oder universelle Archetypen dar, für die das Publikum schnell Sympathie oder Abscheu empfindet. Hännesche ist ein eigensinniger junger Held mit blondem Haar und leuchtend roter Weste. Das gleichermaßen beliebte Bärbelche, mit der er häufig auftritt, setzt seinen eher unbedachten Aktionen ihre Einfühlsamkeit, gepaart mit Hausverstand, entgegen. Neben anderen Originalen sticht das gut beobachtete Charakterpaar des älteren, unter dem Pantoffel stehenden Herrn Besteva im braunen Anzug und seiner grüngewandeten Ehefrau, der schlauen Maritzebell, besonders hervor.

In der Puppenwerkstatt an der Marmannsgasse

Zwei auch vielen Deutschen außerhalb Kölns bekannte Bewohner von Knollendorf sind außerdem Tünnes und Schäl. Die beiden sind so beliebt, dass sie sogar in eigenen Bronzestatuen auf einem kleinen Platz hinter dem Alten Markt 24 verewigt wurden. Tünnes ist mit seinen roten Haaren und einer noch röteren Nase ein verlässlicher Typ vom Land, gekleidet in traditioneller Kleidung der Kohlbauern. Er leert gerne ein Glas oder auch zwei und mag etwas naiv sein, ist aber keineswegs dumm. Sein Name ist die rheinische Version von Anton. Schäl trägt einen Gehrock wie ein echter Gentleman, ist aber nicht wirklich vertrauenswürdig. Als Gelegenheitsgauner ist er stets darauf aus, die anderen zu übertölpeln, dabei aber selten so klug wie er meint. Zweideutig ist ja schon sein Namen, bedeutet doch Schäl im Dialekt sowohl „schielend" als auch „listig". Diese zwei Figuren verkörpern Aspekte des industriellen und bäuerlichen Lebens im Köln des 19. Jahrhunderts.

Die Figur des Tünnes wurde vom Gründer des Puppentheaters Johann Christoff Winters kreiert. Schäl erschien später und war das Geisteskind von Franz Millowitsch, eines konkurrierenden Puppenspielmeisters, dem es nicht gelungen war, beim Hänneschen Puppentheater angenommen zu werden. Er verlegte sich stattdessen auf den Betrieb eines Wanderpuppentheaters ohne Lizenz auf der alten Pontonbrücke über den Rhein nach Deutz und setzte die Figur des Schäl dazu ein, Winters anzugreifen. Sein Sohn, Josef Caspar Millowitsch, gründete in Köln Mitte des 19. Jahrhunderts sein eigenes Puppentheater, in dem im Lauf der Zeit die Puppen durch Schauspieler ersetzt wurden. Dieses Haus hat sich zum heutigen Volkstheater Millowitsch in der Aachener Straße 5 (Altstadt-Süd) weiter entwickelt. Franz Millowitsch hätte sich wohl kaum vorzustellen vermocht, dass sein Urenkel Willy Millowitsch (1909–1999) eines Tages zu einem der beliebtesten Schauspieler Deutschlands werden sollte und dass vor dem Hänneschen Puppentheater eine Bronzeskulptur von ihm errichtet würde!

Weitere Sehenswürdigkeiten in der Nähe: 4, 5, 6, 7, 9, 10

9. Private Liebhabereien für die Öffentlichkeit

Innenstadt (Altstadt-Nord) (Stadtbezirk 1), Violin Expo Cologne in der Lintgasse 18–20
Stadtbahn 1, 7, 9 Heumarkt; Bus 132 (ab 2015: Nord-Süd-Stadtbahn Rathaus)

Als bedeutendes kulturelles Zentrum des Rheinlandes hat Köln über 30 große Museen und noch bedeutend mehr Galerien. Die Ausstellungsthematik reicht von archäologischen Funden aus der Römerzeit bis zu zeitgenössischer Graphik und Skulptur. Wie leicht kann man da die kleineren Spezialmuseen der Stadt übersehen, die privaten Sammelleidenschaften zu verdanken sind, zum Beispiel das Senfmuseum oder die Geldgeschichtliche Sammlung der Kreissparkasse Köln (s. Nr. 19 & 32). Es gibt aber noch weitere.

In der Lintgasse 18–20 (Altstadt-Nord) verbirgt sich ein Paradies für alle Liebhaber von Saiteninstrumenten: die Violin Expo Cologne. Das ist eine außergewöhnliche Kombination von Geschäft und Museum, wo man ausgezeichnete alte und neue Violinen, Violen, Violoncelli und Kontrabässe findet. Beim Betreten des Geschäftes, das vor 25 Jahren von dem Bratschisten Jost Thöne gegründet wurde, wird der Besucher von einer Schauvitrine mit alten Violinen und Violen aus dem 18. und 19. Jahrhundert empfangen – doch das ist erst der Anfang.

Im hinteren Teil des Geschäftes gelangt man über eine Stiege hinunter in einen Raum, in dem sich die größte und vielseitigste Sammlung zeitgenössischer Saiteninstrumente in Europa befindet. Rundherum an den Wänden hängen an die 25 Violinen, ebenso viele Celli und 15 Violen, jeweils versehen mit genauen biographischen Angaben über die Instrumentenbaumeister. Preiszettel von 15 000 Euro aufwärts verraten, welcher Meisterschaft diese Instrumente zu verdanken sind. Seine Leidenschaft hat den Besitzer auch veranlasst, einen eigenen Verlag zu gründen, in dem er edle Bücher über Geigenbauer herausbringt.

Ein Musikgeschmack gänzlich anderer Art wird von „Papa" Joe Buschmann in seinem Klimperkasten befriedigt, einer Bierschänke am Alten Markt 50–52, ganz im Stil der *Roaring Twenties* gehalten. Wir befinden uns zwar in einem ernst zu nehmenden Lokal, doch die dortige Sammlung altmodischer Spielautomaten, einarmiger Banditen und Pianolas wäre alleine schon als Touristenattraktion den Besuch wert.

Und wer zur vollen Stunde einkehrt, kommt in den Genuss, zu sehen und zu hören, wie sie alle in Betrieb gehen. Ein Erlebnis, auf das man am besten gleich mit einem Glas Kölsch anstößt!

Eine weitere Sammlung für Spezialisten befindet sich an der Adresse Unter Goldschmied 3 (Altstadt-Nord), namentlich das Museum der Puppengeschichte von Joyce Merlet. 1977 gegründet, enthält dieses Museum mit Shop tausende Puppen, sowohl alte als auch neue, aus Porzellan, Wachs, Gips und Kunststoff; ein besonders edles Sammlerexemplar ist eine Wachspuppe aus dem Jahr 1730. Auch Puppenhäuser, Puppenmöbel, Stofftiere und Teddybären, Blechspielzeug, Weihnachtsschmuck sowie alte Bücher und Spiele sind zu bewundern. Eine Puppenklinik bietet professionelle Reparaturen für abgenützte und beschädigte Puppen und Bären.

Ausstellung alter Violinen in der Violin Expo Cologne an der Lintgasse

In einem ganz anderen Metier, aber um nichts weniger passioniert widmet sich der Journalist und Rundfunkmann Heribert Wüstenberg seinem RadioMuseum Köln an der Waltherstraße 49–51 (Mülheim), das er im Jahr 1999 gegründet hat. Und in der Tat ist kaum ein geeigneter Ort als Köln für ein solches Unterfangen vorstellbar, gilt die Stadt doch als ganz besonders wichtiges Medienzentrum Deutschlands. Hier haben etliche Radio und Fernsehsender ihre Verwaltungszentralen, einschließlich Westdeutscher Rundfunk (WDR), RTL und VOX. Das Museum ist jeweils am zweiten Sonntag im Monat geöffnet und präsentiert viele Geräte aus der Geschichte des Rundfunks in Deutschland seit Ende des 19. Jahrhunderts, dazu eine Sammlung von Radiogeräten, Tonbandgeräten, Fernsehern und Jukeboxen. Sogar eine eigene Amateurfunkstation (Rufsignal DL0RMK) betreibt das Museum.

Last but not least muss unbedingt noch Edwin Preibisch erwähnt werden, der seinen ganz besonderen Tabakladen an der Bergerstraße 136 (Porz) betreibt. Seit 1999 beherbergt sein Geschäft nämlich auch ein Feuerzeugmuseum. Es besitzt nicht weniger als 50 000 Objekte, die mit Tabak und Rauchen zu tun haben, darunter als Glanzstück ein Ronson „Banjo", das kurz nach dem Zweiten Weltkrieg datiert und als erstes Gasfeuerzeug imstande war, in einem einzigen Arbeitsgang zu zünden und zu verlöschen.

Weitere Sehenswürdigkeiten in der Nähe: 4, 5, 6, 7, 8, 10

10. Mittelalterlicher Humor!

Innenstadt (Altstadt-Nord) (Stadtbezirk 1), Kallendresser-Skulptur am Alten Markt 24
Stadtbahn 1, 7, 9 Heumarkt; Bus 132 (ab 2015: Nord-Süd-Stadtbahn Rathaus)

Hoch über dem Straßenniveau ist am Haus Alter Markt 24 (Altstadt-Nord) eine äußerst seltsame Skulptur zu sehen. Bei genauerem Hinschauen entdeckt man einen hockenden Mann mit heruntergezogener Hose, das entblößte Hinterteil den Passanten drunten auf der Straße zugewendet. Diese doch einigermaßen erstaunliche Kupferfigur ist das Werk des deutschen Bildhauers Ewald Mataré (1887–1965), eines vom Naziregime als „entartet" diffamierten Künstlers (s. Nr. 3 & 11). Hier hat Mataré allerdings nur eine ältere Figur aus dem Mittelalter neu gestaltet, die ein Gebäude auf dem Alten Markt 40 geziert hatte und im Zweiten Weltkrieg zerstört worden war. Da stellt sich natürlich die Frage nach der Bedeutung der Originalfigur ...

Nach Kölner Überlieferung gründet die Antwort in der Nähe des Alten Markts zur benachbarten Benediktinerabtei der Kirche Groß St. Martin. Das frühere Haus am Alten Markt 40 hieß „Haus zur Sonne" und lag am Rand des neutralen Bereichs der Abtei. Man erzählt, dass die Mönche einen Übeltäter den Behörden zum Gericht übergeben haben, obwohl er bei ihnen Asyl gesucht hatte. Als Ausdruck ihres Unmutes über diese Vorgehensweise errichteten die Bewohner des Alten Markts die Skulptur an der Mauer von Hausnummer 40, so dass die Mönche im Vorübergehen das entblößte Hinterteil sahen. Nach der Zerstörung dieses Gebäudes wurde die Skulptur ebenso wie die zugehörige Überlieferung stellvertretend auf Nummer 24 lebendig erhalten.

Es gibt noch eine andere Deutung: Da der Alte Markt direkt gegenüber dem Kölner Rathaus liegt, könnte die Figur auch ein Ausdruck der Unzufriedenheit der Bürgerschaft mit dem Stadtrat sein, der von den mittelalterlichen Zünften Kölns verwaltet wurde, die den Rathausturm 1407–1414 errichtet hatten. Dieser Turm war seinerseits ein Zeichen des Sieges der Zünfte über die Herrschaft der Patrizier, die wiederum ihrerseits 1330 das Rathaus als Symbol ihrer Unabhängigkeit vom Erzbischof errichtet hatten. Sozusagen im Gegenzug sind auch auf dem Turm drei steinerne Hinterteile zu erkennen, die als Sockel für drei den Turm zierende Statuen dienen, namentlich jene der Katharina Henot (1576–1627), die fälschlich als Hexe verklagt und gehenkt wurde, des Erzbischofs Konrad von Hochstaden (1205–1261), der den Grundstein der Kathedrale gelegt hatte, und des Ulrich Zell (gestorben 1507), seines Zeichens Kölns erster Buchdrucker. Noch nachdrücklicher wird die Botschaft der Zünfte, wenn zu jeder vollen Stunde der sogenannte *Platzjabbeck*, eine groteske Uhren-Fratze, die Zunge Richtung Alter Markt herausstreckt.

Auf einer Mauer am Alten Markt zeigt sich gänzlich ungeniert die kecke Kallendresser-Skulptur.

In Köln werden Skulpturen, die ihr Hinterteil zeigen, volkstümlich als *Kallendresser* bezeichnet. Das erklärt sich so: Im Mittelalter, als die sanitären Verhältnisse noch wenig entwickelt waren – dafür der Humor offenbar umso mehr –, war es üblich, dass man sich in den Rinnstein erleichterte. Derartige Übeltäter wurden dann nach dem Dialektwort *Kalle* (für Rinnsal) *Kallendresser* genannt.

Ein nicht ganz so heiteres Beispiel mittelalterlichen Humors in Stein sind die unheimlichen Köpfe, die in einigen Mauern im Martinsviertel zu finden sind, dem Viertel mit den engen Kopfsteinpflaster-Gässchen rund um die Kirche Groß St. Martin. Die als *Grinköpfe* (im Dialekt: *Grinköppe*) bekannten Skulpturen sind oberhalb der Schlusssteine der Hauseingänge platziert, und ihr weit aufgerissener Mund zeigt gefährlich aussehende Schneidezähne. Kein Wunder, dass Passanten beim Anblick derart schauriger Steinfratzen an Folterwerkzeuge dachten! Doch die Wirklichkeit ist wie so oft weit prosaischer. Die Köpfe dienten zur Befestigung von Flaschenzügen, mit denen die Bewohner schwere Lasten von der Straße in ihre Keller oder retour beförderten. Und die eisernen Zähne? Nun, die sollten Neugierige davon abhalten, sich an den mechanischen Vorrichtungen zu schaffen zu machen oder gar in das Gebäude einzubrechen. Derartige *Grinköpfe* finden sich noch beim Gasthaus zum Peter am Heumarkt 77, das aus dem 16. Jahrhundert stammt, beim Brauhaus Sünner im Walfisch in der Salzgasse 13 sowie am Buttermarkt 35, in der Markmannsgasse 13 und an der Ecke Auf dem Rothenburg und Lintgasse 22–26.

Weitere Sehenswürdigkeiten in der Nähe: 4, 5, 6, 7, 8, 9

11. Kuriosa im Dom

Innenstadt (Altstadt-Nord) (Stadtbezirk 1), Kuriositätentour durch den Kölner Dom, Domkloster 4
Stadtbahn 5, 16, 18 Dom/Hauptbahnhof; Bus 132

Alte und neue Steine vor der Dombauhütte des Kölner Doms

Den Beschreibungen der berühmtesten Kölner Sehenswürdigkeit mangelt es zumeist nicht an Superlativen. Der Kölner Dom, oder richtiger: die Hohe Domkirche St. Peter und St. Marien, Sitz des katholischen Erzbischofs von Köln, wurde zwischen 1248 und 1880 gebaut. Der Dom ist nicht nur die größte Kirche Deutschlands, er hat auch den zweithöchsten Kirchturm der Welt. Er ist die größte gotische Kirche in Nordeuropa, das Verhältnis Höhe zu Breite des Chorraums ist das größte aller Kirchen aus dem Mittelalter, und es existiert auf der ganzen Welt keine größere Domfassade. Kein Wunder also, dass er täglich von 30 000 Besuchern aufgesucht wird und dass in seinem historischen Bau allerlei Außergewöhnliches und Kurioses versteckt ist.

Unsere Tour beginnt außerhalb der Westhauptfassade, bei den 1887 installierten, schweren Bronzetüren, die das Werk des wenig bekannten Kirchenarchitekten und Malers Hugo Schneider (1841–1925) sind. Es ist schade, dass nur selten jemand stehen bleibt, um seine wunderbar verschlungenen Gestaltungen zu bewundern. An der linken Ecke der Fassade drohte der Nordwestturm aufgrund eines Bombenschadens aus dem Zweiten Weltkrieg einzustürzen. Als Rettungsmaßnahme setzte man einen zusätzlichen Stützpfeiler aus Ziegeln ein, den man erst 2005 durch neu behauene Sandsteinblöcke ersetzte. Im dicken Mauerwerk verbirgt sich eine Wendeltreppe – eine Konstruktion, die von den Architekten der älteren Südwestecke der Fassade als zu gewagt befunden worden war. Sie hatten ihre Treppe in einen abgesetzten Pfeiler eingebaut, wodurch die ungewöhnlichen Halbfenster an dieser Stelle entstanden.

Wir gehen nun weiter zur Südseite, vorbei an den Toren des südlichen Querschiffs mit ihren ungewöhnlichen Motiven, die vom deutschen Bildhauer Ewald Mataré (1887–1965) geschaffen wurden, und kommen zur Dombauhütte. Hier ist ein Team von Meistersteinmetzen mit der Herstellung neuer architektonischer Elemente beschäftigt, mit denen witterungsbedingt erodierte Fassadenteile ersetzt werden sollen. Als man in den 1930er Jahren die Strebewerke hoch oben erneuerte, wurden das Datum und ein Nazi-Hakenkreuz eingemeißelt. Von unten kann man das nicht sehen. Bei Restaurierungsarbeiten um 1950 und 1960 wurden sogar die Köpfe von Politikern wie Kennedy, Chruschtschow, MacMillan und De Gaulle im Mauerwerk verewigt. Zur Erinnerung an die Fußballweltmeisterschaft 1966 befinden sich dort oben auch kleine gemeißelte Fußballer und die Figur des Handwerksmeisters Alois Olmscheidt, der 48 Jahre seines Lebens der Restaurierung des Domes gewidmet hat.

Geht man um die Ostapsis herum, trifft man auf einen kleinen Garten mit einem ramponierten Säulengang. Er verband einst eine romanische Stiftskirche mit dem Vorgängerbau des Doms aus dem 8. Jahrhundert – dem sogenannten Alten Dom –, der wiederum an der Stelle einer noch früheren Basilika aus dem 4. Jahrhundert stand und Sitz des ersten Kölner Bischofs Maternus war. Noch ein Stück weiter, und wir kommen zur Domschatzkammer, wo Teile der noch älteren römischen Stadtmauer zu sehen sind (s. Nr. 12). Nun führt unsere Tour zurück zur Hauptfassade und hinein in den Dom.

Als Erstes sehen wir im nördlichen Querschiff eine barocke Madonna aus dem späten 17. Jahrhundert, deren weißes Seidenkleid mit Votivgaben von Gläubigen bedeckt ist, die nach einem Gebet an sie geheilt wurden. Die links davon hängenden Metallstäbe zeigen die Zahl der Amtsjahre des jeweils amtierenden Erzbischofs an. Richtung Apsis und vorbei an der Kreuzkapelle finden wir im Nordteil des Chores einen Stein, in den die Privilegien eingeschrieben sind, die den Juden 1266 vom Erzbischof gewährt wurden. Anderseits ist an einer Stelle des hölzernen Chorgestühls (übrigens des größten gotischen Chorgestühls in Deutschland) eine Szene aus dem frühen 14. Jahrhundert eingeschnitzt, die einen Mann zeigt, der von einem Schwein gesäugt wird – ein krasses Dokument des mittelalterlichen Antisemitismus. In nächster Nähe ist die Kreuzkapelle, in der ein „wundertätiges Kruzifix" hängt, das 976 von Erzbischof Gero gestiftet wurde. Es ist das älteste

Detail eines vom Eigentümer der Elektronik-Handelskette Saturn gespendeten Domfensters

erhaltene Monumentalkruzifix im Westen. Eine weitere Kapelle in der Apsis selbst ist dem Heiligen Johannes geweiht; sie enthält die weltgrößte Konstruktionszeichnung einer Kathedrale aus der Zeit um 1283. Zum Schutz vor dem Sonnenlicht wird sie hinter einem grünen Samtvorhang aufbewahrt.

In der Mitte der Apsis, direkt hinter dem Hochaltar, befindet sich ein reich verzierter, goldener Schrein, der die Gebeine der Heiligen Drei Könige bergen soll, die 1164 von Erzbischof Rainald von Dassel (ca. 1120–1167) (s. Nr. 23) als Kriegsbeute von Mailand nach Köln gebracht wurden. Er ist der größte erhaltene Reliquienschrein aus dem Mittelalter. Hinter dem Reliquiar ist im Achsenfenster der Apsis eines der schönsten mittelalterlichen Fenster der Kirche erhalten. Um 1260 geschaffen, zeigt es den sogenannten Baum Jesse, der die Abstammung des Messias von Jesse von Bethlehem über seinen Sohn David darstellt. Im Südteil des Chores befindet sich die Marienkapelle mit dem großartigen Dreikönigsaltar des spätgotischen Malers Stephan Lochner (ca. 1400–1451).

Zum Schluss widmen wir uns noch einmal zwei sehr speziellen Fenstern: Zunächst einem neuen Fenster von Gerhard Richter (geb. 1932) im Südquerhaus. Es wurde 2007 enthüllt und besteht aus 11500 gleich großen, willkürlich angeordneten Glasscheiben in 72 Farbschattierungen. Wer mit derart modernen, abstrakten Fensterdesigns wenig anzufangen weiß, bevorzugt sicherlich das traditionelle Fenster in der südwestlichen Ecke des Doms, das der wohlhabende Unternehmer Friedrich Wilhelm Waffenschmidt 2005 aus Anlass seines 55. Hochzeitstages stiftete. Sein Name und der seiner Frau sind unten im Fenster zu lesen, und links unten ist das Bild eines kleinen Planeten eingefügt. Es handelt sich um Saturn, nach dem Waffenschmidts höchst erfolgreiche Elektrohandelskette benannt ist.

Weitere Sehenswürdigkeiten in der Nähe: 2, 3, 4, 12, 13, 14

12. Entlang den römischen Mauern

Innenstadt (Altstadt-Nord) (Stadtbezirk 1), Rundgang entlang den
römischen Mauern, Ausgangspunkt in der Domschatzkammer
Stadtbahn 5, 16, 18 Dom/Hauptbahnhof; Bus 132

Die Überreste des römischen Köln sind zum größten Teil unterirdisch erhalten (s. Nr. 1, 31, 60 u. 72). Oberirdisch findet man hauptsächlich Bruchstücke der vier Kilometer langen Stadtmauer, die zur Zeit der Stadtgründung Mitte des 1. Jahrhunderts n. Chr. errichtet worden war. Anders als in den meisten modernen Städten kann man hier noch dem Verlauf der Mauer folgen und sich bewusst machen, wie die Stadt von heute über der nicht vollständig zerstörten antiken Stadt aufgebaut wurde.

Die Tour startet in der unterirdischen Domschatzkammer, in die ein massives, sieben Meter hohes und 20 Meter langes Stück der Nordmauer hineinragt. Die Schatzkammer war vorher Sakramentskapelle an der Nordseite des Doms gewesen, die 1277 von Albert dem Großen geweiht worden war. Um den einstigen römischen Graben zu füllen, musste hier ein Kellergewölbe gebaut werden. Die römische Mauer bestand aus einer inneren und äußeren Quadermauer von bis zu acht Meter Höhe, die mit Bruchstein und Ziegelmaterial gefüllt eine Stärke von zweieinhalb Metern erreichte. Die Mauer verschwindet unter dem nördlichen Querschiff des Doms und taucht dann wieder zwischen den abgestellten Autos einer Tiefgarage in der Trankgasse auf, unmittelbar unterhalb des Domvorplatzes, der sogenannten Domplatte.

In die Mauer waren ursprünglich neun Tore eingelassen: drei nach Westen, drei Richtung Rhein, zwei nach Süden und eines im Norden. Ein Bogen aus dem Nordtor, das 1106 abgetragen wurde, steht seit 1971 vor dem Dom. Im Römisch-Germanischen Museum am Roncalliplatz 4 (Altstadt-Nord) ist ein Stein aus dem Bogen ausgestellt, in den die Buchstaben „CCAA" eingemeißelt sind, eine Erinnerung an den ursprünglichen Namen der Stadt – Colonia Claudia Ara Agrippinensium.

Weiter westlich an der Komödienstraße (praktischerweise ist hier ein Plan der römischen Mauer ins Pflaster eingefügt) ist ein kleines Stück Mauer außerhalb eines Geschäftes erhalten geblieben, und an der Kreuzung mit der geschäftigen Nord-Süd-Fahrt stehen die Stummelreste des Lysolphturms, eines von nur noch fünf der ursprünglichen 21 Wachtürme, die noch zu sehen sind. Am besten erhalten ist der Turm, der an der Nordwestecke der Mauer steht, jetzt Am Römer-

Dieser Rest einer römischen Mauer findet sich in einer Parkgarage an der Trankgasse.

turm 13. Er wurde von den Franziskanerinnen des St. Klarenklosters als Lavatorium verwendet und ist heute ein privates Wohnhaus.

Als erstes Stück der Westmauer stößt man auf den St. Helenturm an der St.-Apern-Straße, der allerdings hinter seinem Mantel aus Efeu leicht zu übersehen ist. An das Ehrentor, eines der ehemaligen Westtore der Stadt, wird im Foyer einer Sparkasse jenseits der Kreuzung mit der Ehrenstraße auf Wandbildern und mit Reststücken der Römerstraße erinnert.

Weiter Richtung Süden, an der Kreuzung Im Laach und Lungengasse, verweist der Straßenname Marsilstein auf den Ort, wo ein römisches Aquädukt aus dem 90 Kilometer entfernten Eifelgebiet Wasser in die Stadt leitete. Bis Ende des 18. Jahrhunderts war hier ein Fragment des Aquädukts zu sehen, das man im Mittelalter irrtümlich als Sarkophag eines angeblichen Helden Marsilius angesehen hatte, der die Stadt während einer Belagerung gerettet haben soll. Vor dem Museum für Angewandte Kunst in der Drususgasse ist noch ein dorthin transportiertes Stück des Aquädukts zu besichtigen.

Weiter südlich finden sich mehrere Teile der Westmauer, unter anderem ein Stück, das direkt in einen Frisiersalon an der Bobstraße hineinragt. Das längste durchgehende Stück Mauer steht zwischen zwei Wohnblöcken am nahegelegenen Mauritiussteinweg.

Ab hier wird es zunehmend schwieriger, die Mauer aufzuspüren. An dem Ort, wo sich die Mauer nach Osten wendet, stand ein Tor, das die Bürger auf dem Weg zum Hippodrom passierten. Entlang der Straße Alte Mauer am Bach nimmt eine moderne Ziegelmauer den Faden wieder auf, die an beiden Enden durch zwei Turmruinen markiert wird. Wer oben auf der Mauer stehend rundherum blickt, bekommt vielleicht einen Eindruck davon, wie sich ein römischer Soldat vor 2000 Jahren gefühlt haben mag.

Der Verlauf der Mauer geht nun nordöstlich weiter, vorbei an der Stelle, wo früher das Haupttor gegen Süden lag, nämlich am Ende der Hauptstraße *(Cardo Maximus)*. Wo sich die Mauer nach Norden wendet, An der Malzmühle 1, befinden sich Reste eines ungewöhnlichen Baus, die man im Hof des Hauses Mühlenbach 57 erspähen kann. Das Bauwerk selbst kann nur nach Anmeldung besichtigt werden. Dieses sogenannte Ubiermonument wurde 1965 entdeckt und stammt aus der Zeit vor der römischen Mauer. Es war entweder Teil der Befestigung des *Oppidum Ubiorum*, der Siedlung vor der römischen Stadt, oder eine Art Mausoleum.

Vorbei an der romanischen Kirche St. Maria im Kapitol an der Kasinostraße 6 (Altstadt-Süd), unter der die Reste des *Capitolium* (des römischen Tempels für die Kapitolinischen Götter) liegen, verläuft die Ostmauer weiter Richtung Norden zum Dom und vorbei an der Marspforte, wo einst ein Marstempel stand. Ein Durchgang namens Drachenpforte im nördlichen Teil der Ostmauer führte zum römischen Hafen, der zwischen der Stadtmauer und einer Insel im Fluss lag, auf der Lagerhäuser gebaut wurden. Im 3. Jahrhundert wurde der Hafen aufgeschüttet, auf der gewonnenen Fläche entstanden der Alte Markt und das Martinsviertel.

Weitere Sehenswürdigkeiten in der Nähe: 2, 3, 4, 11, 13, 14

13. Ein Abstieg in die Krypten von Köln

Innenstadt (Altstadt-Nord) (Stadtbezirk 1), Besichtigung der Krypten, Beginn bei der St. Andreaskirche an der Komödienstraße 6–8
Stadtbahn 5, 16, 18 Dom/Hauptbahnhof; Bus 132

Grabmal des Albertus Magnus in der Krypta unter der St. Andreaskirche an der Komödienstraße

Verborgen unter einigen der berühmten romanischen Kirchen Kölns befinden sich in den unterirdischen Gewölben Grabstätten, die als Krypten bekannt sind (vom griechischen Wort *kryptós* für versteckt) (s. Nr. 31). Ursprünglich dienten sie als Aufbewahrungs- und Ausstellungsorte für die verehrten heiligen Reliquien, heute können sie als die wohl stimmungsvollsten Orte im Stadtzentrum bezeichnet werden.

Ein ungewöhnliches Beispiel findet sich unter der St. Andreaskirche an der Komödienstraße 6–8 (Altstadt-Nord), die gegen Ende des 10. Jahrhunderts von Erzbischof Bruno, dem Bruder Ottos I., Kaiser des Heiligen Römischen Reiches (962–973), gegründet wurde. Um das Jahr 1200 begann die Arbeit am gegenwärtigen Gebäude im spätromanischen Stil, ganz der Konvention folgend mit dreischiffigem Langhaus, Chor und Apsis und einer unterirdischen Krypta. Im 15. Jahrhundert wurde der Ostchor abgerissen und durch einen neuen Trakt im spätgotischen Stil ersetzt, so dass sich aus der Verbindung der massiveren romanischen mit den zarteren gotischen Elementen ein auffallendes Merkmal dieser Kirche ergab. Bei diesen Umbauarbeiten vergaß man die Krypta. Erst 1953 wurde sie wiederentdeckt und restauriert, wenn auch in einem modernen Stil. Am besten erahnt man die ursprüngliche Stimmung des Ortes heute an der Stelle rund um das kerzenbeleuchtete Grabmal des Heiligen Albertus Magnus (ca. 1200–1280), bei dem es sich eigentlich um einen wiederverwendeten römischen Sarkophag aus dem 3. Jahrhundert handelt. Albertus war Dominikaner, Gelehrter und Bischof, der an einem nahe gelegenen Dominikanerstift Studien betrieben hatte. Dort waren seine Gebeine aufbewahrt, bis unter der französischen Besatzung das Stift aufgelöst und die Reliquien in die Kirche überführt wurden. Albertus trat für ein friedliches Nebeneinander von Wissenschaft und Religion ein und wird von manchen für den größten deutschen Philosophen und Theologen des Mittelalters gehalten.

Eine intakte romanische Krypta findet man einige Straßen westlich unter der Kirche St. Gereon des Gereonsklosters (Altstadt-Nord). Wir bestaunen ein einzigartiges zehneckiges Kirchenschiff aus dem 13. Jahrhundert, das 34 Meter in die Höhe schießt, um mit einer Kuppel abzuschließen, die nach dem Dom in Florenz und der Hagia Sophia in Istanbul die drittgrößte des westlichen Christentums ist. Das Kirchenschiff wurde direkt über den Resten eines frühchristlichen *martyrium* aus dem 4. Jahrhundert erbaut. Hier lagen die Gebeine von 318 Märtyrern der Thebäischen Legion, welche gemeinsam mit ihrem Anführer, dem heiligen Gereon, während der Christenverfolgung unter Diokletian umkamen. Unter dem Erdboden und außerhalb des Umrisses des Kirchenschiffs liegt die romanische Krypta, die vom unteren Ende der Treppe unterhalb des Altars gerade eben auszumachen ist. Der im Gegensatz zum hohen Kirchenschiff erstaunlich intime Raum entspricht der bekannten Ausführung romanischer Krypten: Drei Schiffe sind durch stämmige romanische Säulen getrennt, die eine gewölbte Decke tragen. Mosaike im karolingischen Stil, gotische Wandmalerei und bunte Glasfenster aus den 1960er Jahren verleihen dem Raum eine einmalige Atmosphäre. Der Kreuzigungsaltar an einem Ende der Krypta stammt aus dem Jahr 1540 und kündet vom Beginn der Renaissance in Köln.

Im Stadtteil Altstadt-Süd gibt es noch drei weitere Kirchen mit einer Krypta. Die größte romanische Kirche in Köln ist die Kirche St. Maria im Kapitol an der Kasinostraße 6, die 1049 von Papst Leo IX. (1002–1054) geweiht wurde. Wir befinden uns immerhin in der ersten Kirche Deutschlands mit einer sogenannten Kleeblattapsis (Dreikonchenchor). Das Gebäude steht auf dem Grund des seinerzeitigen *Capitolium* (des römischen Tempels der kapitolinischen Götter), und das Kirchenschiff weist die vom Tempel vorgegebenen Proportionen auf (s. Nr. 1). Die Geräumigkeit der Kirche und der unüblich großen Krypta verweisen auf die Bedeutung der Förderin des Baus, einer

Diese Krypta liegt unter der Kirche St. Maria im Capitol an der Kasinostraße.

Benediktiner-Äbtissin namens Ida, deren Großvater Otto II. war, Kaiser des Heiligen Römischen Reiches (967–983).

Die Kirche St. Cäcilia an der Cäcilienstraße 29 (Altstadt-Süd) ist eine frühere Klosterkirche aus dem 12. Jahrhundert, die seit 1956 das Museum Schnütgen für Kunst des Mittelalters beherbergt. Zur Krypta gelangt man unterhalb der Nonnengalerie und findet dort eine Sammlung von Objekten mit Bezug auf das Bestattungswesen.

Schließlich noch zur St. Severinskirche am Severinskirchplatz. Sie ist die südlichste der großen romanischen Kirchen Kölns und wurde im gotischen Stil vollendet. Unter dem Kirchenboden liegen zwei unterirdische Räumlichkeiten mit Zeugnissen von 2000 Jahren Bestattungsgeschichte. Der erste ist ein archäologischer Ausstellungsraum mit den Resten eines Friedhofs wohlhabender Römer und einer Begräbniskapelle aus dem 4. Jahrhundert, aus der dann die gegenwärtige Kirche entstand. Daran grenzt unmittelbar die romanische Krypta an, wieder wie üblich dreischiffig mit Säulen. Bemerkenswert sind ihre schönen Wandmalereien und eine Ausstellung alter Stoffe aus dem Reliquienschrein des Heiligen Severin (die Krypta ist nur am Freitag um 16 Uhr für Besucher geöffnet).

Weitere Sehenswürdigkeiten in der Nähe: 1, 3, 11, 12, 14, 15

14. Geburtsort der elektronischen Musik

Innenstadt (Altstadt-Nord) (Stadtbezirk 1), früheres WDR-Studio
für Elektronische Musik im Funkhaus am Wallrafplatz
Stadtbahn 5, 16, 18 Dom/Hauptbahnhof; Bus 132

Elektronische Musik im weitesten Sinn ist Musik, die bei ihrer Erzeugung elektronische Instrumente und Technologien einsetzt. Sie ist ein wesentliches Element in vielen modernen Musikgenres (zum Beispiel der elektronischen Dance Music). Ihre Ursprünge reichen zurück bis ins Jahr 1908, zur Erfindung der Triode, einer elektronischen Vakuum-Verstärkerröhre, die die Grundlage für die Generierung und Verstärkung elektrischer Signale geschaffen hat. Von nun an machten sich Komponisten daran, die entstehenden neuen Technologien in ihrer Arbeit einzusetzen. Die Erfindung professioneller Tonaufzeichnungsgeräte und magnetischer Tonbänder in HiFi-Qualität unterstützte sie dabei. Bald entwickelten sich zwei eigenständige elektronische Musikbewegungen: die *Musique concrète* in Frankreich, die natürliche und industrielle akustische Klänge als Quelle einsetzte, und die elektronische Musik in Deutschland, bei der rein experimentelle Musik ausschließlich aus elektronisch produzierten Signalen synthetisiert wurde.

Die Grundlagen der elektronischen Musik wurden von dem deutschen experimentellen Akustiker, Phonetiker und Informationstheoretiker Werner Meyer-Eppler (1913–1960) gelegt. 1951 tat er sich mit dem Toningenieur Robert Beyer und dem Komponisten Herbert Eimert zusammen und gründete ein Studio für elektronische Musik. Es befand sich in der Zentrale des Nordwestdeutschen Rundfunks (NWDR) am Wallrafplatz (Altstadt-Nord), die nach dem Krieg gebaut worden war. 1953 wurde das Studio für elektronische Musik eröffnet. Es sollte sich bald zur weltweit wichtigsten Einrichtung seiner Art entwickeln. Seither gilt es als Geburtsort der elektronischen Musik.

Einer der Studioassistenten Mitte der 1950er Jahre war Karlheinz Stockhausen (1928–2007), der mehr als irgendjemand sonst die Ideen von Meyer-Eppler förderte und praktisch umsetzte, zum Beispiel mit der *Elektronischen Studie II* (1954), dem ersten elektronischen Stück, das als Partitur veröffentlicht wurde. Stockhausen, allgemein anerkannt als einer der großen Visionäre der Musik des 20. und frühen 21. Jahrhunderts, leitete das Studio von 1963 bis ins Jahr 1980. Andere Größen der elektronischen Musik, die zu dieser Zeit das Studio aufsuchten, waren

Karlheinz Stockhausen bei der Arbeit im Kölner Studio für Elektronische Musik an der Annostraße

Karel Goeyvaerts (1923–1993), Henri Pousseur (1929–2009), und Gottfried Michael Koenig (geb. 1926).

Es gibt heute Führungen durch die NWDR-Studios – seit 1956 Westdeutscher Rundfunk (WDR) –, bei denen das Studio für Elektronische Musik jedoch kaum erwähnt wird (s. www.wdr.de). Das ist darauf zurückzuführen, dass es 1986 bei Renovierungsarbeiten abgebaut und an der Annostraße 86 (Altstadt-Süd) in Räumlichkeiten wieder errichtet wurde, die vorher für Aufnahmen von WDR-Ballettszenen gedient hatten. Stockhausen arbeitete hier weiter gelegentlich mit, und gemeinsam mit anderen Musikpionieren wie John Cage (1912–1992) und Mesias Maiguashca (geb. 1938) konnte er den Geist eines charismatischen Avantgardismus, der das ursprüngliche Studio geprägt hatte, an diesem Ort wiederbeleben.

Als das WDR-Management 2001 entschied, die Arbeit an neuer elektronischer Musik nicht weiter zu unterstützen, war das ein Schock für die im Studio Tätigen. Da der WDR daran interessiert war, sein umfangreiches Archiv zu digitalisieren, wurde das Studio jedoch nicht geschlossen, sondern mit dieser neuen Tätigkeit betraut. So zog das Studio noch einmal um, dieses Mal in einen Keller in Ossendorf. Die Mehrspureinrichtung des Studios aus den 1970er Jahren wurde wieder installiert, seither wird an der Digitalisierung gearbeitet. Wenn auch keine neue elektronische Musik geschaffen wird, konnte der langjährige Tontechniker Volker Müeller doch einen Großteil der alten Ausstattung aus der Annostraße retten. Er ist zuversichtlich, dass mit den entsprechenden Finanzmitteln in Kölns MediaPark (Neustadt-Nord) ein Sondermuseum für elektronische Musik entstehen wird. Das Museum würde seine Besucher daran erinnern, was für eine wesentliche Rolle Köln in der Geschichte der elektronischen Musik gespielt hat.

Weitere Sehenswürdigkeiten in der Nähe: 1, 3, 11, 12, 13, 15

15. Das Eldorado für Besteck-Liebhaber

Innenstadt (Altstadt-Nord) (Stadtbezirk 1), Besteckhaus Glaub in der Komödienstraße 101–113.
Stadtbahn 3, 4, 5, 16, 18 Appellhofplatz

Als Besteck bezeichnet man in der westlichen Welt jegliches Handgerät zur Zubereitung, zum Servieren und zum Verzehren von Nahrung. Die wichtigsten Besteckteile sind Messer, Gabel und Löffel. Ihre Verwendung lässt sich bis in die Frühzeit der Zivilisation zurückverfolgen. Die ersten Messer der Welt waren geschärfte Steinklingen des Paläolithikums. Löffel aus Ton und Knochen tauchten um 5000 v. Chr. auf, die Gabel dürfte sich aus dem Messer entwickelt haben und ist wohl seit dem 9. Jahrhundert v. Chr. in Gebrauch. Obwohl es bis ins späte 16. Jahrhundert dauerte, bis Messer und Gabel gemeinsam an Tafeln verwendet wurden, kamen alle drei Geräte einzeln schon seit Römerzeiten für unterschiedliche Handhabungen zum Einsatz.

Wer sich für die Entwicklung und die Ästhetik des modernen Bestecks während der vergangenen Jahrhunderte interessiert, sollte unbedingt das Besteckhaus Glaub in der Komödienstraße 101–113 (Altstadt-Nord) aufsuchen, ist dieses doch das wahrscheinlich bestsortierte Besteckgeschäft Europas. Das im Jahr 1950 von Bodo Glaub gegründete Haus ist gleichzeitig Museum und Laden. Glaub hatte sich als junger Mann in graphische Darstellungen von Essensszenen verliebt und begann zu sammeln: alte Drucke, Holzschnitzereien, Karikaturen und so weiter. Nachdem er bei einem Hamburger Antiquitätenhändler seinen ersten Silberlöffel erstanden hatte, wurde aus seiner Sammlertätigkeit ein kommerzielles Unternehmen, und er eröffnete das Besteckhaus Glaub. Derzeit führt Anita, die tüchtige Ehefrau Bodo Glaubs, das Geschäft, das sich noch immer an der ursprünglichen Adresse befindet und mit seinen hölzernen Originalschaukästen und Neonschildern aus dem Jahr 1958 einen äußerst charmanten Retro-Look pflegt.

Ein Besuch des Besteckhauses Glaub ist für den Besteckexperten wie für den Laien ein einmaliges Erlebnis. Die großen Schaufenster an der Frontseite des Geschäfts, die jeden Abend bis lang nach Geschäftsschluss offen sind, sind von oben bis unten mit Besteck vollgeräumt: von günstigen Alltagsmessern und -gabeln über Bestecke im klassischen Jugendstil und Bauhausstil zu modernen skandinavischen Stücken und antiquarischen russischen Exemplaren aus dem 19. Jahrhundert. Mit den Schaustücken im Geschäftsinneren sind über 500 Stil-

Das Besteckhaus Glaub an der Komödienstraße ist ein Paradies für Freunde schönen Bestecks.

varianten vertreten – in Edelstahl, Tafelsilber, Sterlingsilber, Vollsilber und Gold. Und auch Griffe werden für jede Geldbörse angeboten, von Silber, Perlmutt und Horn über Holz bis zu Kunststoff. Bei den Marken liegen berühmte deutsche Herstellernamen wie Carl Mertens, die Gebrüder Reiner, Pott und Mono neben nicht-deutschen Produkten wie Jean Puiforcat aus Frankreich.

Für den Laien am interessantesten sind wohl die Ausstellungen von Spezialbestecken, mit denen eher modernen kulinarischen Trends gehuldigt wird. Dazu gehören Schneckengabel, Lachsmesser, Hummerzange, Krebsbesteck, Austernbrecher und Kaviarbesteck. In diesem Laden findet man im Übrigen auch alles andere, was sonst noch zu Besteck gehört: Besteckkästen, Serviettenringe, Eierlöffel aus irischem Horn, Kinderbesteck mit eingraviertem Geburtstag, Zuckerzangen in Geschenkpackung und winzige Schächtelchen mit Miniaturbesteck aus Deutschland, nur einen Zentimeter lang (das ideale Geschenk für jemanden, der schon alles hat!). Es gibt auch amüsante Neuigkeiten, wie den *Schlankheitslöffel* von George Butler aus Sheffield, der ein großes Loch hat!

Außerdem verfügt das Besteckhaus Glaub über eine hauseigene Werkstatt, die antiquarisches oder persönlich besonders geschätztes Besteck restauriert.

Weitere Sehenswürdigkeiten in der Nähe: 1, 3, 14, 16, 17, 18

16. Wo Stimmen des Widerspruchs noch zu hören sind

Innenstadt (Altstadt-Nord) (Stadtbezirk 1), NS-Dokumentationszentrum der Stadt Köln im EL-DE-Haus am Appellhofplatz 23–25
Stadtbahn 3, 4, 5, 16, 18 Appellhofplatz

Köln ist heute eine Stadt, die für Toleranz und eine liberale Grundstimmung bekannt ist. Dem war indes nicht immer so. Es gibt zwei Adressen, an denen noch die Stimmen jener zu vernehmen sind, die eine Verpflichtung darin sahen, sich gegen das autoritäre Regime ihrer Zeit zu Wort zu melden. Es ist dem heutigen Besucher von Köln durchaus zu empfehlen, diese Orte aufzusuchen, schon alleine deshalb, um sich den hohen Wert der freien Meinungsäußerung ohne Gefahr der Verfolgung eindringlich bewusst zu machen.

Die erste Adresse ist Heumarkt 65 (Altstadt-Nord), wo der Passant an einer Wandtafel darüber informiert wird, dass sich hier von August 1848 bis Mai 1849 die Redaktionsbüros der Sozialistischen *Neuen Rheinischen Zeitung* befanden, deren Chefredakteur Karl Marx (1818–1883) war. Marx wurde in Trier in der damaligen preußischen Provinz Niederrhein geboren. Als junger Mann war er nachdrücklich von den Werken Kants und Voltaires beeinflusst, was ihn zu einer Kombination von deutscher Tiefgründigkeit und französischer Subversion führte. Im Mai 1842 erschien ein Artikel von ihm in der *Rheinischen Zeitung,* die im Januar desselben Jahres in Köln gegründet worden war und sich als Organ etabliert hatte, in dem Intellektuelle ihre Opposition zum autoritären preußischen Regime äußern konnten. Karl Marx' Artikel, in dem er gegen die staatliche Zensur wetterte, fand in der progressiven Bevölkerung große Zustimmung.

Im Oktober 1842 wurde Marx Redakteur dieser Zeitung, und einen Monat später erhielt er Besuch von Friedrich Engels (1820–1895), der auf dem Weg nach England war, um die Lebensbedingungen der dortigen Arbeiterklasse zu untersuchen. Mit Marx am Steuer, der nun unter dem Einfluss von Engels stand, bekam die Zeitung eine radikalere Ausrichtung und äußerte sich mit wachsender Schärfe offen gegen die preußische Regierungspolitik. Anfang 1843 rief Marx in seinen radikal sozialistischen und kommunistischen Erklärungen bereits mehr oder weniger unverhüllt zur Revolution auf. Klarerweise ging das für die Regierung zu weit – die Zeitung wurde der Zensur unterworfen, und Marx gab am 17. März seine Stellung auf, woraufhin die Zeitung eingestellt wurde.

Hier gab Karl Marx Anfang der 1840er Jahre eine sozialistische Zeitung heraus.

Nach mehreren Jahren in Paris und Brüssel kehrte Marx wieder nach Köln zurück und publizierte die *Neue Rheinische Zeitung* von seinem Büro am Heumarkt aus. In ganz Europa schwelten Revolutionen, und aufs Neue wurde die Zeitung von der Regierung unterdrückt. Am 9. Mai 1849 wurde Marx des Landes verwiesen, und die letzte Ausgabe seiner Zeitung wurde zur Gänze in roter Tinte gedruckt. Fürs Erste schien sich Schwert gegen Feder durchgesetzt zu haben.

Wir machen einen Sprung in die erste Hälfte des 20. Jahrhunderts: Die *Rheinische Zeitung* ist als Organ der Sozialdemokratischen Partei Deutschlands wieder auferstanden, die Redaktionsbüros befinden sich jetzt in der Deutzer-Kalker-Straße 46 (Deutz). 1933 besetzten Hitlers Sturmtruppen das Gebäude und richteten dort die Büros ihres *Westdeutschen Beobachters* ein. Bald danach wurde ein zusätzliches Obergeschoss auf das Gebäude aufgesetzt, dessen oberer Abschluss ein fortlaufendes Hakenkreuzband bildet, das noch heute auszumachen ist.

Damit kommen wir zur zweiten Adresse. Von Dezember 1935 bis März 1945 hatte die Kölner Geheime Staatspolizei (Gestapo) ihren Hauptsitz im EL-DE-Haus am Appellhofplatz 23–25. Das Gebäude war das Zentrum des nationalsozialistischen Terrors im Rheinland und

Der Appellhofplatz war ein Gestapo-Standort.

beherbergt heute das NS-Dokumentationszentrum der Stadt Köln. Die Gestapo hatte das Gebäude angemietet, während es sich noch im Bau befand. Bauherr und damaliger Eigentümer des Hauses war der Geschäftsmann Leopold Dahmen, nach dessen Initialen das Haus benannt ist. Im Kellergeschoss baute die Gestapo eine Reihe enger Gefängniszellen, in denen Menschen festgehalten, verhört und gequält wurden, oft mehrere Wochen hindurch. Im Hof hinter dem Gebäude wurden 400 Personen exekutiert. Ein Besuch dieser Zellen, die ihr Aussehen von 1943, als sie nach einem Luftangriff wieder hergestellt wurden, weitgehend bewahrt haben, ist eine erschütternde Erfahrung.

Zutiefst berührend sind die von den Gefangenen an die Wände gekritzelten Inschriften – ergreifende und einzigartige Zeugnisse ihres Leids. An die 1800 solcher Inschriften sind vorhanden, viele davon auf Russisch, Französisch, Polnisch und Niederländisch. Die meisten stammen aus den letzten Phasen des Krieges, als sich zahlreiche Zwangsarbeiter und Kriegsgefangene in Köln befanden. Man liest Unterschriften, Daten, Kalendarien und Abschiedsworte. Viele der Gepeinigten haben sich ihre Widerstandskraft erhalten: „Ich wünsche niemandem, hier zu sein, außer meinen Todfeinden".

Weitere Sehenswürdigkeiten in der Nähe: 1, 3, 15, 17, 18, 19

17. Straßennamen und Hausnummern

Innenstadt (Altstadt-Nord) (Stadtbezirk 1), Gegenstände aus der Franzosenzeit im Kölnischen Stadtmuseum, Zeughausstraße 1–3
Stadtbahn 3, 4, 5, 16, 18 Appellhofplatz

Zum Dank für die Unterstützung in der Schlacht von Neuss gegen den Herzog von Burgund verlieh der Habsburger-Kaiser Friedrich III. (1452–1493) Köln im Jahr 1475 den Status einer Freien Reichsstadt. Das bedeutete dreierlei: Die Stadt war von externer Besteuerung befreit, sie war nur dem Kaiser des Heiligen Römischen Reiches untertan, und ihr Stadtrat, der alle lokale Macht innehatte, war niemandem sonst verantwortlich. Eine derartige Macht führte unausweichlich zu Konflikten zwischen dem Rat und den Bürgern, und mehrere von ihnen, die versucht hatten, Korruption innerhalb des Rates aufzudecken, wurden hingerichtet. Der bekannteste war Nikolaus Gülich (1644–1686), der für sein tapferes Eintreten für die Gerechtigkeit mit einer Statue an der Wand des Rathauses belohnt wurde.

Als Napoleons Truppen am 6. April 1794 die Stadt einnahmen, hatte Kölns Stadtrat die Reformation und die Gegenreformation unbeschadet überstanden, aber das goldene Zeitalter der Stadt als Zentrum für Handel und Gewerbe war vorüber. Unter der Besatzung durch die Franzosen und später der Preußen erholte sich das wirtschaftliche Geschick der Stadt wieder. Grundlegende Reformen der Stadtverwaltung führten zu einem raschen Wandel, es kam zur Aufhebung kirchlichen Eigentums, zur Abschaffung der Zünfte (die sich 1396 gebildet hatten, um die Herrschaft des Adels über die Bürger zu beenden), zur Anerkennung religiöser und wirtschaftlicher Freiheit, zur rechtlichen Gleichstellung aller Bürger und schließlich zur Schaffung eines einheitlichen deutschen Binnenmarktes.

Die 12 000 Einwohner Kölns setzten der französischen Besatzung keinen Widerstand entgegen und nahmen friedlich die zahlreichen Veränderungen auf sich, die ihnen ihre neuen Herrscher auferlegten. Sie hatten auch keine andere Wahl, zumal die Franzosen das Kriegsrecht einsetzten und am Roncalliplatz gleich die dazu passende Guillotine aufstellten (bis dahin waren Hinrichtungen außerhalb der Stadtmauern an der Aachener Straße durchgeführt worden, wo Napoleon den neuen Melaten-Friedhof anlegen ließ; s. Nr. 77). Anderseits brachten die Franzosen aber auch die Menschenrechte mit, und große Teile ihrer Gesetze blieben im Rheinland bis lange nach dem Abzug der Franzosen 1814 gültig. Vor allem konnten Protestanten und Juden endlich gleichberechtigt in der Stadt leben und arbeiten, und ungeachtet der Herkunft oder Religion stand es jedem frei, sich in Handel und Gewerbe zu betätigen.

Eine der auffälligsten Veränderungen im Köln der Franzosenzeit war die Einführung zweisprachiger Straßennamen, eine Nebenerscheinung des Gebotes, sich gefälligst der französischen Sprache zu bedienen.

Eine napoleonische Straßenbezeichnung an der Zeughausstraße 1–3

Gelegentlich kann man noch heute bei einem Gang durch Köln an Straßenecken solche in Stein gemeißelte Namen lesen, zum Beispiel an den Ecken Apostelnkloster/Mittelstraße und An der Linde/Machabäerstraße (Altstadt-Nord). Zwei dieser Inschriften wurden von ihren Originalstandorten entfernt und können im Kölnischen Stadtmuseum an der Zeughausstraße 1–3 (Altstadt-Nord) aus nächster Nähe betrachtet werden. Sie befinden sich im Erdgeschoss des Museums und gehören zu einer kleinen Sammlung von Gegenständen aus der Napoleonischen Ära, nebst einer Karte mit deutschen und französischen Straßennamen, Gewichten und Maßen, Banknoten, Waffen und einem wie immer gebieterisch auftretenden Keramik-Napoleon. Das Gebäude, das seit 1958 das Museum beherbergt, war früher ein Zeughaus und trägt seinerseits an der nordöstlichen Ecke noch ein zweisprachiges Straßenschild: *R(UE): DE L'ARSENAL-ZEUGHAUS GAS(SE)*.

Die Franzosen führten in Köln auch fortlaufende Hausnummern ein. Die berühmteste Nummer ist die 4711, die einer Liegenschaft des Parfumerzeugers Wilhelm Muelhens an der Glockengasse zugeteilt wurde. Auf einem imposanten Wandteppich an einer Wand des heutigen Gebäudes ist illustriert, wie ein französischer Soldat diese Nummer am Haus anbringt. In diesem Zeitalter ohne Urheberrecht konnte Muelhens sein Parfum unter dem Namen *Farina* verkaufen, also unter dem Namen des Herrn, der das *Original Eau de Cologne* 100 Jahre vorher erfunden hatte (s. Nr. 2). Diese Verwirrung hielt sich bis ins späte 19. Jahrhundert, als der Enkel von Muelhens gerichtlich verpflichtet wurde, den Namen Farina im Handelsverkehr aufzugeben und sich eine eigene Bezeichnung auszudenken. Kurzum entschied er sich für seine Hausnummer 4711 als neuen Markennamen. Er wurde auch beibehalten, nachdem man in Köln die gesamtstädtische Durchnummerierung aufgab und auf Straßenhausnummern wechselte. So wurde Glockengasse 12 die neue Adresse der Marke 4711.

Weitere Sehenswürdigkeiten in der Nähe: 13, 14, 15, 16, 21, 22

18. Die Pferdeköpfe in der Richmodstraße

Innenstadt (Altstadt-Nord) (Stadtbezirk 1), Richmodis-Turm
an der Richmodstraße 6
Stadtbahn 1, 3, 4, 7, 9, 16, 18 Neumarkt; Bus 136, 140

Das Stadtzentrum von Köln befindet sich seit der Römerzeit in einem andauernden Stadterneuerungsprozess. Einen Eindruck davon, wie sich die Straßen von Köln im Lauf der Jahre verändert haben, bekommt man auf www.bilderbuch-koeln.de, einer Website mit tausenden Bildern von Köln einst und jetzt. Ein Vergleich des alten mit dem neuen Köln kann ein faszinierendes Erlebnis sein. Ein besonders interessantes Beispiel dafür ist der Ausblick vom Neumarkt entlang der Richmodstraße (Altstadt-Nord) Richtung Norden. Auf der linken Seite sehen wir ein typisches Wohnhaus aus dem späten 19. Jahrhundert, überbordend mit architektonischen Details aus der Zeit des Historismus ausgestattet. Im Kontrast dazu steht an der Ecke rechts das Richmodis-Haus, ein elegantes Gebäude von 1830 in klarem, unprätentiös klassizistischen Stil. Hinter diesem Bau findet sich ein hoher achteckiger Turm, der Richmodis-Turm, der als einziges Element dieses gesamten Ensembles den Zweiten Weltkrieg überlebt hat.

Doch kehren wir zurück zu den früheren Photos des Richmodis-Hauses. Wenn man die Fenster des oberen Stockwerks ganz genau anschaut, sieht man beim zweiten von links etwas Ungewöhnliches: die hölzernen Köpfe zweier weißer Pferde. Sie sollten die Vorübergehenden an die kuriose Legende der Richmodis von Aducht erinnern, die 1349 starb, als der Schwarze Tod in Köln wütete. Ihr Gatte, der reiche Kaufmann Mengis von Aducht, ließ den infizierten Leichnam schnell begraben und legte in Eile eine goldene Kette und einen Ring bei. Das hatten zwei Totengräber beobachtet, die noch am gleichen Tag wieder kamen und den Sarg ausgruben, um sich des wertvollen Inhalts zu bemächtigen. Als sie den Sargdeckel weghoben, nahmen sie zu ihrem Schrecken wahr, wie Frau Richmodis eben die Augen öffnete! Die Männer flohen, Richmodis jedoch erhob sich, ging zum Haus ihres Mannes und klopfte an die Tür. Mengis war sprachlos vor Erstaunen und wollte diesen vermeintlichen Fremdling keinesfalls einlassen. Er meinte, eher würden seine Pferde die Treppen seines Hauses hinauftraben und von einem der oberen Fenster Ausschau halten, als dass seine Frau von den Toten auferstehen würde. Kaum hatte er das gesagt, als die Pferde taten, wie er gesagt hatte. Nun endlich öffnete er die Tür, um seine Frau

Die weißen Pferdeköpfe in der Richmodstraße

einzulassen und wieder mit ihr vereint zu sein. Der Legende nach lebten sie glücklich weiter und ließen zur Erinnerung an diese unglaublichen Ereignisse ein Paar Pferdeköpfe anfertigen und an einem oberen Fenster anbringen.

Was man auch von dieser Geschichte halten mag, weist doch einiges darauf hin, dass die Richmodstraße schon immer irgendwie mit Pferdefiguren verbunden war. So ist beispielsweise im Kölnischen Stadtmuseum an der Zeughausstraße 1–3 (Altstadt-Nord) ein faszinierendes, lebensgroßes Holzpferd aus dem frühen 16. Jahrhundert ausgestellt. Es kommt vom Hackeneyschen Hof, einem Hotel, das einst dort stand, wo später das Richmodis-Haus errichtet wurde (das Wort „Hackeneysche" kommt vom altfranzösischen *Haquenée,* der Bezeichnung für ein bequemes Reitpferd). Was dieses Pferd mit der Richmodis-Legende zu tun hat, ist allerdings unklar. Bekannt ist, dass das Gebäude einmal von zwei Brüdern bewohnt war und dass derartige Holzpferde als Ablage für Reitturnierrüstungen gedient haben könnten. Den Brüdern wurde gestattet, ein Paar weißer Pferde in ihrem Wappen zu führen, als sie 1498 zu Rittern geschlagen wurden.

Archivbilder des Warenhauses, das in den 1920er Jahren das Richmodis-Haus ersetzte, zeigen deutlich zwei steinerne Pferdeköpfe ganz oben an der Fassade. Dieses Gebäude wurde im Krieg zerstört und durch eine Geschäftszeile ersetzt, in die der Richmodis-Turm einbezogen wurde. 1958 wurden neue Pferdeköpfe geschnitzt und in ein Fenster oben am Turm gesetzt. Dort befinden sie sich noch heute.

Es gibt unterschiedliche Meinungen darüber, wo Mengis und Richmodis tatsächlich wohnten, wahrscheinlich irgendwo hinter dem Standplatz des alten Richmodis-Hauses. Der Turm jedenfalls, der Teil ihres Besitzes gewesen sein könnte, ist ein Beispiel eines *Geschlechterturms,* wie sie von reichen Patrizierfamilien im Mittelalter als Statussymbole errichtet wurden. Es ist indessen nicht davon auszugehen, dass an diesem von Anfang an Pferdeköpfe (*Päädsköpp* im Kölner Dialekt) angebracht waren.

> Am Sockel des Richmodis-Turms ist eine Gedenktafel für den deutschen romantischen Komponisten, Dirigenten und Musiklehrer Max Bruch (1838–1920) angebracht, der hier geboren wurde. Bruchs Opus 47 für Cello und Orchester basiert auf hebräischen Melodien, hauptsächlich der Melodie des *Kol-Nidre*-Gesanges aus dem jüdischen Jom-Kippur-Gottesdienst. Der anfängliche Erfolg dieses Werkes ließ viele glauben, Bruch selber sei jüdischer Herkunft. In Wirklichkeit war er als Protestant aufgewachsen. Doch die Gerüchte reichten aus, um sein Werk von den Nationalsozialisten verbieten zu lassen, weshalb Bruch bis heute im deutschsprachigen Raum fast vergessen ist.

Weitere Sehenswürdigkeiten in der Nähe: 1, 15, 16, 19, 30

19. Die faszinierende Geschichte des Geldes

Innenstadt (Altstadt-Nord) (Stadtbezirk 1), Geldgeschichtliche Sammlung der Kreissparkasse Köln am Neumarkt 18–24
Stadtbahn 1, 3, 4, 7, 9, 16, 18 Neumarkt; Bus 136, 140

Die lange Geschichte der Stadt Köln ist in den Münzen, die von der Stadt während der vergangenen 2000 Jahre geprägt wurden, gut repräsentiert. Die erste Münzanstalt wurde von den Römern 257 n. Chr. errichtet und später von Kaiser Otto I (962–973) zur Prägung der Pfennige wiederbelebt, die noch das traditionelle von den Römern verwendete *Colonia*-Monogramm trugen. Köln sollte in der Folge eine der wichtigsten Münzprägestätten des Heiligen Römischen Reiches werden. Um mehr darüber zu erfahren, begibt man sich am besten in die Geldgeschichtliche Sammlung, die sich passenderweise in der hellen und luftigen Kundenhalle der größten Sparkasse Deutschlands befindet, der Kreissparkasse Köln am Neumarkt 18–24 (Altstadt-Nord).

Die Geldgeschichtliche Sammlung, die übrigens weitaus interessanter ist, als der Name verheißt, wurde von der Bank 1954 initiiert und umfasst heute circa 40 000 Schaustücke. In der ständigen Ausstellung (bestehend aus 2000 Objekten in 40 Schaukästen) ist nicht nur die Entwicklung des Geldes in Köln und Deutschland illustriert, sie bezieht vielmehr die ganze Welt ein, von China bis ins antike Griechenland.

Alles und jegliches, was mit Geld zu tun hat, ist hier zu sehen – Münzen und Banknoten, Münzwaagen und Sparbüchsen. Lange vor der Erfindung des Geldes im 7. Jahrhundert v. Chr. wurden Waagen verwendet, um Edelmetalle als Zahlungsmittel abzuwiegen. Derartige Waagen standen übrigens in ganz Europa bis ins 19. Jahrhundert hinein in Gebrauch, um die Echtheit von Goldmünzen zu prüfen; erst die zunehmende Verwendung des Papiergeldes machte sie obsolet. Köln exportierte auch schön gefertigte Münzwaagen, die in kleinen hölzernen Kästchen geliefert wurden.

Die Entstehung der Sparbüchse reicht ebenfalls zurück in die Zeit vor der Erfindung des Geldes, zumal die Menschen seit Urzeiten Wertgegenstände als Vorsorgemaßnahme aufbewahrt haben. Die ersten Münzen wurden wahrscheinlich in Töpfen oder Taschen aufbewahrt, aus denen sich die größere Sicherheit versprechenden Geldtaschen, Sparbüchsen und Safes entwickelten. Das Museum hält einige Beispiele aus der Römerzeit bereit, von denen einige beim Bau der Spar-

Ein Sparschwein aus Java

kasse gefunden worden waren, aber auch Exemplare aus fernen Ländern wie Java und Südamerika. In der ganzen Welt beliebt ist das Sparschwein, gilt doch das Schwein als bewährtes Symbol für Glück und Fruchtbarkeit. Aus dem späten 19. Jahrhundert stammen einige Stücke, die Kinder zum Sparen anregen sollten, zum Beispiel ein gusseiserner Frosch aus Amerika und ein Hänsel-und-Gretel-Schokoladespender der Kölner Schokoladefirma Stollwerck (s. Nr. 32).

Am interessantesten ist vielleicht die Ausstellung von Zahlungsmitteln nicht-europäischer Kulturen, vor allem aus Afrika und Ozeanien – ein Thema, das Museumskurator Thomas Lautz besonders am Herzen liegt. Er hat auf zahlreichen Reisen den Gebrauch dieser sogenannten traditionellen Zahlungsmittel studiert, besonders auf den abgelegenen Inseln von Papua Neuguinea und den Salomoninseln. Auf der Insel Yap in Mikronesien entdeckte er ringförmige Steine, die als Währung verwendet wurden. Höhere Werteinheiten konnten da schon mal die Größe eines Wagenrads erreichen! Das traditionelle Geld entwickelte sich ganz unabhängig vom europäischen Geld und diente auch unterschiedlichen Zwecken, als rituelle Zahlung, Brautmitgift oder einfach als Demonstration persönlicher Macht. Oft bestand es aus natürlichen Materialien in unbearbeitetem Zustand, wie Muscheln, Bernstein und Tierhäuten; andere Objekte, wie Äxte, Armreifen und Perlen, vereinten Wert und Funktion.

Wer sich nicht so sehr für Geld an sich interessiert, findet vielleicht mehr Gefallen an den thematischen Sammlungen des Museums (Schmuck aus Münzen, Münzen mit kuriosen Formen, Über- und Untergrößen von Münzen) oder an der Geschichte der Münzfälschungen. Das Museum bietet unter der Programmbezeichnung „Das Fenster" auch regelmäßige Gastausstellungen, die von privaten Sammlungen oder anderen Kölner Museen beschickt werden.

Münzsammlern ist der Besuch einer der regelmäßig stattfindenden Kölner Münzauktionen zu empfehlen, die seit 1968 in Tyll Krohas Kölner Münzkabinett in der Neven-DuMont-Straße 15 (Altstadt-Nord) (www.tyllkroha.com) abgehalten werden. Kroha unterstützte die Bank bei der Errichtung ihres Geldmuseums in den 1950er Jahren.

Weitere Sehenswürdigkeiten in der Nähe: 1, 15, 16, 18, 19, 30

20. Panamahüte und eine gute Tasse Tee

Innenstadt (Altstadt-Nord) (Stadtbezirk 1), Tour zu ungewöhnlichen Läden, beginnend bei Jürgen Eifler am Friesenwall 102a
Stadtbahn 3, 4, 5, 12, 15 Friesenplatz

Die Geschäftsstraßen in den Städten Europas gleichen einander heutzutage immer mehr. Umso erfreulicher, dass Köln sich eine stattliche Zahl unabhängiger, spezialisierter Einzelhändler zu erhalten vermochte. Diese wackeren Bastionen des Lokalkolorits werden von erfahrenem Verkaufspersonal geführt, die die Liebe zu ihrem Produkt auszeichnet. Diese Tour führt zu einigen von ihnen, die in Altstadt-Nord zu finden sind.

Wir starten am Friesenwall 102a, wo Jürgen Eifler seit über 20 Jahren Hüte und Kappen von Hand anfertigt. Sein traumhaftes Geschäft mit einem eigenen Studio für Kappen und einer angeschlossenen Werkstatt ist mit Möbeln eingerichtet, die vor 100 Jahren in einer anderen Hutmacherwerkstatt standen. An einer Seite türmen sich die Stoffballen bis an die Decke, etwa Harris Tweed von den Schottischen Hebriden, Irish Tweed aus Donegal und feinster italienischer Kaschmir. An den anderen Wänden sind auf Regalen Panamahüte aus Ecuador-Stroh, seidenglänzende Zylinder, weiche Filzhüte, Hüte aus Kaninchenfilz und Kappen aus Harris Tweed ausgestellt. Wo noch Platz ist, finden sich allerhand historische Artefakte des Hutmachergewerbes, zum Beispiel Hutschachteln, hölzerne Model zum Spannen der Hüte, Rollen mit 80 Jahre alten Hutbändern, Nähmaschinen und Plakate.

Einige Straßen weiter, an der Apostelnstraße 44, lockt uns das Geflügel- und Wildgeschäft von Gustav Brock, unverwechselbar mit seinem Hirschkopf draußen an der Hauswand. Im Geschäft wird die Ware auf altmodischen weißen Marmortheken angeboten. Die Wände sind mit ausgestopften Fasanen, Keramik-Enten und einem großen Eberschädel geschmückt. Auf der anderen Straßenseite residiert auf Nummer 21 Filz Gnoss, ein Spezialladen für Filzprodukte. Filz wird durch die Bearbeitung – das Walken – von Wollstoffen mit Seife und warmem Wasser produziert. Dieses einfache Rohmaterial ist vielseitig verwendbar – für Pantoffeln, Hüte, Glasuntersetzer, Tischsets und sogar Schlüsselanhänger in Domform!

Um die Ecke, an der Hahnenstraße 2–4, wartet Peter Heinrich in seinem Pfeifen- und Zigarrenhaus auf Kundschaft. Das 1908 gegründete Geschäft umfasst jetzt bereits drei Läden und preist sich stolz als

Handgefertigte Hüte bei Jürgen Eifler am Friesenwall

"Haus der 10 000 Pfeifen" an. Ein Zigarrenlager und eine Raucherlounge sind ebenfalls vorhanden.

Ein flotter Spaziergang die Hahnenstraße/Cäcilienstraße entlang, und man erreicht An St. Agatha, wo sich auf Nummer 37 Honig Müngersdorff befindet. Dieses Familienunternehmen wurde vor 150 Jahren gegründet und verkauft nicht nur Honig, sondern auch alle nur erdenklichen Produkte im Zusammenhang mit Honig: Bienenwachskerzen, Shampoo, Sonnenlotion, Seife, Met, Bier, Süßigkeiten und Kosmetikartikel – alles aus Honig! Einige Häuser weiter an der Antoniterstraße 41 ist Kölns English Shop zuhause, der alle Anglophilen und heimwehkranken Auswanderer mit *Heinz Baked Beans*, *Marmite*, *Strongbow Cider*, *Cadbury's*-Schokolade, *Tetley's*-Teebeuteln sowie Chips mit Salz- und Essigwürzung versorgt.

Nördlich der belebten Schilderstraße ist an der Adresse Neue Langgasse 4 die Firma Sterck Joh. Jos & Zoon angesiedelt. Dieser unverbrüchlich traditionelle Laden wurde in den 1950er Jahren als unabhängiges Unternehmen gegründet, gehört jetzt aber zu einem größeren Konzern aus Bremen. Wer ihn betritt, steht fasziniert vor dem überaus eleganten, S-förmigen Ladentisch aus Holz, auf dem altmodische Waagen stehen. Hier werden über 60 Sorten Tee angeboten, unter anderen chinesischer Grüntee der Marke Gu Zhang Mao Jian, feiner Oolong „White Glory", „Butterfly" Jasminblütentee und „Temple of Heaven" Gunpowder-Tee. Unter den im Haus gerösteten Kaffeesorten sind neben anderen milder, großbohniger Meragogype aus Mexiko, aromatischer Java-Kaffee und würziger Kaffee aus Costa Rica zu nennen.

Weiter geht's ans Ende der Neuen Langgasse und hinein in die ebenso geschäftige Breite Straße. Hier kommen wir an einem halben Dutzend höchst individueller Geschäfte vorbei, angefangen am östlichen Ende mit dem Musikhaus Tonger auf Nummer 2–4. Diese wahrhafte Schatzgrube für Musikliebhaber bietet auf mehreren Etagen Instrumente, Musiknoten, CDs und Bücher. Nicht weit davon sind die

WDR-Arkaden, ein Einkaufszentrum an der Breite Straße 6–26, wo unter anderem der Ossi Laden beheimatet ist, der allerhand Waren und Erinnerungsstücke verkauft, die für immer mit dem seinerzeitigen Ostdeutschland und dem Kalten Krieg assoziiert sein werden. An der Breiten Straße 25–27 findet sich Hoss an der Oper, ein traditionsreiches Delikatessengeschäft, das seit über einem Jahrhundert in Familienbesitz steht und alle Arten bester Feinkost anbietet – Wurstwaren, Konserven, Öl, Essig, Pasteten, Weine u.v.m.

Tee und Kaffee bei Sterck Joh. Jos & Zoon an der Neuen Langgasse

Schirm Bursch an der Breiten Straße 104 hat hunderte Regenschirme, Sonnenschirme und Gehstöcke im Sortiment, und dies in jeder Größe, Farbe und Stilrichtung. Viele davon werden in der angeschlossenen Werkstatt angefertigt. Und dann müssen wir noch Monika Nachbars Beauty Hair & Accessoires auf Breite Straße 161 besuchen, *das* Fachgeschäft für Männerpflege. Hier findet man Rasierpinsel aus Dachshaar, Rasiermesser mit Horngriff und Kämme aus Schildpatt. Im hinteren Teil des Geschäfts befindet sich einer der ganz wenigen Nassrasiersalons in Köln.

Von der Breite Straße Richtung Norden verläuft Auf dem Berlich. Hier bietet auf Nummer 26 das Antiquariat Stefan Kruger ein Paradies für Liebhaber von Second-Hand-Büchern. Ein besonderer Knüller ist der Keller, der mit 10 000 Taschenbüchern vollgestopft ist, die für ein paar Euro das Stück zu haben sind. Unweit von hier ist auf Nummer 30 die CCAA-Glasgalerie Köln, die sich auf mundgeblasene Reproduktionen von römischen Gläsern spezialisiert hat.

Weitere Sehenswürdigkeiten in der Nähe: 16, 17, 18, 19, 21, 29

Innenstadt

21. Wie Köln aussehen hätte können

Innenstadt (Altstadt-Nord) (Stadtbezirk 1), Gerling-Hochhaus
am Gereonshof 10–26
Stadtbahn 12, 15 Christophstraße

Zur Zeit der Weimarer Republik lagen in Köln bei Reichstagswahlen die für die Nazipartei abgegebenen Stimmen immer unter dem nationalen Durchschnitt. Das mag weniger überraschend sein, wenn man weiß, dass Köln sich bereits 1288 gegen die Herrschaft seiner regierenden Erzbischöfe und 1396 gegen die der Patrizierfamilien aufgelehnt hatte. Allein, in den 1930er Jahren wurden dem freidenkenden, liberal gesinnten Köln seine Grenzen brutal aufgezeigt, als Adolf Hitler als deutscher Kanzler bestimmte, die Hauptstadt des nationalsozialistischen Verwaltungsbezirks Köln-Aachen solle das „Tor zum Westen" werden. Wären seine größenwahnsinnigen Pläne für den Umbau der Stadt Wirklichkeit geworden, sähe Köln heute ganz anders aus.

Um eine Vorstellung davon zu bekommen, was Hitler für Köln plante, sollte man das NS-Dokumentationszentrum der Stadt Köln am Appellhofplatz 23–25 (Altstadt-Nord) (s. Nr. 16) besuchen. Aus Architektenplänen und Photographien wird ersichtlich, dass Hitler die weitgehende Zerstörung eines Großteils der Innenstadt beabsichtigte. An ihre Stelle sollte eine Reihe monumentaler Partei- und Verwaltungsgebäude treten, wie sie auch für andere große Städte Nazideutschlands geplant waren, etwa für Berlin, München und Hamburg. Nur der Dom sollte stehen bleiben, dazu einige romanische Kirchen und ein paar alte mittelalterliche Gässlein südlich des Doms, zur Erinnerung an vergangene Glorie.

Jeder Stadt wurde ihr eigener, von Hitler persönlich ernannter Architekt zugewiesen, der für die Durchführung der ehrgeizigen Neubaupläne verantwortlich sein sollte. Für Köln war dafür der Architekt Clemens Klotz (1886–1969) vorgesehen, dessen Karriere in Köln 1911 mit der Planung einiger moderner Wohn- und Bürohäuser begonnen hatte. Für Hitler plante Klotz eine Reihe neuer Gebäude direkt nördlich des Doms. In Deutz am Ostufer des Rheins schlug er die Erweiterung des bestehenden Messegeländes sowie die Errichtung eines neuen Bahnhofs und des sogenannten Gauforums vor, eines riesigen Parteizentrums mit einer „Halle der Deutschen Arbeit" und einem weitläufigem Aufmarschplatz. Gleichzeitig sollte auch das durch die Beseitigung der alten Stadtmauern freigewordene Grünland westlich der Innenstadt,

So hätte Köln unter Adolf Hitler aussehen können.

am Anfang der Aachenerstraße, zu einem Aufmarschplatz werden, umgeben von einem Kultur- und Geschäftszentrum mit neuen Museen und einem Opernhaus.

Die Planungen für das neue Köln liefen bis 1944, doch wie auch in anderen Städten Nazideutschlands sind sie über das Planungsstadium kaum hinaus gekommen, zumal der Kriegsaufwand zunehmend die Ressourcen des Landes aufsaugte. Zerstört wurde viel, doch ein Großteil davon geht auf das Konto der Luftangriffe von Seiten der Alliierten (s. Nr. 28). Von den groß angelegten Klotz'schen Entwürfen ist nur der Aachener Weiher übriggeblieben, ein künstlicher See an der Aachener Straße, sowie ein repräsentatives Ensemble rekonstruierter mittelalterlicher Häuser am Ostermannplatz (Altstadt-Nord).

Um einen Eindruck davon zu bekommen, wie Köln aussehen hätte können, wären die NS-Baupläne verwirklicht worden, lohnt sich ein Blick auf einige Nachkriegsbauten. Zum Beispiel das Büro- und Wohnhaus am Neumarkt 1b (Altstadt-Nord), das 1952 nach einem Entwurf von Klotz gebaut wurde, der auch nach dem Krieg in Köln aktiv war. Die schlichte Fassade mit identischen Fensterreihen, neoklassizistischen Balkonen und einer Säulen-Loggia im obersten Stockwerk erinnert an offizielle Bauten, die in den 1930er Jahren in Berlin und München errichtet wurden. Andrerseits leiten sich diese Elemente wohl auch direkt vom Modernismus der 1920er Jahre her, einem Stil, der

Das Gerling-Hochhaus am Gereonshof

vom Naziregime für Wohnbauten zugunsten traditionellerer Formen abgelehnt wurde (s. Nr. 73).

Ähnliche Designelemente finden sich in übergroßem Maßstab an einem Gebäudekomplex, der für die Gerling-Versicherungsgruppe am Gereonshof (Altstadt-Nord) zwischen 1953 und 1958 errichtet wurde. Hauptverantwortlicher Architekt war Helmut Hentrich (1905–2001), der in seiner Studienzeit in Berlin in den 1920er Jahren stark von der modernistischen Architektur eines Ludwig Mies van der Rohe (1886–1969) und Hans Poelzig (1869–1936) beeinflusst worden war. Zur gleichen Zeit kam er auch in Kontakt mit Albert Speer, Friedrich Tamms und Rudolf Wolters, den Architekten des „Dritten Reichs". Beide Einflüsse sind im Gerling-Komplex erkennbar, der aus mehreren niedrigeren Flügeln um einen offenen Platz besteht, über dem sich das 56 Meter hohe Gerling-Hochhaus erhebt. Wenn man über diesen eher bedrückenden Platz geht, fällt es schwer, sich nicht wie auf einer Art Paradeplatz zu fühlen, wie er für Hitler vor dem „Führerbau", seinem offiziellen Amtssitz in München, gebaut wurde. Sogar die Vorhallen mit Balustraden gleichen sich. Diese Wirkung wird noch verstärkt durch hohe, feierlich anmutende Fahnenmasten und die Straßenbeleuchtung, die an die von Speer für Berlin entworfenen Pendants erinnern, sowie nicht zuletzt durch die Bronzereliefs Arno Brekers (1900–1991). Er war einst Hitlers offizieller Staatsbildhauer, seine riesigen neoklassizistischen Skulpturen wurden als Monumente der Durchsetzungsfähigkeit und Willenskraft der nationalsozialistischen Partei betrachtet. Viele sind der Meinung, die Anklänge an das „Dritte Reich" seien unübersehbar, auch wenn damit nicht gesagt ist, dass der Architekt ein politisches Statement machen wollte; in seinen späteren Arbeiten sind keine derartigen Anklänge zu entdecken.

Weitere Sehenswürdigkeiten in der Nähe: 16, 17, 20

22. Das Grauen von Klingelpütz

Innenstadt (Altstadt-Nord) (Stadtbezirk 1), Ort des früheren
Gefängnisses Klingelpütz zwischen Klingelpütz, Vogteistraße,
Gereonswall und Kyotostraße
Stadtbahn 12, 15 Hansaring; S-Bahn 6, 12, 13 Hansaring

In der nordwestlichen Ecke des Stadtteils Altstadt-Nord liegt im Schatten eines noch erhaltenen Teiles der mittelalterlichen Stadtmauer ein kleiner Park. Bei dem von Vogteistraße, Gereonswall, Klingelpütz und Kyotostraße eingeschlossenen Gelände scheint es sich um einen ganz normalen, ja eher gesichtslosen Park zu handeln. Kinder kommen hierher zum Spielen, ältere Menschen ruhen sich auf den Bänken aus und Berufstätige halten Mittagspause. Allein, der Schein trügt! In der Mitte des Parks ist ein kleiner Hügel, aufgehäuft aus dem Schutt eines Gebäudes, das früher hier stand. Der Wissbegierige liest auf einem einfachen Gedenkstein, dass sich an diesem Ort das berüchtigte Gefängnis Klingelpütz befand.

Der Straßenname Klingelpütz kommt von einer Familie namens Clingelmann, die in dieser Gegend im 13. Jahrhundert mehrere Brunnen besaß. Brunnen heißt im Kölner Dialekt, also auf Kölsch, *Pütz*, vom lateinischen *puteus* und dem französischen *puits*. Das Gefängnis, das hier zwischen 1836 und 1838 als preußisches Hauptgefängnis für das Rheinland gebaut wurde, erhielt den Namen der Straße. Es wurde bis 1969 als Gefängnis benützt. Dann wurde es durch ein neues Gefängnis im Bezirk Ossendorf ersetzt, und das alte Haus wurde abgerissen. Von den vielen Gefangenen, die hier durchgingen, sind zwei besonders erwähnenswert.

Der erste ist ein deutscher Serienmörder namens Peter Kürten (1883–1931), das deutsche Gegenstück zu Jack the Ripper, der hier am 2. Juli 1931 durch die Guillotine hingerichtet wurde. Er wurde für eine Reihe sexueller Gewalttaten, Überfälle und Morde an Erwachsenen und Kindern verurteilt. Kürten bekannte sich zu 79 Verbrechen, seinen ersten Mord behauptete er bereits mit knapp fünf Jahren begangen zu haben. Kürten stammte aus einer vielköpfigen, verarmten Familie und erlebte wiederholt, wie sein alkoholsüchtiger Vater die Mutter und seine Schwestern missbrauchte, und er machte es ihm nach. Nach dem Tatort vieler seiner Verbrechen erhielt er in den Medien den Namen „Vampir von Düsseldorf". Nach seiner Exekution wurde sein Gehirn von Wissenschaftlern seziert, um eine Erklärung für sein Verhalten zu

Das sternförmige Gefängnis Klingelpütz vor seiner Demolierung

finden. Was davon übrig blieb, landete schließlich im Ripley's Believe it or Not! Museum im amerikanischen Staat Wisconsin.

Der zweite besonders nennenswerte Insasse ist der deutsche Kommunist und Widerstandskämpfer gegen den Nationalsozialismus Bernhard Bästlein (1894–1944), der hier im April 1939 ein Jahr lang eingesperrt war. Er war der Sohn eines überzeugten Mitglieds der Sozialdemokratischen Partei Deutschlands, der ältesten politischen Partei im deutschen Parlament. Es verwundert daher nicht, dass auch er der SPD beitrat. Er arbeitete in einer Waffenfabrik, ging dann an die Westfront und entdeckte für sich, beeinflusst durch die revolutionären Bewegungen in Russland, das Prinzip „Frieden durch Revolution". Nach seiner Rückkehr in die Heimat wandte er sich der Kommunistischen Partei Deutschlands zu. Als die Partei in Hamburg Unruhe in der Industrie zu schüren begann, war Bästlein an führender Stelle und wurde wegen „Vorbereitung zum Hochverrat" festgenommen. Nachdem er durch eine Amnestie seine Freiheit wiedererlangt hatte, blieb er Aktivist und wurde 1930 Bezirksleiter der KPD in Köln und 1932 Abgeordneter im Preußischen Landtag. Am 5. März 1933 wurde er schließlich in den Reichstag gewählt, wenngleich seine Amtszeit von kurzer Dauer war. Schon im Mai dieses Jahres wurde er von den Nazis erneut des Hochverrats beschuldigt und verhaftet. Einen Großteil der Zeit zwischen 1935 und 1944 verbrachte er im Gefängnis – Erfahrungen, die ihn in seiner Überzeugung nur noch bestärkten, dass das Hitler-Regime wie auch der Kapitalismus die größten Gefahren für die deutsche Gesellschaft seien. Letzten Endes wurde er am 18. September 1944 im Gefängnis Brandenburg-Görden hingerichtet, nachdem er vom Gericht als „unbelehrbar und unverbesserlich" eingestuft worden war.

Während der Jahre des „Dritten Reichs" wurde Klingelpütz die wichtigste Exekutionsstätte für all jene, die vom Nazi-Sondergericht am

Nur eine Gedenktafel und ein Grashügel erinnern an das Gefängnis Klingelpütz.

Appellhofplatz 1 verurteilt worden waren. Zur Abschreckung gegen anti-nationalsozialistischen Widerstand wurde an diesem Gericht eine Reihe von Schauprozessen abgehalten. In Klingelpütz war schlimmste Überbelegung an der Tagesordnung. Zeitweise wurden in einem einzigen Flügel bis zu 10 000 Gefangene festgehalten, obwohl das gesamte Gebäude für nicht mehr als 800 Insassen ausgelegt war. Das heute dort stehende Mahnmal wurde am 1. September 1979, 40 Jahre nach Beginn des Zweiten Weltkriegs, hier aufgestellt. Es erinnert an die 1000 unschuldigen Menschen, die hier zwischen 1933 und 1945 hingerichtet wurden.

Weitere Sehenswürdigkeiten in der Nähe: 17, 23, 24, 27

23. Auf den Spuren der Pilger

Innenstadt (Altstadt-Nord) (Stadtbezirk 1), heilige Reliquien in der Kirche St. Ursula am Ursulaplatz 24
Stadtbahn 12, 15 Hansaring; S-Bahn 6, 12, 13 Hansaring

Im europäischen Mittelalter sprach man den Gebeinen von Heiligen wie auch Dingen, die angeblich von Heiligen berührt worden waren, übernatürliche Heilkräfte zu. Kirchen, die Reliquien aufbewahrten, wurden zu Pilgerstätten und zu einer willkommenen Einnahmequelle für die ganze Umgebung. Kein Wunder, dass Knochensplitter von Heiligen, Fragmente vom Kreuz Christi, Steinbrocken vom Heiligen Grab, ja sogar Wasser aus dem Jordanfluss den Weg vom Heiligen Land nach Europa fanden. Die Beschaffung von heiligen Reliquien für Kirchen in Europa wurde ein eigenständiger Geschäftszweig.

Sancta Colonia – das Heilige Köln – war keine Ausnahme, es wurde sogar zum Inbegriff einer europäischen Pilgerstätte, nachdem die mutmaßlichen Reliquien der Heiligen Drei Könige im Jahr 1164 vom Kölner Erzbischof Rainald von Dassel (ca. 1120–1167) als Kriegsbeute aus Mailand nach Köln gebracht wurden. Die Reliquien wurden in einen kunstvoll verzierten goldenen Schrein gebettet, den größten seiner Art, der aus dem Mittelalter erhalten ist. Im Kölner Dom kann er hinter dem Hochaltar besichtigt werden (s. Nr. 11). Sogar der Bau des Domes selbst ist letztlich als Reaktion auf den großen Andrang von Pilgern in der Stadt wegen der hier vorhandenen Reliquien zu verstehen.

Vom Beispiel des Domes angeregt, sicherten sich viele Pfarr- und Klosterkirchen in Köln ihre eigenen Reliquien, und einige der Reliquiare sind jenem des Domes regelrecht nachempfunden. Als Beispiel kann der Heribertschrein aus dem Jahr 1170 in der Kirche St. Heribert an der Tempelstraße 2 (Deutz) genannt werden, die auch als Düxer Dom bekannt ist. Ein weiteres Beispiel findet sich in der St. Andreaskirche an der Komödienstraße 6–8 (Altstadt-Nord). Der dortige Makkabäerschrein stammt aus dem 16. Jahrhundert und enthält die Schädel der sieben jüdischen Makkabäerbrüder, deren Mutter und Lehrer, die im 2. Jahrhundert v. Chr. den Märtyrertod erlitten. Ein weiterer Schrein, der die authentifizierten Gebeine des heiligen Severin aus dem 4. Jahrhundert enthält, befindet sich im Chor der St. Severinskirche am Severinskirchplatz (Altstadt-Süd).

Die Reliquien der Heiligen Drei Könige haben für das Wohlergehen der Stadt Köln eine derartige Bedeutung erlangt, dass ins Stadtwappen drei Kronen aufgenommen wurden. Auch die darunter befindlichen elf schwarzen, flackernden Flämmchen leiten sich von Reliquien ab, namentlich der heiligen Ursula und ihrer zehn jungfräulichen Gefährtinnen. Ursula war eine römisch-britische Prinzessin, die mit ihren Gefährtinnen 383 von den in Köln eindringenden Hunnen den Märtyrertod erlitt. Die Einnahme der Stadt durch die Hunnen wurde, so heißt

Die Goldene Kammer in der St. Ursulakirche am Ursulaplatz

es, durch göttliche Intervention verhindert. Die Kirche St. Ursula, in der die Reliquien aufbewahrt sind, steht am Ursulaplatz 24 (Altstadt-Nord). Das seit dem Jahr 1804 als Pfarrkirche geführte Gotteshaus wurde 1135 auf dem Platz eines spätrömischen Friedhofs erbaut, auf dem man der Legende nach im Jahr 1106 die Gebeine der Märtyrerinnen entdeckte und in der Folge verehrte. Im 17. Jahrhundert schuf man im Zuge der Barockisierung des Kircheninnenraums auch die außergewöhnliche Goldene Kammer, die den reichen Reliquienbestand dieser Kirche aufnehmen sollte. Dieser überreich verzierte Raum enthält mehrere Fächer, auf denen Reliquiare in Form vergoldeter Büsten stehen. Die oberen Wandabschnitte und die Decke sind zur Gänze mit einem Mosaik bedeckt, das sich aus Knochen von Exhumierten des ehemaligen Friedhofs zusammensetzt.

Um übrigens die Nachfrage anderer Kirchen nach Reliquien von Ursula und ihren Gefährtinnen zu befriedigen, steigerten die tüchtigen Reliquienhändler deren Zahl kurzerhand von elf auf 11 000!

> Wer heute noch Pilgern begegnen will, die im stillen Gebet die Hilfe der Heiligen erflehen, der besucht am besten die Kirche St. Maria in der Kupfergasse an der Adresse Schwalbengasse 1 (Altstadt-Nord). Einen unaufhörlichen Strom von Gläubigen zieht es dorthin zum Gebet vor einer Schwarzen Muttergottes aus dem 17. Jahrhundert.

Weitere Sehenswürdigkeiten in der Nähe: 13, 22, 24, 27

24. Der Untergang der *Cöln*

Innenstadt (Altstadt-Nord) (Stadtbezirk 1), Wrack des Rettungsbootes in der Eigelsteintorburg
Stadtbahn 12, 15, 16, 18 Ebertplatz; Bus 140, 148

Die Eigelsteintorburg südlich des Ebertplatzes (Altstadt-Nord) ist eines der wenigen noch bestehenden Stadttore aus Kölns mittelalterlicher Stadtmauer (s. Nr. 35). Durch dieses in der ersten Hälfte des 13. Jahrhunderts gebaute Tor zogen der französische Kaiser Napoleon und seine Gemahlin Joséphine bei ihrem triumphalen Einzug in die Stadt am Abend des 13. Septembers 1804. Auch wenn es die Stadtmauer schon lange nicht mehr gibt, suchen immer wieder Leute dieses alte Stadttor auf. Nicht nur die Geschichte des Tors und die einladenden Cafés dort ziehen sie an, sondern eine Kuriosität eigener Art: In einer Nische an der Ostseite des Tores hängt nämlich das Wrack eines Rettungsbootes!

Wie es dazu kam, dass ein Rettungsboot in einem Kölner Torturm hängt, ist eine faszinierende, aber wenig bekannte Geschichte. Im Mai 1908 nahm man in der Germaniawerft in Kiel den Bau der *SMS Cöln*, eines kleinen Kreuzers der Kolberg-Klasse, in Angriff. Deutsche Kreuzer dieser Klasse waren die ersten, die ausschließlich von Dampfturbinen angetrieben wurden. Die *Cöln* wurde 1911 in der Kaiserlichen Marine in Dienst genommen. Sie hatte eine Gesamtlänge von 130,5 Metern, Antriebswellen mit einer Leistung von 19 000 PS (die eine Höchstgeschwindigkeit von 26,8 Knoten ermöglichten) und ein Dutzend Schnellfeuergeschütze vom Kaliber 10,5 cm. Ihre Besatzung in Friedenszeiten zählte 380 Mann; im Einsatz konnte sie auf 485 erhöht werden. Allzu viel Aktiveinsatz sollte die *Cöln* jedoch nicht erleben.

Kurz nach Beginn des Ersten Weltkrieges wurde die *Cöln* zum Flaggschiff des Konteradmirals Leberecht Maas, der zur Verteidigung von Helgoland vor der nordwestlichen Küste Deutschlands abkommandiert war. Am 28. August 1914 griff die Harwich Force, eine britische Flotille aus Kreuzern und Zerstörern unter dem Kommando von Fregattenkapitän Reginald Tyrwhitt, deutsche Schiffe nahe der Marinebasis auf Helgoland an. Begleitschutz boten die Schlachtkreuzer unter Vizeadmiral Beatty. Gegen 7 Uhr morgens versenkte die Harwich Force ein deutsches Torpedoboot, was die Deutschen veranlasste, zwei leichte Kreuzer auslaufen zu lassen, denen sich bald einige von Wilhelmshaven anschlossen, unter ihnen auch die *Cöln* unter Fregattenkapitän

Meidinger (Schlachtkreuzer konnten wegen Niedrigwassers im Hafen nicht zum Einsatz kommen).

Die *Cöln* traf bald auf den britischen Kreuzer *HMS Arethusa* und acht Zerstörer, die den deutschen Kreuzer *Mainz* aufgebracht hatten. Aufgrund seiner waffentechnischen Unterlegenheit und einer schweren Beschädigung der *Arethusa* forderte Tyrwhitt dringend Unterstützung an. Beattys Geschwader tauchte um 12:40 Uhr auf und überraschte die Deutschen. Die höhere Geschwindigkeit und Feuerkraft der britischen Schlachtkreuzer entschied das Gefecht; die Deutschen verloren nicht nur die *Mainz*, sondern auch die *Ariadne* und die *Cöln*. Letztere sank, als sie versuchte, Beattys Flagschiff, dem Schlachtkreuzer *HMS Lion,* zu entkommen. 712 deutsche Matrosen verloren in dem Kampf ihr Leben, 419 wurden gefangen genommen.

In der Eigelsteintorburg hängt das Wrack eines Rettungsbootes.

Die *Cöln* versank gegen 14:30 Uhr und mit ihr die Mehrheit der Mannschaft. Von den 200, die den Untergang überlebten, ertranken bis auf einen alle. Der einzige Überlebende, ein Heizer aus Köln namens Adolf Neumann, konnte sich 76 Stunden am schwerbeschädigten Rettungskutter festklammern und gerettet werden. Der Kutter wurde drei Tage später an der ostfriesischen Insel Norderney an Land getrieben; die Stadt Köln erhielt ihn ein Jahr später zum Geschenk. Zuerst hing er im Rathaus, doch seit 1926 ist er an seinem gegenwärtigen Ort zu sehen, wo alljährlich am Jahrestag des Untergangs mit einer Kranzniederlegung der damaligen Opfer gedacht wird.

Seit 1909 haben fünf Schiffe den Namen *Cöln* (oder *Köln*) getragen. Der Anker eines dieser Schiffe, der Fregatte *Köln IV* der deutschen Marine, ist unterhalb des Rettungsbootes ausgestellt. Die daneben aufgehängte, eiserne Namenstafel mit dem Wappen von Köln stammt ebenfalls von diesem Schiff. Als es 1982 außer Dienst gestellt wurde, hat man sie abmontiert. 2008 ließ der Freundeskreis Fregatte Köln e.V. das Schiffswrack renovieren, den Anker installieren und diverse Inschriften anbringen.

Weitere Sehenswürdigkeiten in der Nähe: 22, 23, 25, 27

25. Der unterirdische Kronleuchter

Innenstadt (Neustadt-Nord) (Stadtbezirk 1), Kronleuchtersaal
an der Ecke Theodor-Heuss-Ring und Clever Straße
Stadtbahn 12, 15, 16, 18 Ebertplatz; Bus 140, 148

1828 erwähnte der englische Dichter Samuel Taylor Coleridge (1772–1834) das Fehlen einer Kanalisation in Köln und stellte fest, die Stadt habe „72 Gerüche, alle sehr ausgeprägt, und die meisten stinken!" Es ist schwer sich vorzustellen, wie das Leben in einer derartigen Stadt in der Zeit zwischen Mittelalter und der ersten Hälfte des 19. Jahrhunderts ausgesehen hat. Wie in anderen Städten Europas vermehrte sich Kölns Bevölkerung kräftig – und damit auch das Volumen der Abwässer. Da man sie nicht aufzubereiten wusste, wurden die unbehandelten Abwässer in offenen Gräben in den Fluss geleitet. So erfüllten sie die Straßen der Altstadt mit abstoßendem Gestank und begünstigten die Ausbreitung von Krankheiten.

Die ersten modernen Kanalisationssysteme in Europa wurden um 1850 in London und Paris gebaut. Sie bestanden aus einem radial geführten Tunnelnetz aus Backsteinziegeln, das die Abwässer unauffällig aus den verbauten Gebieten ableitete. Leider wurde in Köln erst 1863 eine sichere und verlässliche öffentliche Wasserversorgung installiert, trotz wiederholter (und anscheinend zu teurer) Angebote von Seiten deutscher und englischer Hydrauliktechniker (s. Nr. 39). Bis zum ersten modernen Kanalsystem dauerte es noch länger, ein solches wurde erst 1890 in Betrieb genommen, gute 1800 Jahre nach einschlägigen Versuchen der Römer (s. Nr. 1).

Das Kölner Kanalsystem aus dem 19. Jahrhundert kann jeden letzten Sonntag im Monat zwischen März und September besichtigt werden. Die Stadtentwässerungsbetriebe Köln (Tel. +49 (0) 221-221 268 45, www.stadtwaesserung-koeln.de) bieten eine höchst interessante Führung an. Man betritt diese selten gesehene Welt durch eine schwere Stahlfalltüre an der Ecke Clever Straße und Theodor-Heuss-Ring (Neustadt-Nord). Eine steile Treppe führt hinunter an die Anschlussstelle zwischen einem Servicetunnel und einem unterirdischen Raum, dem sogenannten Regenentlastungsbauwerk. Dieser unerwartet elegante Raum mit einer Breite von 3,8 Metern und einer Höhe von 4,6 Metern gewährt Zugang zu einer wichtigen Verbindungsstelle der kommunalen Regenwasser- und Abwasserkanalisation. Diese Stelle wurde gewählt, weil hier früher ein Hafen war, der in der Zeit der französischen

Der Kronleuchtersaal im Kanalsystem am Theodor-Heuss-Ring

Besetzung der Stadt direkt nördlich der mittelalterlichen Stadtmauer angelegt worden war.

Unter normalen Bedingungen ist nur der Hauptkanal mit Abwässern gefüllt: eine träge, trübe, dunkelgraue Brühe mit einem sehr speziellen Aroma! Der Kanal verläuft nach Norden zur ersten mechanisierten Abwasseraufbereitungsanlage in Niehl, die 1905 eröffnet wurde. In Zeiten außergewöhnlich starker Regenfälle kommt jedoch auch das Abflusswasser von den Straßen dazu, und nur allzu bald steigt der Wasserspiegel, schwappt über und fließt in den daneben verlaufenden Regenwasserkanal, der die Wassermassen direkt in den Rhein leitet. Wenn es nicht regnet, können Besucher den Regenwasserkanal ein

Nach einem plötzlichen Wolkenbruch wird der Kronleuchtersaal überflutet.

Stück entlang gehen und einen Blick in die zahlreichen Seitentunnel werfen.

Ein einzigartiges und an diesem Ort völlig unerwartetes Detail ist indessen der zwölfarmige Kronleuchter, der von der Decke des Raumes hängt und nach dem der Kronleuchtersaal benannt ist. Dieser Kronleuchter befindet sich hier seit der Eröffnung des Kanalsystems im Jahr 1890, sollte dieser doch der preußische Kaiser Wilhelm II. (1888–1918) höchstselbst beiwohnen. Man hatte offenbar Bedenken, ob die nach dem neuesten Stand der Technik errichtete Kanalisationsanlage allein schon genug Eindruck machen würde, also installierte man zusätzlich noch ein paar Kronleuchter mit Kerzen. Auch wenn der Kaiser dann doch nicht kam – die Leuchter blieben. Nachdem sie im Verlauf der Jahre dem Rost zum Opfer fielen, wurden sie 1990 durch einen einzelnen elektrischen Kronleuchter ersetzt. Eine Steintafel an der Wand hält die Namen des damaligen Bürgermeisters und der zwei für die Errichtung verantwortlichen Architekten fest (Johann Stübben und Carl Steuernagel).

Bei der Führung erfährt man auch, wie das Stadtzentrum von Köln und die Bezirke Deutz, Nippes und Ehrenfeld bis zum Jahr 1900 an das Kanalisationssystem angeschlossen wurden. Heute leiten 2000 oder mehr Kilometer Abwasserkanäle die Abwässer und das Regenwasser der ganzen Stadt zu fünf modernen Kläranlagen (Rodenkirchen, Wahn, Stammheim, Langel und Weiden), wo das Wasser in Filterkesseln gereinigt und schließlich in den Rhein eingespeist wird.

Das ursprüngliche Kanalsystem von Köln ist auch heute noch voll funktionstüchtig, auch wenn sich die Bevölkerung seit 1890 vervierfacht hat. Nicht nur bei Führungen werden die Kanäle aufgesucht, sie dienen immer wieder auch als Schauplatz für Jazz- und Klassik-Konzerte. Bis zu 50 Personen finden als Publikum Platz, die sich nicht nur des ungewöhnlichen Ambientes erfreuen, sondern auch der ungewöhnlichen Akustik des Kronleuchtersaals.

Weitere Sehenswürdigkeiten in der Nähe: 24, 26

26. Ein Pionier der Nachkriegsmoderne

Innenstadt (Altstadt-Nord) (Stadtbezirk 1), Besichtigung von Werken des Architekten Wilhelm Riphahn, beginnend mit dem Restaurant Bastei am Konrad-Adenauer-Ufer 80
Stadtbahn 5, 16, 18; Bus SB40

Der Name des modernen Architekten Wilhelm Riphahn (1889–1963) mag außerhalb architekturinteressierter Kreise nicht sehr bekannt sein, in seiner Heimatstadt Köln hat er jedoch unverwechselbare, bleibende Spuren hinterlassen. Dass er Architekt wurde, schien vorbestimmt, waren doch sein Vater und sein Großvater mütterlicherseits Bauunternehmer. In jungen Jahren studierte Riphahn Architektur in München, Dresden und Berlin und praktizierte in diversen Baubüros, bis er sich 1913 in Köln als Architekt selbstständig machte.

Riphahns erste größere Aufträge fallen in die frühen 1920er Jahre, als Adolf Abel (1882–1968), Kölner Stadtbaudirektor und ebenfalls ein Anhänger der Moderne, auf ihn aufmerksam wurde. Riphahn erhielt Planungsaufträge für Siedlungsneubauten im Kölner Grüngürtel (s. Nr. 73). Diese Siedlungen wurden im schnörkellosen Stil der sogenannten *Neuen Sachlichkeit* ausgeführt. Sie dienten der Behebung der in Deutschland nach dem Ersten Weltkrieg herrschenden Wohnungsnot und der Erfüllung des Artikels 155 der Weimarer Verfassung aus dem Jahr 1919, der allen Deutschen das Recht auf „gesundes Wohnen" zusprach (oder auf „Lich, Luff und Bäumcher", wie man im Kölner Dialekt sagte). Die GAG-Wohnsiedlung in Bickendorf (Ehrenfeld) sowie die Weiße Stadt und der Blaue Hof in Buchforst (Mülheim) sind damals entstanden.

Einer der bemerkenswertesten Entwürfe Riphahns und auch das erste Objekt unserer Besichtigungstour ist das Restaurant Bastei am Konrad-Adenauer-Ufer 80 (Altstadt-Nord). Es heißt so nach dem Sockel der preußischen Verteidigungsbastion, auf den der Architekt es 1924 genial draufsetzte. Die Bastion stammte aus dem Jahr 1891, wurde 1911 teilweise zerstört und diente während des Ersten Weltkriegs als Suchscheinwerferbasis. Auf den Überresten der Ziegelmauer erhebt sich ein massiver Pfeiler, auf den Riphahn eine scheibenförmige, verglaste Terrasse setzte, die einen Rundblick über den Rhein gewährt. Die Terrasse wird von radial angeordneten, leichten Stahlträgern getragen, die je acht Meter hinauskragen, ursprünglich sogar über den Fluss hinaus. Der im Zweiten Weltkrieg beschädigte Bau wurde 1958

Wilhelm Riphahns Restaurant Bastei am Konrad-Adenauer-Ufer

unter Riphahns Aufsicht wieder aufgebaut.

Ehe das Nazi-Regime der architektonischen Moderne zugunsten konservativerer Baustile ein Ende setzte, konnte Riphahn noch zwei große kommerzielle Gebäude dieses Stils in der Kölner Innenstadt entwerfen. Das Indanthren-Haus an der Breiten Straße war ein Bekleidungs- und Stoffhaus für den deutschen Chemiekonzern BASF, Erfinder des licht- und wasserfesten Farbstoffes Indanthren. Das zweite, und das ist unsere zweite Sehenswürdigkeit auf dieser Tour, war ein Kino, und zwar der UFA-Palast am Hohenzollernring 22–24 (Neustadt-Nord). Dieser Bau wurde 1931 in nur fünf Monaten errichtet und gehörte damals zu den spektakulärsten Bauwerken Kölns. Der Beton-Portikus reichte weit nach vorne über den Bürgersteig, um wartenden Kinobesuchern Schutz zu bieten. Mit Sitzplätzen für 3000 Besucher war es eine Zeit lange das größte Kino Deutschlands. Aller Grandezza zum Trotz schloss das Kino im März 2010 seine Pforten und wartet seither auf seine Wiedereröffnung.

Nach dem Sturz der Naziherrschaft konnte Riphahn wieder in Köln arbeiten. Wir kommen zum dritten und letzten Objekt unserer Tour an der Hahnenstraße (Altstadt-Süd), wo Riphahn zwischen 1947 und 1950 am städtischen Wiederaufbauprojekt der wichtigen Ost-West-Achse zwischen Heumarkt und Rudolfplatz mitarbeitete. Er entwarf mehrere zweigeschossige Flachdachpavillons aus Betonfertigteilen für Wohnungen, Geschäfte und Büros. Eines dieser Gebäude, an der Hahnenstraße 6 (Altstadt-Süd) gelegen, wurde Sitz des britischen Kulturinstituts *British Council*, das sich – wie übrigens auch das Amerika Haus um die Ecke an der Adresse Apostelnkloster 13–15 – zu einem Zentrum für die Nachkriegs-Neuorientierung der deutschen Bevölkerung nach

In Riphahns Brücke an der Hahnenstraße

Jahren der Indoktrination durch die nationalsozialistische Propaganda entwickelte. Die obere Etage des unter dem Namen *Die Brücke* bekannt gewordenen Gebäudes ruht auf Säulen über dem Bürgersteig, so dass darunter eine Arkadenpassage für die Fußgänger entsteht. Als *Die Brücke* Ende der 1990er Jahre frei wurde, zog der Kölnische Kunstverein ein, eine der ältesten Kunstvereinigungen Deutschlands, die hier Ausstellungen veranstaltet.

Riphahn war die gesamten 1950er und bis in die 60er Jahre hinein aktiv und entwarf einige der bekanntesten öffentlichen Gebäude Kölns. Dazu gehören die neue Oper Köln und das Schauspielhaus Köln, beide am Offenbachplatz (Altstadt-Nord), und auch das Französische Kulturinstitut (Institut Français) am Sachsenring 77 (Neustadt-Süd). Es ist eines der ersten Kulturinstitute, die in Westdeutschland errichtet wurden, und heute eines der letzten noch bestehenden.

Weitere Sehenswürdigkeiten in der Nähe: 24, 25

27. Kölns erster Wolkenkratzer

Innenstadt (Neustadt-Nord) (Stadtbezirk 1), Hansahochhaus
am Hansaring 97
Stadtbahn 12, 15 Hansaring; S-Bahn 6, 12, 13 Hansaring

Für kurze Zeit Anfang der 1880er Jahre war der Kölner Dom mit seinen 157 Meter hohen Zwillingstürmen das höchste Gebäude der Welt. Auch heute noch kann sich der Kölner Dom der zweithöchsten Kirchtürme rühmen, nach dem einzelnen Turm des Ulmer Doms. Besucher können in einem der beiden Kölner Türme 576 Stufen hinaufklettern, um etwa 98 Meter über Straßenniveau eine Aussichtsplattform zu erreichen. Erst 1925 bekam Köln seinen ersten Wolkenkratzer, das sogenannte Hansahochhaus am Hansaring 97 (Neustadt-Nord). Wenn es auch nur 75 Meter hoch ist, war es doch in Europa das höchste Hochhaus seiner Zeit, und bei einer Besichtigung fühlt man sich in das goldene Zeitalter des Wolkenkratzers zurückversetzt.

Das Hansahochhaus wurde zwischen 1924 und 1925 – sechs Jahre vor der Fertigstellung des Empire State Building – nach dem Entwurf des aus Aachen gebürtigen Architekten Jakob Koerfer (1875–1930) errichtet. Der um ein Stahlskelett erbaute Turm aus roten Ziegeln hat 17 Stockwerke. Seine stabilen Eckpfeiler und die spitz zulaufenden Fenster am oberen Rand des Turms erinnern an militärische und kirchliche Architektur des Mittelalters. Diesem Eindruck wirkt allerdings die zurückgenommene, der Moderne verpflichtete Fassade entgegen, mit ihren seltsam stilisierten Keramik-Tierköpfen im Erdgeschoss und den einfachen, rechteckigen Fenstern. Dazu passt der futuristisch anmutende Nonstop-Paternoster, der die Büroangestellten bis ins 15. Stockwerk bringt. Der Stil solcher Gebäude wurde als Backsteinexpressionismus bezeichnet, eine Variante expressionistischer Architektur, die sich in den 1920er Jahren in den größeren Städten Norddeutschlands und des Ruhrgebiets einiger Beliebtheit erfreute.

Im Hansahochhaus befanden sich anfangs nicht nur Büros, sondern auch Geschäfte, ein Schauraum der Automobilwerke Adler und ein Kino. Im Foyer des Hotels am Hansaring 97 hängt eine ausgezeichnete Schwarz-Weiß-Photographie, die einen guten Eindruck davon vermittelt, wie das Gebäude nach seiner Vollendung ausgesehen hat. Darauf sieht man auch ganz oben am Hochhaus den Namen der Münchner Filmgesellschaft EMELKA (Münchner Lichtspiel-Kunst), deren Filme einst im Kino des Hochhauses gezeigt wurden.

Das Hansahochhaus am Hansaring war der erste Wolkenkratzer in Köln.

Während des Zweiten Weltkriegs diente das Hansahochhaus als günstiger Beobachtungsposten zur Auskundschaftung feindlicher Flugzeuge. Im dritten und vierten Stockwerk war ein „Anhaltelager" für 800 Zwangsarbeiter untergebracht. Um 1970 zog der aus Köln stammende Elektrohandelsgigant Saturn im Turm ein, seither ziert dessen Name das Gebäude.

Seit der Errichtung des Hansahochhauses sind noch viele Wolkenkratzer in Köln hochgeschossen. Zum Beispiel 1928 der 80 Meter hohe Messeturm am Kennedy Ufer 27 (Deutz), ein Signalturm für das weitläufige Areal der Kölnmesse. Die Kopfskulptur oben auf dem Turm stellt Hermes dar, den griechischen Götterboten und Gott des Handels.

Ein skulpturales Detail am Hansahochhaus

In den 1930er Jahren plante Hitler einen Großteil der Kölner Innenstadt zu schleifen und eine Reihe grandioser öffentlicher und Parteigebäude zu errichten. Von diesen Naziprojekten kam keines über das Planungsstadium hinaus, und es dauerte bis nach dem Krieg, ehe der nächste Wolkenkratzer erschien. 1953 entstand das 56 Meter hohe Gerling-Hochhaus am Gereonshof (Altstadt-Nord) als Sitz für die Gerling Versicherungsgesellschaft. Dieses Bauwerk vermag vielleicht ein wenig einen Eindruck davon zu vermitteln, wie Köln aussehen könnte, wären Hitlers Pläne in die Tat umgesetzt worden (s. Nr. 21).

Ein Kind der späten 1960er Jahre ist das Herkules-Hochhaus, ein Wohnblock an der Graeffstraße 1 (Ehrenfeld). Mit 102 Meter Höhe ist es zwar beträchtlich höher als das Hansahochhaus, das über 40 Jahre früher gebaut wurde, doch fehlt ihm die Eleganz jenes Gebäudes. Seine einförmige Glas- und Stahlfassade wird nur durch verschiedenfarbige Blöcke aufgelockert. Dennoch scheint es aus heutiger Perspektive betrachtet gerade wegen dieser Einfachheit besser gealtert zu sein als das 147 Meter hohe Colonia-Haus An der Schanz 2 (Nippes), das bei seiner Fertigstellung 1973 Deutschlands höchster Wohnblock war. Das höchste in den 1980er Jahren in Köln hochgezogene Gebäude ist das 138 Meter hohe Funkhaus Am Raderberggürtel (Rodenkirchen), das ehemalige Sendehaus der Radiostation Deutsche Welle.

Zurzeit ist Jean Nouvels 165 Meter hoher KölnTurm im MediaPark (Neustadt-Nord) der höchste Wolkenkratzer der Stadt. Aber auch dieser wird bei weitem an Höhe übertroffen vom höchsten Bauwerk in Köln, dem 266 Meter hohen Colonius-Fernmeldeturm, der 1981 an der Inneren Kanalstraße (Neustadt-Nord) errichtet wurde. Da seine Aussichtsplattform geschlossen ist, empfiehlt sich stattdessen ein Besuch auf dem Dach des 103 Meter hohen KölnTriangle-Bürohochhauses am Ottoplatz 1 (Deutz).

Weitere Sehenswürdigkeiten in der Nähe: 22, 23, 24

28. Der größte Trümmerhaufen der Welt

Innenstadt (Neustadt-Nord) (Stadtbezirk 1), Herkulesberg,
Trümmerberg an der Herkulesstraße zwischen Mediapark und Innerer Kanalstraße
Stadtbahn 12, 15 Christophstraße/Mediapark, dann zu Fuß entlang Gladbacher Straße/Subbelrather Straße

1945 nannte der Architekt und Stadtplaner Rudolf Schwarz (1897–1961) Köln den „größten Trümmerhaufen der Welt". Schwarz, der für den Masterplan für den Wiederaufbau Kölns nach dem Krieg verantwortlich war, einschließlich des Baus der neuen Nord-Süd-Fahrt, übertrieb nicht. Köln erlitt im Verlauf des Zweiten Weltkriegs nicht weniger als 262 alliierte Luftangriffe, die das Stadtzentrum weitgehend zerstörten.

Der Herkulesberg besteht aus Schutt, den der Zweite Weltkrieg hinterließ.

Allein in der Nacht des 30. Mai 1942 wurden durch den ersten Tausend-Bomber-Angriff der britischen Royal Air Force, der sogenannten „Operation Millennium", an die 59 000 Menschen obdachlos. Beinahe 1500 Tonnen Sprengstoff fielen auf die Stadt, dabei wurden etwa 250 Hektar verbauten Gebiets in Schutt und Asche gelegt. Am Ende des Zweiten Weltkriegs blieben von Köln infolge 1,5 Millionen Bomben zu 95 Prozent nur Ruinen übrig, die zerbombten Straßen waren mit geschätzten 53 Millionen Kubikmetern Schutt und anderen Trümmern angefüllt. Keine 400 Häuser überlebten den heftigen Luftkrieg intakt.

Bevor mit dem Wiederaufbau begonnen werden konnte, mussten die Straßen von Köln erst mal von Schutt befreit werden. Dafür setzte man eigens konstruierte „Schuttkipper" ein, die von Schmalspurlokomotiven gezogen wurden. Im Rheinischen Industriebahn-Museum an der Longericher Straße 249 (Nippes) ist noch ein Exemplar zu sehen (s. Nr. 59). Die Kipper wurden in der Westwaggon-Fabrik in Deutz im Jahr 1948 hergestellt. Sie zeichnen sich durch einen Schwenkmechanismus zum einfacheren Be- und Entladen aus. Weitere Exemplare sind im Kölnischen Stadtmuseum an der Zeughausstraße 1–3 (Altstadt-Nord) und im KVB-Straßenbahn-Museum Thielenbruch an der Gemarkenstraße 139 (Mülheim) (s. Nr. 53) ausgestellt.

Der Weltkriegsschutt wurde in Köln mit sogenannten Schuttkippern beseitigt.

Der Schutt wurde ins Grünland außerhalb des alten Inneren Festungsgürtels aus der Preußenzeit gebracht, wodurch dort elf künstliche Hügel entstanden, die bald als *Trümmerberge* bekannt wurden. Einer befindet sich im Park zwischen Vingster Ring und Ostheimer Straße (Kalk), ein weiterer im Hiroshima-Nagasaki-Park (Neustadt-Süd). Der größte davon, der den passenden Namen Herkulesberg trägt, liegt nördlich der Herkulesstraße (Neustadt-Nord), zwischen Innerer Kanalstraße und MediaPark. Er bedeckt eine Fläche von etwa 130 000 Quadratmetern und enthält den größten Teil des aus dem Zentrum von Köln weggeschafften Schutts. Trotz des Ausspruchs von Rudolf Schwarz, Köln sei der größte Trümmerhaufen der Welt, ist der Herkulesberg eigentlich einer der kleineren Trümmerhaufen in Deutschland. Mit einer Höhe von 25 Metern ist er neben dem Teufelsberg von Berlin oder dem Olympiaberg von München, die 50 oder mehr Meter erreichen, geradezu ein Zwerg.

Die Entfernung des Schutts und der Trümmer aus den ausgebombten Städten war von so großer Bedeutung, dass das erste nennenswerte Genre des deutschen Nachkriegsfilms die Bezeichnung *Trümmerfilm* erhielt, standen darin doch die Menschen im Blickpunkt, die die Straßen für den Wiederaufbau freimachten. Wie kurz das Filmgenre auch gewesen sein mag – der tatsächliche Prozess des Wiederaufbaus dauerte noch lange, bis in die 1990er Jahre hinein, als der Wiederaufbau der romanischen Kirche St. Kunibert beim Kunibertskloster 6 (Altstadt-Nord) endlich abgeschlossen war.

29. Ein Automobil in Beton

Innenstadt (Neustadt-Nord) (Stadtbezirk 1), Wolf Vostells *Ruhender Verkehr* an der Kreuzung von Hohenzollernring und Flandrischer Straße
Stadtbahn 1, 7 Rudolfplatz; Bus 136, 146

Berlin und Köln sind Städte, die in der Nachkriegszeit vielfach Anregungen zu Straßenkunst gaben, und in beiden Städten wirkte der deutsche Künstler Wolf Vostell (1932–1998). Seine umstrittenen Werke beziehen sich auf einen besonders unangenehmen Aspekt modernen städtischen Lebens: die Tatsache, dass die Städte zu Opfern des Autoverkehrs und der damit verbundenen Verkehrsstaus geworden sind.

An der Kreuzung von Flandrischer Straße und Hohenzollernring steht zwischen den mehrspurigen Fahrbahnen ein großer, verloren wirkender Betonklotz. Es handelt sich um Vostells Kunstwerk *Ruhender Verkehr*. Beim näheren Betrachten bemerkt man, dass das Objekt die Form eines Autos hat – genauer gesagt eines Opel „Kapitän" mit der Nummerntafel K RM 175, über den Vostell 1969 bei noch laufendem Motor Beton gegossen hat. Mit ähnlichen „Autos in Beton" an anderen Orten stellt *Ruhender Verkehr* Vostells Protest gegen die Verherrlichung des Autos als Statussymbol dar. Das Motorenzeitalter hat die europäischen Städte fast bis zur Unkenntlichkeit verändert. Auch Köln ist da keine Ausnahme. Anfang der 1880er Jahre wurde die mittelalterliche Stadtmauer um die Altstadt abgerissen und durch den Kölner Ring ersetzt, einen sechs Kilometer langen Boulevard, von dem der Hohenzollernring ein Teilstück bildet. Mit der stark zunehmenden Anzahl an Motorfahrzeugen auf den Straßen der Stadt wurden weitere äußere „Ringe" gebaut, namentlich der Gürtel, der Militärring und der Kölner Autobahnring. Die Stadtlandschaft Kölns war für immer verändert.

Auch wenn Vostell wusste, dass man die Uhr nicht zurückdrehen kann, fühlte er sich verpflichtet, die Öffentlichkeit zur Diskussion über die hoffnungslose Liebesbeziehung mit dem Automobil anzuregen. In Berlin installierte er zwei umgestülpte, in Beton eingegossene Cadillacs am Rathenauplatz. Sie wurden anlässlich des 750. Jahrestages der Gründung Berlins 1987 enthüllt und erregten sofort Aufsehen. Der Titel *Zwei Beton-Cadillacs in Form der nackten Maja,* eine Bezugnahme auf das berühmte Gemälde des spanischen Künstlers Francisco Goya (1746–1828), beweist ein gewisses Maß an Selbstparodie und Witz: Zweifellos ist der Gedanke an einen großen amerikanischen „Schlitten" für manchen ebenso verlockend wie das Bild einer hüllenlosen weiblichen Gestalt!

Wolf Vostells Skulptur Ruhender Verkehr *am Hohenzollernring*

Wichtiger ist vielleicht noch der vom Werk transportierte Kommentar zur lähmenden und im wörtlichen Sinne verfestigenden Wirkung stauender Autos auf das Stadtbild. Nicht zufällig wählte Vostell in beiden Städten Plätze, an denen es regelmäßig zu Staus kommt, so dass die Autofahrer gezwungen sind, die Kunstwerke zur Kenntnis zu nehmen und sich mit deren Sinn auseinander zu setzen. Trotz aller Bemühungen lautstarker Kritiker Vostells, die Werke entfernen zu lassen, sind sie immer noch an Ort und Stelle und bringen die Menschen zum Nachdenken. Was kann sich ein moderner Künstler mehr wünschen?

Nebenbei bemerkt war Vostell, dem es schon immer um eine Verschiebung der künstlerischen Grenzen zu tun war, 1959 der erste Künstler, der ein Fernsehgerät in eines seiner Werke einbaute *(Deutscher Ausblick)*. Auch war er in den 1960ern an der Gründung der Fluxus-Bewegung beteiligt, eines internationalen Netzwerks intermedialer Künstler, Komponisten und Designer, und er war auch Wegbereiter der Videokunst und der sogenannten „Art Happenings". Als Köln den Künstler im Jahr 1992 mit einer großen Retrospektive ehrte, konnte er sich der Anerkennung der Kunstwelt erfreuen.

Nicht weniger umstritten als Wolf Vostell ist der Taschen Verlag, der seinen europäischen Firmensitz am Hohenzollernring 53 hat. Der Verlag wurde 1980 von Benedikt Taschen in Köln gegründet und verlegt innovative und kunstvoll ausgestattete Bücher über die unterschiedlichsten Themen – von Kunst, Architektur und Film bis hin zu Orientteppichen, Tätowierungen und Luxushotels. Vor allem aber mit seinen „Sexy Books" wurde der Taschen-Verlag auch berühmt-berüchtigt, mit Bestsellern über Busen, Hinterteile und Pornostars. Die Bücher kann man in einer Taschen-Filiale am Hohenzollernring 28 kaufen.

Weitere Sehenswürdigkeiten in der Nähe: 19, 20, 36, 37

30. Die Welt in einem Museum

Innenstadt (Altstadt-Süd) (Stadtbezirk 1), Rautenstrauch-Joest-Museum – Kulturen der Welt an der Cäcilienstraße 29–33
Stadtbahn 1, 3, 4, 7, 9, 16, 18 Neumarkt; Bus 136, 140

Am Sonntag, den 13. Januar 2008, nachmittags schlossen sich die Pforten des ehrwürdigen Rautenstrauch-Joest Museums am Ubierring 45 für immer. Über ein Jahrhundert lang war hier eine der führenden ethnologischen Sammlungen Deutschlands beheimatet, doch die zunehmende räumliche Beengtheit und wiederholte Überschwemmungen machten einen Umzug nötig. Im Oktober 2010 konnte das Museum in einem auffallenden, neuen Gebäude an der Cäcilienstraße 29–33 (Altstadt-Süd) wiedereröffnet werden.

Der Grundstock des Rautenstrauch-Joest-Museums wurde von dem aus Köln stammenden Ethnologen Wilhelm Joest (1852–1897) zusammengetragen, dessen ausgedehnte Weltreisen von seinen Eltern finanziert wurden. Sie hatten ihrerseits vom kommerziellen Erfolg von Joests Großvater profitiert, der mit der größten Zuckerraffinerie Kölns ein Vermögen gemacht hatte. Nach Studien der Linguistik und Naturwissenschaft begab sich Wilhelm Joest auf Reisen und erwarb bei den Völkern, die er besuchte, unterschiedliche Objekte, die sie im Alltagsleben und für kultische Zwecke nutzten. Mit 20 Jahren besuchte er den Orient und Nordafrika, anschließend reiste er vom höchsten Norden Kanadas bis an die Südspitze des amerikanischen Kontinents. 1879 ging es in einer atemberaubenden Tour durch Asien, mit Aufenthalten in Sri Lanka, Indien, Afghanistan, Thailand, Kambodscha, der Mongolei und Japan, um dann über die Mandschurei und Sibirien nach Deutschland zurückzukehren. 1883 umsegelte Joest den gesamten afrikanischen Kontinent und brach danach in die Südsee auf, wo er mit nur 45 Jahren auf der entlegenen Insel Ureparapara dem Schwarzfieber erlag. Glücklicherweise war Joests Sammlung von über 3500 Objekten in Sicherheit, nachdem seine Schwester Adele und ihr Gatte Eugen Rautenstrauch sie der Stadt Köln übergaben. Nach Eugens Tod finanzierte Adele den Bau des ursprünglichen Museumsgebäudes, das als Rautenstrauch-Joest-Museum im Jahre 1906 eröffnet wurde.

Das Museum ist seinem Ziel, um Respekt für außereuropäische Kulturen zu werben, bis heute verbunden geblieben, wenngleich sich die Art der Vermittlung grundlegend geändert hat. Die Schaustücke aus den 6000 Objekte umfassenden Beständen des Museums sind heute nicht mehr geographisch angeordnet, sondern komparativ. Dabei wird der Schwerpunkt jetzt stärker auf das die menschlichen Kulturen Verbindende statt auf das Trennende gelegt. Die Menschen rund um den Erdball stehen schließlich vor sehr ähnlichen Herausforderungen. Ihre Lösungen sind freilich durch naturgegebene und soziale Gegebenheiten bestimmt, die europäische Lösung ist stets nur eine unter vielen Möglichkeiten.

Figuren aus Papua-Neuguinea im Rautenstrauch-Joest-Museum an der Cäcilienstraße

Das neue Rautenstrauch-Joest-Museum folgt einem innovativen Konzept, das die Besucher auf einer begehbaren Galerie zur Auseinandersetzung mit dem Hauptthema „Der Mensch in seinen Welten" einlädt. Die Galerie erstreckt sich über drei Stockwerke und ist in thematische Abschnitte und nach sogenannten „Blickpunkten" gegliedert. Die Reise beginnt im Foyer, wo das größte Stück der Ausstellung, ein reich verzierter Reisspeicher des Torajavolkes der indonesischen Insel Sulawesi, sozusagen den Prolog darstellt. In seiner Kombination der sozialen und religiösen Bedingtheiten seiner Besitzer legt dieses Ausstellungsstück gleichsam den Grundton des gesamten Museums fest, ebenso wie auf seine Art das *Gamelan*-Orchester aus Zentraljava, dessen zeremonielle Begrüßungsgeste den Besucher auf das Museum einstimmt.

Auf seinem Rundgang wird der Besucher mit zwei großen Themenkreisen konfrontiert, deren erster „Die Welt erfassen" heißt. Untertitel aus europäischer Perspektive gesehen sind: Grenzüberschreitungen (anhand des Lebens von Wilhelm Joest selber); Vorurteile (illustriert durch die europäische Wahrnehmung Afrikas); Museen (ein offenes Archiv mit 300 Objekten aus Papua Neu Guinea) und Kunst (eine rotierende Ausstellung von Skulpturen).

Der zweite Themenkomplex „Die Welt gestalten" behandelt die

einzelnen Teilthemen diesmal aus globaler Perspektive. Die Untertitel lauten: Wohnen (gezeigt wird ein *Tipi* der nordamerikanischen Indianer); Kleidung und Schmuck (Prachtstück ist der Federumhang eines Edelmannes aus Hawaii von 1820); Tod und Jenseits (zum Beispiel hölzerne Figuren aus dem Bismarck-Archipel, die verstorbene Ahnen darstellen, oder ein königliches Bestattungsboot der Maori mit reichen Schnitzverzierungen und ein Holzsarg in der Gestalt eines Stiers aus Bali zur Einäscherung von Hindu-Hohepriestern); Religionen (repräsentiert durch buddhistische Kultfigurinen aus Südostasien); und Rituale (illustriert durch afrikanische Masken).

Als Epilog geleitet eine Reihe von kurzen Videos von Abschiedsritualen die Besucher wieder in ihre eigene Welt hinaus. Nach einigen Stunden in diesem faszinierenden Museum fühlt man sich beinahe selbst wie ein Weltreisender der Marke Wilhelm Joest!

Ein stierförmiger Sarg zur Einäscherung balinesischer Hindupriester

Weitere Sehenswürdigkeiten in der Nähe: 1, 2, 3, 6, 18, 19

31. Ein Dutzend romanische Kirchen

> Innenstadt (Altstadt-Süd) (Stadtbezirk 1), Besichtigung romanischer Kirchen, Ausgangspunkt Kirche St. Maria in Lyskirchen, An Lyskirchen 8
> Stadtbahn 1, 7, 9 Heumarkt; Bus 106 (ab 2015: Nord-Süd-Stadtbahn Heumarkt)

Wie schon der Name verrät, ist die romanische Architektur von der massiven Gewölbearchitektur der Römer beeinflusst. Der Stil lässt sich ins 11. Jahrhundert zurückverfolgen, als ihn Geistliche, von Frankreich kommend, auf ihren Pilgerfahrten quer durch Europa verbreiteten, denen Steinmetze auf Arbeitsuche folgten. Die auffälligste Hinterlassenschaft dieser Periode sind ihre Kirchen, von denen Köln allein in der Altstadt ein Dutzend herausragender Beispiele aufweist: sechs in der Altstadt-Süd und sechs in der Altstadt-Nord.

Romanische Kirchen stellen das himmlische Jerusalem als heilige Burg dar. Starke Mauern auf einem kreuzförmigen Grundriss bedeuten den weltlichen Schutz der Kirche für ihre Gemeinde, wuchtige und hochragende Türme stehen für die Macht Gottes auf Erden. Die westliche Fassade wirkt wie eine Festung, galt doch die Seite der untergehenden Sonne als Tor zur Dunkelheit und zum Bösen. Im Osten, wo die Sonne aufgeht, steht der Altar, Christus als Licht der Welt darstellend. Romanische Kirchen unterscheiden sich von frühchristlichen Basiliken in der Unterteilung des Raums in Querschiffe, Chor und Hauptschiff.

Die kleinste der romanischen Kirchen Kölns ist die Kirche St. Maria in Lyskirchen an der Adresse An Lyskirchen 8 (Altstadt-Süd). Sie liegt in einer ruhigen Nebenstraße, stammt aus den Jahren 1210 bis 1220 und ist als einzige unversehrt im Originalzustand erhalten geblieben. An der einfachen rosa Fassade ist besonders eine Markierung am Türsturz interessant, die das schlimmste Hochwasser in der Geschichte der Stadt Köln am 12. Februar 1784 dokumentiert; kaum vorstellbar, dass der Rhein jemals so hoch gestiegen ist! Der Innenraum der Kirche bildet eine Oase im Trubel der Stadt. Angesichts der erdigen Farben der Wände, des fehlenden Gestühls und der Fresken aus dem 13. Jahrhundert fühlt sich der Besucher eher in einer verlassenen Kapelle auf dem Land als in einem großstädtischen Kirchenbau.

Die Heiligenverehrung im Mittelalter brachte den Bau unterirdischer Krypten in einigen romanischen Kirchen mit sich, damit Geistliche und Gläubige direkten Zugang zu den heiligen Grabstätten bekamen (s. Nr. 1 u. 13). Beeindruckende Beispiele, teilweise noch mit

Resten aus römischer Zeit, finden sich in der St. Andreaskirche, der Kirche Groß St. Martin und der St. Gereonskirche in der Altstadt-Nord und in der St. Cäcilienkirche, der Kirche St. Maria im Kapitol und der St. Severinskirche in der Altstadt-Süd. Für die damals in absoluter Hochblüte stehende Reliquienverehrung legt die mit Knochen gefüllte Goldene Kammer der romanischen Kirche St. Ursula (Altstadt-Nord) ein besonders bemerkenswertes Zeugnis ab (s. Nr. 23).

Aber auch die übrigen vier romanischen Kirchen Kölns bieten Sehenswertes. Die St. Kunibertkirche am Kunibertskloster 6 (Altstadt-Nord) ist die jüngste romanische Kirche Kölns; sie geht auf eine Kirchengründung Bischof Kuniberts (ca. 600–663) im 7. Jahrhundert zurück.

Eingang in die Kirche St. Maria in Lyskirchen

Bestechend ist vor allem der überwältigende Zyklus von Glasfenstern aus dem frühen 13. Jahrhundert im Chor und im östlichen Querschiff. Im Gegensatz dazu sind in der Apostelkirche am Apostelnkloster 10 (Altstadt-Nord) moderne, expressionistische Wandgemälde von Gottfried Herrmann (1907–2002) zu bewundern, die zwischen 1988 und 1994 an den Chorbögen entstanden. Die St. Georgskirche am Waidmarkt (Altstadt-Süd) ist die einzige noch existierende romanische Säulenbasilika im Rheinland. Es ist zu vermuten, dass ihre wiederverwendeten römischen Säulen früher ein Flachdach getragen haben. Auf einer Seite liegt ein kleines Innenhof-Gärtlein, in dem sich die Gräber von zwölf Opfern des letzten alliierten Luftangriffs auf Köln am 2. März 1945 befinden. Abschließend ist St. Pantaleon Am Pantaleonsberg 8 (Altstadt-Süd) zu erwähnen, das erste Zeugnis romanischer Baukunst in Köln. Ein Besuch lohnt sich vor allem wegen der barocken Orgel und Kanzel. Die einzige echte Barockkirche Kölns ist übrigens St. Mariä Himmelfahrt an der Marzellenstraße 26.

Weitere Sehenswürdigkeiten in der Nähe: 6, 7, 8, 31, 33

32. Den Senf nicht vergessen!

Innenstadt (Altstadt-Süd) (Stadtbezirk 1), Senfmuseum am Holzmarkt 79–83
Stadtbahn 3, 4 Severinstraße; Bus 106

Das Imhoff-Schokoladenmuseum an der Adresse Am Schokoladenmuseum 1a (Altstadt-Süd) lockt alljährlich um die 650 000 Besucher an. In auffälliger, avantgardistischer Architektur sind in diesem supermodernen Museum auf einer Halbinsel im Rhein einige tausend leckere Objekte ausgestellt. Das im Jahr 1993 gegründete Haus ist nicht nur der 3000-jährigen Geschichte der Schokolade gewidmet, sondern auch der in Köln ansässigen Stollwerck GmbH, die nach dem Zweiten Weltkrieg von Hans Imhoff (1922–2007) saniert wurde. Hauptattraktionen des Museums sind ein Tropenhaus, in dem Kakaobäume wachsen (von denen die Kakaobohnen geerntet werden), aber auch Schokoladenmaschinen, deren gläserne Seitenwände einen Blick in ihr Inneres zulassen, und ein drei Meter hoher Schokoladenbrunnen.

Wer eher dem Pikanten zuspricht, sollte das weniger bekannte, aber nicht weniger interessante Senfmuseum besuchen, das sich genau gegenüber dem Schokoladenmuseum am Holzmarkt 79–83 befindet. Hier zu naschen, hinterlässt vielleicht einen noch länger anhaltenden Eindruck!

Das Senfmuseum wird vom Senfmüller Wolfgang Steffens betrieben, dessen ganzer Stolz eine historische Senfmühle von 1810 ist. Sie ist eine von nur noch zwei traditionellen Senfmühlen, die heute in Deutschland betrieben werden, und gehört zu den ältesten in Europa noch vorhandenen Exemplaren. Steffens hat die Mühle zusammen mit einem zweiten Stück im Jahr 1997 in Belgien erworben. Nach liebevoller Renovierung wanderte die eine der beiden Maschinen 2001 ins rheinische Cochem, die andere 2009 nach Köln, jeweils als funktionstüchtiger Teil eines Senfmuseums.

Sechsmal pro Tag setzt Steffens seine Mühle in Betrieb. Die aus Osteuropa und Kanada importierte Senfsaat – in Deutschland wird Senf nicht mehr angebaut – wird in einem großen Bottich mit Essig und Wasser eingemaischt. Diese Masse wird anschließend durch zwei je 525 Kilogramm schwere Mühlsteine getrieben. Dabei werden die intensiven ätherischen Öle freigesetzt, die dem traditionellen Senf seinen charakteristischen Geschmack und Geruch verleihen. In der industriellen Senfproduktion wird viel Hitze erzeugt, was die ätherischen

Die restaurierte Senfmühle, ein Höhepunkt im Senfmuseum am Holzmarkt

Öle zum Verdampfen bringt. Deshalb muss Meerrettich zugesetzt werden, um den scharfen Geschmack zu erhalten. Die Mühlsteine der traditionellen Senfmühle erzeugen wenig Hitze, wodurch die Aromaöle ihre Wirkung behalten – und man kann wirklich den Unterschied schmecken! Davon können sich die Besucher nach der Mahlvorführung gleich selbst überzeugen, wenn sie eine Auswahl der preisgekrönten Senfsorten probieren dürfen, von denen Steffens täglich 360 Kilogramm produziert.

Im Museumsshop gibt's alles, was das Herz des Senffreunds begehrt, zum Beispiel eine große Auswahl kaltgepresster Gourmet-Senfe nach traditionellen Geheimrezepten, die bis ins Jahr 1820 zurückreichen. Wie wär's zum Beispiel mit einem Knoblauchsenf, der besonders gut zu Braten und in Salatmarinaden passt. Oder mit süßem Honigsenf, Wabensenf genannt, der zu geräuchertem Lachs empfohlen wird. Cayennesenf wiederum gilt als besonders passend zu gegrilltem Fleisch, Indischer-Curry-Senf zu Geflügel und in Dip-Soßen. Zu den Spezialitäten gehören auch ein Rieslingsenf, bestens geeignet für eine Fischsauce, vielleicht zu einem feinen Barsch, und der süße Mühlensenf, der mit Wein hergestellt wird. Letzterer beruht auf einem Kloster-

Ein Sack Senfsaat, bereit zur Vermahlung

Rezept aus dem 15. Jahrhundert und wird besonders zu Wild empfohlen. Und der Biersenf auf Basis des vor Ort gebrauten Gaffel-*Kölsch* ist so gut, dass man ihn am liebsten ohne alles verzehren würde!

Überhaupt sollte man nicht vergessen, dass Senf viel mehr ist als eine leckere Würze. Seine stark antibakterielle Wirkung, die stimulierende Wirkung auf die Verdauungssäfte und der heilsame Einfluss auf Leber und Gallenblase werden schon lange geschätzt. Immerhin schrieb bereits 1597 der englische Botaniker John Gerard in seinem Hauptwerk *The Herball or General Historie of Plantes*, dass Sinapis (d. h. die weiße Senfpflanze) im Essen „gut für die Verdauung [ist], den Magen wärmt und den Appetit anregt." Erfreulich ist auch die Tatsache, dass die ätherischen Öle im Senf natürliche Konservierungsstoffe enthalten, wodurch das Produkt auf natürliche Weise lange haltbar ist. Zur Aufbewahrung von Senf sind übrigens salzglasierte Steingutgefäße am allerbesten geeignet. Es versteht sich, dass man die auch gleich im Museumsshop erwerben kann, neben einem großen Sortiment senfhaltiger Produkte wie Soßen, Eingemachtem, Aufstrichen und Chutneys.

> Eine Dampfmaschine, die einst in der Stollwerck Schokoladenfabrik verwendet wurde, ist in einem Park gegenüber von Annostraße 27 (Altstadt-Süd) zu sehen. Um die Ecke an der Dreikönigenstraße 23 ist das Bürgerhaus Stollwerck, das 1906 ursprünglich als preußisches Militärmagazin gebaut wurde, um dann später dem Stollwerck-Unternehmen als Lager zu dienen. Heute beherbergt es ein Kulturzentrum und ein Café.

Weitere Sehenswürdigkeiten in der Nähe: 7, 31, 33

33. Casanova und die Elendskirche

Innenstadt (Altstadt-Süd) (Stadtbezirk 1), Elendskirche St. Gregor, An St. Katharinen 5
Stadtbahn 3, 4 Severinstraße; Bus 132, 133 (ab 2015: Nord-Süd-Stadtbahn Severinstraße)

Wer in Köln Kirchen besichtigen will, hat eine große Auswahl. Neben dem alles überragenden Kölner Dom kann die Altstadt ein Dutzend großartiger romanischer Kirchen bieten, und in den Vorstädten gibt es weitere 13 davon. Darüber hinaus gibt es aber noch viele andere besuchenswerte Kirchen und Kapellen, von denen die Elendskirche St. Gregor (oder St. Gregorius im Elend), An St. Katharinen 5, ein besonders faszinierendes Beispiel darstellt.

Bereits die Geschichte, die der Namensgebung des Kirchleins zugrundeliegt, ist sehr anrührend: Sie erzählt von zwei mittelalterlichen Friedhöfen, auf denen Obdachlose, Nichtkatholiken, Selbstmörder und Hingerichtete ohne großes Zeremoniell beerdigt wurden. Ihr trauriges Geschick ist in dem Wort „Elend" gut ausgedrückt.

Im 16. Jahrhundert musste der alte Friedhof einer Bebauung weichen, unter anderem wurde eine Privatkapelle für die katholische Familie de Groote errichtet. Die Familie benutzte ihre Kapelle aus rotem Backsteinbarock bis 1764, dann wurde diese aus den Mitteln einer Familienstiftung zu einer Kirche für öffentliche Gottesdienste erweitert (die Familie verwaltet die Kirche immer noch und hat an einem Tag des Jahres das Recht, sie für sich allein zu nutzen). Der ursprüngliche Entwurf für die Kirche stammt von dem wenig bekannten Architekten und Bildhauer Balthasar Spaeth. Damals erhielt das Gebäude seine charakteristischen abgerundeten Ecken und auch den Namen Elendskirche St. Gregor. Zahlreiche Skulpturen von Totenschädeln zieren die Fassade, ein katholisch-barockes Symbol des Todes und der Vergänglichkeit des Lebens.

Die Familie de Groote kam im 16. Jahrhundert mit einem Strom katholischer Immigranten aus den Niederlanden nach Köln. Anders als die Protestanten, denen erst 1802 ihre eigene Kirche in der Stadt zugestanden wurde, erhielten die Katholiken beachtliche Privilegien, und Franz Jakob Gabriel de Groote stieg sogar zum Bürgermeister auf.

Um Franz Jakob und seine Frau Maria Ursula Columba Pütz, die er als gerade 15-Jährige heiratete, rankt sich eine ungewöhnliche Geschichte. Während der Karnevalszeit 1760 begegnete die damals 25-jäh-

Totenschädel verzieren die Elendskirche St. Gregor in An St. Katharinen.

rige Maria in einem Theater niemand anderem als Giacomo Casanova. Sie muss Eindruck auf ihn gemacht haben, denn Casanovas Memoiren zufolge verbarg er sich im Beichtstuhl der Familienkapelle, nachdem diese geschlossen wurde, um sie wiederzusehen. Stunden später betrat die Gattin des Bürgermeisters die Kapelle durch eine Tür, die in ein anschließendes Gebäude führte. Im darauffolgenden Gespräch entdeckte sie Casanova ihre große Liebe zu ihrem Gatten, die sich ja auch durch die Tatsache beweisen ließe, dass sie ihm sechs Kinder geboren hatte. Bedauerlicherweise für „Mimi", wie Casanova sie in seinen Memoiren nennt, war es Maria beschieden, im Alter von nur 33 Jahren an Tuberkulose zu sterben.

Trotz schwerer Schäden während des Zweiten Weltkriegs wurde die Kirche aufwändig renoviert und 1967 wieder geöffnet. Das heutige Gebäude unterscheidet sich kaum von dem Original des 18. Jahrhunderts. Von außen ist sie jederzeit zu besichtigen, der Innenraum ist nur während der 19-Uhr-Messe an Freitagen zu sehen (Besichtigungen nur nach Anmeldung, Tel. +49 (0) 221-314 275). Ein Besuch lohnt sich allein der barocken Orgel und Kanzel wegen, aber auch um einen Blick auf die Wappen der Familien de Groote und Pütz an der Decke oberhalb des Hochaltars zu werfen (sie sind auch oben am Giebel der Hauptfassade zu sehen).

> Der Familienwohnsitz der de Grootes ist heute teilweise von der Schönstattkapelle besetzt, einer kleinen Kapelle, die zur Organisation der Schönstätter Marienschwestern gehört. Dieses älteste Säkularinstitut der römisch-katholischen Kirche wurde 1926 gegründet und wird von Frauen betrieben, die nach Belieben kommen und gehen können.

Weitere Sehenswürdigkeiten in der Nähe: 32, 34, 35

34. Filmstadt Köln

Innenstadt (Altstadt-Süd) (Stadtbezirk 1), Odeon Lichtspieltheater an der Severinstraße 81
Stadtbahn 3, 4 Severinstraße; Bus 132, 133 (ab 2015: Nord-Süd-Stadtbahn Severinstraße)

Die Geschichte des Kinos in Deutschland lässt sich bis zum November 1895 zurückverfolgen. Damals führten Max und Emil Skladanowsky ihren neuerfundenen Filmprojektor *Bioskop* im Berliner Varieté Wintergarten vor, fast zwei Monate vor der ersten öffentlichen Vorführung des *Cinematographe* der Brüder Lumière in Paris im gleichen Jahr. Zur Zeit der Weimarer Republik (1918–1933) erlebte die deutsche Filmindustrie eine Hochblüte. Pro Jahr wurden über 600 Spielfilme produziert, und das legendäre UFA Filmstudio in Berlin machte selbst Hollywood Konkurrenz. Seit jenen rauschhaften Tagen hat die Filmindustrie Deutschlands die gleichen Hochs und Tiefs durchgemacht wie das Land selbst, von den streng zensurierten Propagandafilmen der Nazizeit und dem Trümmerfilm der unmittelbaren Nachkriegszeit (der das Alltagsleben im zerstörten Deutschland zeigte) zu den moralisch vereinfachenden und enorm populären Heimatfilmen der 1950er Jahre, die Deutschlands „Wirtschaftswunder" begleiteten.

Köln war während dieser Jahre zwar kein Zentrum der Filmproduktion à la Berlin, hatte aber, wie alle deutschen Städte, ebenfalls eine ganze Reihe Kinos. Eines davon, das Odeon Lichtspieltheater an der Severinstraße 81 (Altstadt-Süd), gibt ein gutes Bild der Wechselfälle der deutschen Filmindustrie von den 1950er Jahren bis zum heutigen Tag. Das 374 Plätze bietende Kino wurde 1956 unter dem Namen Rhenania eröffnet, als der Kinobesuch in Westdeutschland seinen Nachkriegshöhepunkt erreicht hatte. Es wurde auf dem Gelände der Vrings-Oper erbaut, die im Krieg zerstört worden war (der Name ist dem „Vringsveertel" entliehen, der kölschen Version für „Severinsviertel", nach dem Heiligen Severin).

Zu den ersten Filmen, die in der Rhenania gezeigt wurden, gehörten sicher Heimatfilme, wie auch Komödien, Musicals, Operettenverfilmungen und melodramatische Ärztefilme – allesamt sehr populäre Genres in jener Zeit. Die deutsche Wiederaufrüstung und die Gründung der Bundeswehr ein Jahr zuvor bereiteten zusätzlich den Boden für populäre apolitische Filme, die den einfachen deutschen Soldaten während des Zweiten Weltkriegs zeigten. In den späten 1950er Jahren

Über den roten Teppich schreiten – im Odeon Lichtspieltheater an der Severinstraße

stagnierte der Kinobesuch, um dann im Laufe der 1960er Jahre beständig zurückzugehen. 1969 war der Kinobesuch in Westdeutschland auf weniger als ein Viertel des Standes zur Zeit der Rhenania-Eröffnung geschrumpft, und zahlreiche deutsche Filmgesellschaften mussten aufgeben. Die Zahl der in Deutschland gedrehten Filme (nun hauptsächlich Western und Krimis) fiel auf die Hälfte, und auch die Zahl der Kinos nahm ab, bis im Jahr 1976 ein absoluter Tiefpunkt erreicht war. Das Durchschnittseinkommen in Westdeutschland war gestiegen und im Einklang damit die Zahl der Fernsehapparate, die die Menschen von den Kinos fernhielten. Köln bildete dabei keine Ausnahme, und aus der Rhenania wurde das Theater im Vringsveedel (nach der Eigentümerin auch als Trude-Herr-Theater bekannt).

1994 wurde das Theater im Vringsveedel von einer Tochtergesellschaft der deutschen Mediengruppe Kinowelt-Medien-AG erworben, um wieder in ein Kino zurückverwandelt zu werden. Die deutsche Filmindustrie hatte sich inzwischen etwas erholt, was unter anderem der Entstehung des sogenannten Neuen Deutschen Films zu verdanken ist, namentlich einer Gruppe von Regisseuren, die die Zusammenarbeit mit der bestehenden Filmindustrie ablehnten und stattdessen mit den Fernsehgesellschaften kooperieren wollten. Allerdings führten Probleme der Kinowelt-Medien-AG dazu, dass das Kino wieder schlie-

Das Metropolis am Ebertplatz hat sich einen Teil seines Glamours bewahrt.

ßen musste, obwohl die deutschen Kinokassen zur Jahrtausendwende wieder höhere Einnahmen verzeichneten. Erfreulicherweise dauerte die Schließung nur drei Monate, denn mit Unterstützung der Filmstiftung Nordrhein-Westfalen, Deutschlands größtem regionalen Filmförderprogramm, konnte das Haus 2002 als Odeon-Kino seine Tore wieder öffnen.

Heute ist das Odeon eines der wenigen Kinos in Köln, die noch ein Gefühl des goldenen Zeitalters der Lichtspiele vermitteln (an anderen wären etwa das Metropolis am Ebertplatz 19 und die winzige Filmpalette an der Lübeckerstraße 15 (Neustadt-Nord) mit 70 Sitzen zu nennen). Mit seinem täglichen Programm aus zwei Filmen, mit internationalen Filmen an Sonntagen und nachmittäglichen Kindervorstellungen ist das Odeon ein wahrhaft traditionelles Kino im besten Sinne. Zur besonderen Stimmung tragen eine elegante Treppe mit rotem Teppich, die hinauf in den großen Kinosaal führt, und eine intime Hausbar bei.

Wer die Produktion von Film und Fernsehen einmal hautnah erleben will, der bucht eine Studiotour in der Magic Media Company (MMC), Am Coloneum 1 (Ehrenfeld) (Tel. +49 (0) 2233-51 03, www.mmc.de). Diese 1991 gegründete, größte Multimedia-Anlage in Köln ist für viele erfolgreiche internationale Koproduktionen benützt worden, einschließlich der romantischen Komödie *Amélie* (2001). Mit einer Kombination attraktiver, international ausgerichteter regionaler Förderungen und modernster technischer Ausrüstungen scheinen Köln und Nordrhein-Westfalen entschlossen, es den Berlinern mit ihren kinematographischen Erfolgen von vor fast einem Jahrhundert heute gleichzutun.

Weitere Sehenswürdigkeiten in der Nähe: 33, 35

35. Pforten in die Vergangenheit

Innenstadt (Altstadt-Süd) (Stadtbezirk 1), Ulrepforte am Sachsenring 42
Stadtbahn 15, 16 Ulrepforte

Als Köln im Jahr 785 Sitz eines Erzbistums wurde, war damit der Grundstein für den kommerziellen Erfolg der größten europäischen Stadt des Mittelalters gelegt. Eine Sache, auf die eine strategisch gelegene Stadt des Mittelalters nicht verzichten konnte, war eine wehrhafte Mauer. Deshalb wurde die alte römische Ringmauer schon 950 und nochmal 1106 auf allen Seiten erweitert (s. Nr. 12). Die Stadt wuchs jedoch schnell über diese Mauer hinaus, also errichtete man zwischen 1180 und 1295 eine gänzlich neue Mauer. Mit ihrer Länge von fünf Kilometern sollte sie zur größten Mauer der westlichen Welt werden und Köln die nächsten sieben Jahrhunderte schützen.

Diese mittelalterliche Stadtmauer wurde ab 1881 abgerissen, um Platz für dringend nötigen Wohnraum zu schaffen, war damals aber schon seit langem durch eine neue Reihe von Festungsbauten der Preußen weiter außerhalb der Stadt abgelöst worden (s. Nr. 82). Trotzdem ist es noch heute möglich, die Spuren der mittelalterlichen Mauer zu verfolgen, da eine halbkreisförmige Ringstraße – der Kölner Ring – ihrem Verlauf folgt. Bevor man sich jedoch daran macht, sollte man das Kölnische Stadtmuseum an der Zeughausstraße 1-3 (Altstadt-Nord) aufsuchen, wo ein höchst informatives Modell der mittelalterlichen Stadt aufgestellt ist. Es wurde 1914 im Maßstab 1:750 angefertigt und zeigt nicht nur eindrücklich die dicken Mauern, sondern auch die 52 Wachtürme und die zwölf sie unterbrechenden Tore (weitere zwölf gab es Richtung Rhein).

Bei ihrer Erforschung der Reste der mittelalterlichen Mauer zieht es die meisten Besucher zu einer der drei erhaltenen Torburgen: dem Severinstor am Chlodwigplatz im Süden, dem Hahnentor am Rudolfplatz im Westen sowie dem Eigelsteintor am Ebertplatz im Norden (s. Nr. 24). Diese Bauten aus dem 13. Jahrhundert sind weitgehend restauriert und lassen gut erkennen, dass bei ihrer Errichtung massive schwarze Basaltblöcke für die unteren Bereiche und weiter oben Kalktuff verwendet wurden.

Vielleicht noch aufschlussreicher und auf jeden Fall weniger stark besucht ist die Ulrepforte am Sachsenring, westlich des Severinstors. Sie wurde um 1220 erbaut und war damit eine der ersten mittelalterlichen Torburgen. Nachdem sie ihren ursprünglichen Zweck eingebüßt hatte, wurde die Torburg 1446 als Unterbau für eine Windmühle benutzt. 1861 fand sie Verwendung als Werkstatt für einen Seiler, später hat man sie als heute noch existierenden Märchenturm renoviert. Westwärts entlang der Kartäuser Mauer verläuft ein restauriertes Teilstück der mittelalterlichen Zinnenmauer, an beiden Enden von einem Wachturm begrenzt (dem Sachsenturm im Osten und dem Prinzen-Garden-Turm im Westen).

Auch östlich des Severinstors wurde eine Windmühle auf der Mauer aus dem Mittelalter errichtet. Sie ist als Bottmühle bekannt, wurde um 1580 aus Holz gebaut und im 17. Jahrhundert in Stein erneuert. Nochmals weiter ostwärts, wo die Stadtmauer den Rhein erreicht, steht der Bayernturm, der mächtigste Turm der mittelalterlichen Mauer. Dieser Turm ist heute als FrauenMediaTurm bekannt und beherbergt ein Informationszentrum zur Geschichte der Frauenemanzipation.

Märchenturm Ulrepforte am Sachsenring

Ein weiteres Stück wiederhergestellter Mauer befindet sich am Gereonswall im Nordwesten der Stadt in Form einer halbkreisförmig vorragenden Bastei, eines tiefen Grabens und eines Wachturms, der als Unterbau für eine Windmühle genutzt wurde.

Ein letztes Stück Mauerrest ist das kuriose Kunibertstürmchen, das heute Teil eines modernen Wohnblocks am Konrad-Adenauer-Ufer ist. Wie der Bayernturm auf der anderen Seite markiert es die Stelle, wo die Stadtmauer auf den Rhein trifft, diesmal im Norden.

> Ein mittelalterliches Tor der anderen Art ist das Dreikönigenpförtchen am Lichhof (Altstadt-Süd). Es ist das einzige noch bestehende Asyltor Kölns und führte als solches in ein Stadtgebiet, das nicht weltlichem, sondern kirchlichem Recht unterworfen war. Die Legende will es, dass Erzbischof Rainald von Dassel (ca. 1120–1167) die Reliquien der Heiligen Drei Könige 1164 durch dieses Tor nach Köln übergeführt hat.

Weitere Sehenswürdigkeiten in der Nähe: 33, 34

36. Hotelgeheimnisse – geheimnisvolle Hotels

Innenstadt (Neustadt-Süd) (Stadtbezirk 1), Tour zu ungewöhnlichen Hotels, beginnend mit dem Hopper-Hotel et cetera an der Brüsseler Straße 26
Stadtbahn 1, 7 Moltkestraße; Bus 136, 146

Einige der berühmteren Kölner Hotels bergen Geheimnisse, während andere, weniger berühmte selber Geheimnisse sind. Nachstehend ein paar Beispiele.

Das Hopper-Hotel et cetera befindet sich im eleganten Belgischen Viertel an der Brüsseler Straße 26 (Neustadt-Süd). Versteckt hinter den dicken Mauern eines früheren Klosters, sind die 49 Hotelzimmer in den ehemaligen Mönchszellen eingerichtet und individuell mit moderner Kunst dekoriert. Kloster und Kapelle wurden 1894 für die Barmherzigen Brüder Montabaur gegründet. Die 20 Klosterbrüder versorgten hier Arme und Kranke ohne Ansehen ihrer religiösen Zugehörigkeit, unterstützt durch wohltätige Spenden (allein im Jahr 1934 verteilten sie 2920 Mittagessen und 4000 Portionen Brot). 1974 zogen die verbliebenen sieben Brüder in ein Altersheim in Deutz, und das Klostergebäude wurde an die Hilfsorganisation der Malteser verkauft. Heute bietet das Gebäude wieder Nahrung und Beherbergung, allerdings diesmal gegen Bezahlung, und an die frühere Kapelle, die während des Zweiten Weltkriegs beinahe total zerstört wurde, erinnert jetzt ein stimmungsvolles Wandgemälde im Hintergrund der Hotelbar.

Die Kombination von historischem Bauwerk und moderner Innenausstattung findet ihre Fortsetzung in zwei weiteren Hopper-Hotels in Köln. Das Hopper-Hotel St. Josef an der Dreikönigenstraße 1–3 (Altstadt-Süd) war 1891 ursprünglich als Kindergarten gebaut worden. Hier wurden die Kinder der Arbeiter betreut, die in den neuen Fabriken in Kölns Südstadt beschäftigt waren, die sich in der zweiten Hälfte des 19. Jahrhunderts rasch vermehrten. Betrieben wurde die Einrichtung von den Schwestern der Christlichen Liebe aus Paderborn, die gegen Entgelt auch Untermieter aufnahmen, um so die laufenden Kosten zu decken. In den 1920ern richteten die Schwestern auch eine Volksküche ein, die pro Tag 500 Mahlzeiten an Notleidende austeilte, von denen es in der Zeit der galoppierenden Inflation in Deutschland nicht wenige gab.

Das Hopper-Hotel St. Antonius an der Dagobertstraße 32 (Altstadt-Nord) wurde 1904 auf Betreiben des Kölschen Gesellenvereins als Hos-

Das Restaurant des Hopper-Hotels et cetera an der Brüsseler Straße ist eine ehemalige Kapelle.

piz für wandernde Gesellen eröffnet. Der Verein war von Domvikar Adolph Kolping (1813–1865) im Jahr 1849 ins Leben gerufen worden. Bei der behutsamen Restaurierung des Gebäudes als Hotel wurde darauf geachtet, die ursprünglichen Sprossenfenster und das Gewölbe im Speisesaal zu erhalten.

Eine weitere gelungene Adaptierung eines historischen Gebäudes ist das Hotel im Wasserturm an der Kaygasse 2 (Altstadt-Süd). Dieses Hotel wurde in einem denkmalgeschützten, 130 Jahre alten Wasserturm realisiert und von der französischen Star-Architektin Andrée Putman mit einem Luxusinterieur ausgestattet. Der Schauspieler Brad Pitt war so beeindruckt von diesem Haus, dass er meinte, diese Mauern hätte Rapunzel ihre goldenen Locken wohl allzu gerne herunterfallen lassen. Im elften Stock des Hotels befindet sich das mit einem Michelin-Stern ausgezeichnete Restaurant La Vision.

Zwei Kölner Hotels, um die sich besonders viele Geschichten ranken, liegen direkt am Kölner Dom in der Altstadt-Nord. Das Le Méridien Dom Hotel am Domkloster 2a ist ein Hotel mit fünf Etagen, fünf Sternen und mindestens ebenso vielen Geheimnissen. Es wurde als Hotel du Dome 1857 eröffnet und beherbergte 1916 in Zimmer 206

Der Name des Hotels im Wasserturm an der Kaygasse verweist auf die ursprüngliche Nutzung des Gebäudes.

die legendäre Doppelagentin Mata Hari (1876–1917). Adolf Hitler trug sich im März 1936 stolz ins Gästebuch ein, nachdem die Wehrmacht in das entmilitarisierte Rheinland einmarschiert war. Im Jahr 1944 erhängte sich am Dachboden der damalige Direktor, ein überzeugter Gegner des Nazi-Regimes, nachdem er von Angestellten denunziert worden war. Die Hotelbar heißt übrigens nach Peter Ustinov (1921–2004), der hier 30 Jahre hindurch regelmäßig abstieg.

Historisch nicht weniger bedeutsam ist das Hotel Excelsior an der Trankgasse 1, das 1863 als Grand Hotel eröffnet wurde. Aus einem seiner Fenster verfolgte der preußische Kaiser Wilhelm I. (1861–1888) die Vollendung des Doms im Jahr 1880. Nach dem Ersten Weltkrieg diente das Hotel als Hauptquartier der Britischen Rheinstreitkräfte. An die 280 000 Soldaten wurden von hier aus befehligt, und 1919 organisierte Winston Churchill hier eine Militärparade. Die britische Besatzung Kölns dauerte von Dezember 1918 bis 1929, wobei Bürgermeister Konrad Adenauer (1876–1967) mit dem britischen Militärgouverneur Sir Charles Ferguson in gutem Einvernehmen stand.

Zum Abschluss kehren wir noch rasch im wahrscheinlich gemütlichsten Hotel von Köln ein, dem Kleinen Stapelhäuschen am Fischmarkt 1–3. Es wurde 1950 in einem einstigen spätgotischen Stapelhaus am alten Kölner Fischmarkt eröffnet. Ganz oben unter dem Dach des Gebäudes ist ein Zimmer, in dem sich noch der mittelalterliche Kran befindet, mit dem früher die Waren von der Straße in das Gebäude gehievt wurden – das einzige noch erhaltene Exemplar dieser Art in Köln.

Andere Sehenswürdigkeiten in der Nähe: 29, 37, 38

37. Europas erstes Kunsthotel

Innenstadt (Neustadt-Süd) (Stadtbezirk 1), Hotel Chelsea an der
Jülicher Straße 1
Stadtbahn 1, 7 Moltkestraße; Bus 136, 146

Die Idee des „Kunsthotels", dessen Gästezimmer und allgemein zugänglichen Bereiche mit Originalkunstwerken ausgestattet sind, setzt sich inzwischen in ganz Europa durch, nicht zuletzt aufgrund der steigenden Beliebtheit von Wochenend-Städtereisen. Zu dieser Hotelkategorie gehören beispielsweise das Caesar Hotel in London (mit original römischen Mosaiken aus Syrien), das Arte Luise Kunsthotel in Berlin (Philosophie im Treppenhaus), das Hotel Urban in Madrid (Totempfähle im Foyer) und das Nordic Light Hotel in Stockholm (wo der Gast die Lichtinstallationen im Zimmer der eigene Stimmung entsprechend verändern kann). Das Hotel Jones in London Bayswater beschäftigt sogar einen eigenen Kurator, dessen Aufgabe es ist, die Bilder an den Wänden regelmäßig auszuwechseln.

Die ganz spezielle Kippenberger-Suite im Hotel Chelsea an der Jülicher Straße

Als Angebot nicht nur an den Kunstliebhaber, sondern generell an den unabhängig denkenden Reisenden bieten Kunsthotels individuelle Unterkunft in charaktervoller Umgebung. Damit sind sie weit entfernt von den identischen Zimmern herkömmlicher Hotels, wo Kunst meist nur dazu dient, die kahle Wand aufzulockern. Auch wenn es inzwischen immer mehr Kunsthotels zur Auswahl gibt, sollte nicht vergessen werden, wo, wann und wie das erste entstand – dies um so mehr,

Der Künstler Martin Kippenberger wohnte oft monatelang im Hotel Chelsea.

als uns die Antwort ins Kölner Hotel Chelsea an der Jülicher Straße 1 (Neustadt-Süd) führt.

Die Geschichte beginnt im Jahr 1985. Damals war der einem intensiven Lebensstil mit viel Alkohol verbundene deutsche Künstler Martin Kippenberger (1953–1997) Stammgast im Café Central neben dem Hotel Chelsea. Im Sommer 1986 kam Kippenberger (für Freunde: „Kippi") in Kontakt mit dem Besitzer des Hotels, Dr. Werner Peters, und überredete ihn zu einer Wette über den Ausgang eines Spiels der Fußballweltmeisterschaft. Ermutigt durch eine frühere gewonnene Wette, bot Kippenberger eine seiner Zeichnungen als Wetteinsatz gegen eine Woche Doppelzimmer mit Frühstück im Bett. Kippenberger gewann die Wette und zog im Chelsea ein!

Als die Woche um war, überraschte Kippenberger Herrn Peters mit der Erklärung, er habe Geschmack am Hotelleben gefunden und wolle dies künftig dem Wohnen im eigenen Heim vorziehen. Als Gegenleistung schlug er vor, seinen Aufenthalt bis auf weiteres mit Kunst zu bezahlen. Die Aussicht, so zu wertvollen Bildern für die Ausstattung seiner Hotelzimmer zu kommen, begeisterte Peters, und er stimmte zu. Das Hotel wurde zu Kippenbergers bevorzugtem Wohnsitz während seiner Köln-Aufenthalte, die oftmals mehrere Monate dauerten. Aus dieser einmaligen Symbiose zwischen Künstler und Hotelier entstand das erste Kunsthotel Europas.

Die Zimmer des Chelsea Hotels enthalten immer noch viele zeitgenössische Kunstwerke, zum Beispiel von Walter Dahn (geb. 1954), A. R. Penck (geb. 1939), Jiří Georg Dokoupil (geb. 1954) und Albert (geb. 1954) und Markus Oehlen (geb. 1956), von denen einige wie Kippenberger zur Gruppe der Neuen Wilden gehörten, einer Gruppe experimenteller Künstler Anfang der 1980er Jahre. Kunstliebhaber finden hier immer etwas Interessantes, aber auch Künstler und Galeriebesitzer, für die das Hotel Chelsea und das Café Central so etwas wie ein zweites Zuhause geworden sind. So jedenfalls beschrieb es bei seinem Aufenthalt der amerikanische Konzeptkünstler Joseph Kosuth, dessen Neoninstallation das Hotelfoyer prägt.

Das Chelsea Hotel wird nach wie vor künstlerisch gestaltet, 2001 auf höchst aufsehenerregende Weise, als ein neues, spektakuläres Dach hinzukam. Dank seiner dekonstruktivistischen Gestaltung sieht es aus wie ein beliebiger Haufen geometrischer Formen und steht damit in krassem Gegensatz zum nüchternen Stil des übrigen Gebäudes aus den 1960er Jahren. In diesem Dachgeschoss sind sieben neue Hotelzimmer eingerichtet worden, von denen eines nach Martin Kippenberger benannt ist, der mit nur 44 Jahren in Wien an Leberkrebs starb. Das Hotel hat um die Ecke an der Brüsseler Straße 20a auch eine kleine Galerie „Kunstraum Chelsea Two".

> Nicht nur modellierte Martin Kippenberger die Skulptur einer gekreuzigten Kröte, richtete sein eigenes Museum in einem aufgelassenen Schlachthaus auf einer einsamen griechischen Insel ein und eröffnete eine Tankstelle in Brasilien, die er „Gas Station Martin Borman" nannte – er führte Ende der 1970er Jahre in Berlin auch noch einen dadaistischen Nachtclub! Köln war übrigens einst das kreative Zentrum der Dadaisten, die sich um den Maler und Bildhauer Max Ernst (1891–1976) sammelten, dessen Wohnung und Studio am Kaiser-Wilhelm-Ring 14 (Altstadt-Nord) im Zweiten Weltkrieg zerstört wurden.

Weitere Sehenswürdigkeiten in der Nähe: 29, 36, 38, 78

38. Beim Klange chinesischer Glocken

Innenstadt (Neustadt-Süd) (Stadtbezirk 1), Museum für Ostasiatische Kunst an der Universitätsstraße 100
Stadtbahn 1, 7 Universitätsstraße

Wer in Köln Ruhe und Stille sucht, könnte eine der Kirchen in der Stadt oder einen Park aufsuchen, um ein wenig in sich zu gehen (s. Nr. 31 u. 58). Daneben gibt es aber noch einen anderen, einzigartig friedlichen Ort, der Elemente der vorgenannten in sich vereint. Das Museum für Ostasiatische Kunst an der Universitätsstraße 100 (Neustadt-Süd) liegt im Hiroshima-Nagasaki-Park und bietet eine der feinsten Sammlungen asiatisch-religiöser Kunst in Europa.

Das Museum wurde 1913 als erstes seiner Art in Deutschland gegründet. Das Kernstück ist die Japansammlung seiner Gründer Adolf Fischer (1856–1914) und dessen Frau Frieda, bestehend aus buddhistischer Malerei und Holzskulpturen, japanischen bemalten Stellschirmen, Farbholzschnitten und Lackarbeiten. Im Lauf der Jahre wurden einige weitere private Sammlungen in das Museum eingegliedert und dieses mit Kollektionen chinesischer Möbel und Sakralbronzen, chinesischer und japanischer Kalligraphie sowie chinesischer, japanischer und koreanischer Keramik bereichert.

Das ursprüngliche Museumsgebäude am Hansaring, ein konventioneller Steinbau mit Schrägdach, wurde im Zweiten Weltkrieg zerstört. Der gegenwärtige, 1977 eröffnete Bau könnte unterschiedlicher nicht sein. Er besteht aus einer Reihe ineinandergreifender modernistischer Kuben aus Beton und Glas. Entworfen wurde er von dem japanischen Architekten Kunio Maekawa (1905–1986), einem Schüler Le Corbusiers. Der Bau ist um einen meditativen japanischen Landschaftsgarten des japanischen Bildhauers Masayuki Nagare (geb. 1923) gruppiert. Diese Symbiose japanischer Architektur- und Gartenkunst verleiht dem Museum eine stark ausgeprägte, beinahe spirituelle Identität.

Der Besucher betritt das Museum durch ein Foyer, das auf dem angrenzenden künstlichen See, dem Aachener Weiher, zu schwimmen scheint. In einer Ecke steht eine aus dem 14. Jahrhundert stammende Gruppe von Luohan-Figuren, die auserwählten Jünger Buddhas darstellend. Der Ausdruck ihrer Gesichter macht verständlich, dass sie für junge buddhistische Mönche eine Inspiration darstellen. Dem Konzept der Museumsgründer entsprechend, werden alle Exponate als autonome Kunstwerke gezeigt, die jeweils einen ganz bestimmten

Seltene chinesische Glocken im Museum für Ostasiatische Kunst an der Universitätsstraße

Stil eines Künstlers bzw. einer Periode veranschaulichen sollen. Dieses streng eingehaltene Prinzip von „weniger ist mehr" lässt den Besucher länger und konzentrierter bei den einzelnen Objekten verweilen. Eine Einlassung, die von der gedämpften Beleuchtung noch zusätzlich unterstützt wird.

In der ersten Galerie sind Beispiele ostasiatischer buddhistischer Kunst ausgestellt: feinste japanische Seidenwandbehänge, ein großartiges chinesisches Seidentriptychon mit einer Buddha-Darstellung und eine sitzende, aus dem 16. Jahrhundert stammende Holzfigur eines japanischen Priesters aus dem 13. Jahrhundert namens Eison, dessen karmesinroten Augen dem Besucher durch den Raum zu folgen scheinen. Die nächste Galerie ist der japanischen Kalligraphie gewidmet, die von zen-buddhistischen Lehren inspiriert ist und seit dem 14. Jahrhundert als *Bokuseki* („Tintenspuren") bezeichnet wird. Die von chinesischen Kunstimporten beeinflussten Werke sind zumeist auf Papier ausgeführt, das um eine Holzstange gewickelt ist, um ihre Aufbewahrung und den Transport zu erleichtern. Auf einem eindrucksvollen Exponat aus dem 18. Jahrhundert sieht man 100 blinde alte Männer, die auf des Menschen nie endende Suche nach Erleuchtung verweisen sollen.

Das vielleicht faszinierendste Exponat kommt als nächstes: ein Satz aus neun Bronzeglocken vom Typ *Yongszhong* aus der Zhou-Dynastie (850–650 v. Chr.), mit denen einst die Geister verstorbener Ahnen besänftigt wurden. Die Tonhöhe der Glocken ist synchronisiert, wobei die große, sogenannte *Bo*-Glocke ursprünglich wahrscheinlich nicht dazu-

Dieser japanische Wassergarten liegt im Herzen des Museums für Ostasiatische Kunst.

gehörte. Von einer Aufnahme vernehmen wir den eindringlichen Klang der Glocken, die es außerhalb Chinas nur hier gibt. Übrigens wurden die ersten bekannten Glocken der Welt in China um 2000 v. Chr. gefertigt. Deutschlands älteste Glocke, die sogenannte *Saufang*, stammt aus dem frühen 7. Jahrhundert; sie hängt in Kölns Schnütgen Museum der Kunst des Mittelalters in der Cäcilienstraße 29 (Altstadt-Süd).

Im gleichen Raum wie die Bronzeglocken befindet sich die Skulptur eines Pferdes und eines Pferdepflegers, eine außergewöhnliche Bronzearbeit aus der Östlichen Han Dynastie (2.-3. Jh. n. Chr.). Der Besuch schließt mit einer Reihe schöner Objekte aus prähistorischer Zeit, darunter chinesische Jadeobjekte von 3000 v. Chr. und verzierte Bronzespiegel aus der Tang-Dynastie (7.-9. Jh. n. Chr.).

> Westlich des Museums Ostasiatischer Kunst, gleich auf der anderen Seite der verkehrsreichen Universitätsstraße, ist der Clarenbach-Kanal, eine von Kastanien gesäumte Wasserstraße, die ebenfalls ein Element der Stille in die Stadt bringt. Sie ist Teil eines Anfang der 1920er Jahre initiierten Projekts des Stadtplaners Fritz Schumacher (1869–1947) und des Gartenarchitekten Fritz Encke (1861–1931), mit dem man das Stadtzentrum mit Frischluft versorgen wollte.

Weitere Sehenswürdigkeiten in der Nähe: 36, 77, 78

39. Hommage an einen Wasserspeicher

Innenstadt (Neustadt-Süd) (Stadtbezirk 1), Wasserspeicher Severin
am Zugweg 29–31
Stadtbahn 15, 16 Chlodwigplatz; Bus 132, 133 (ab 2015: Nord-Süd-
Stadtbahn Bonner Wall)

St. Severin, der dritte bekannte Bischof von Köln, lebte im 4. Jahrhundert. Man weiß nicht viel von ihm, lediglich dass er im römischen Köln auf dem Grund, wo heute der Severinskirchplatz ist, ein Kloster zu Ehren der Märtyrer Cornelius und Cyprian gründete. Daraus entwickelte sich die St. Severinskirche, die am weitesten südlich gelegene der zwölf romanischen Kirchen Kölns (s. Nr. 31). Obwohl Severin um 400 n. Chr. starb – seine Gebeine ruhen in einem goldenen Reliquiar in der Kirche – ist er in diesem Teil der Stadt allgegenwärtig. Zwei Straßen (Severinsstraße und Severinswall) und ein mittelalterliches Tor (Severinstor) sind nach ihm benannt. Der ungewöhnlichste Ort, der den Namen des Heiligen trägt, ist aber sicherlich der riesige Wasserspeicher Severin am Zugweg 29–31.

Gegen Ende des 19. Jahrhunderts wurde das an seinen drei Seiten von Zugweg, Bonner Wall und Ohmstraße begrenzte Stück Land der RheinEnergie-Gesellschaft übergeben, die für die Versorgung der Stadt mit Wasser und Energie zuständig ist. Zwischen 1883 und 1905 wurde hier ein Komplex von Backsteinbauten errichtet, mit Pumpenhäusern, Maschinenhallen und Schloten, deren Fassaden und Innenräume heute als historisch wichtige Beispiele industrieller Architektur gelten (der Haupteingang ist durch ein beeindruckendes, efeubewachsenes, neugotisches Turmgebäude gekennzeichnet). Der wichtigste Bau ist ohne Zweifel der Wasserspeicher Severin, ein unterirdisches Reservoir mit einer Speicherkapazität von ungefähr 20 Millionen Litern Trinkwasser. Das Gewölbe des Speichers, das knapp unter dem Erdboden liegt, hat eine Höhe von 4,5 Metern und wird von 194 Säulen getragen – man fühlt sich beinahe wie in einer unterirdischen Kirche.

Der Speicher ist bekannt für seine bemerkenswerte, unbeabsichtigte Akustik, die den Klängen eine Nachhallzeit von bis zu 45 Sekunden ermöglicht – das längste je registrierte Echo! Am besten kam dies im Dezember 1984 zum Tragen, als das Reservoir zu Wartungszwecken geleert wurde. Der experimentelle Künstler Hinnerick Bröskamp versammelte Musiker aus aller Welt um sich, die gemeinsam mit Mitgliedern des Kölner Tanzforums der Oper ein einmaliges Musik- und

Verzierte Ziegel kennzeichnen die im 19. Jahrhundert erbauten Wasserwerke am Zugweg.

Tanzprojekt aufführten. Das Projekt *Vor der Flut – Hommage an einen Wasserspeicher* war experimentell, provokant und meditativ angelegt (auf YouTube ist es zu sehen). Der Speicher wurde anschließend wieder gefüllt, jedoch 2010 wieder entleert, da er inzwischen durch ein neu errichtetes Reservoir andernorts ersetzt wurde. So steht der Speicher jetzt ständig für Konzerte, Veranstaltungen und Führungen zur Verfügung, und jeder kann das unglaubliche Echo erleben.

Eine unvergessliche Besichtigungstour dieses von Menschen gemachten Wunderwerks, die interessante Einsichten in die Gewinnung, Reinigung und Speicherung von Trinkwasser in Köln vermittelt, kann bei RheinEnergie AG (Tel. +49 (0) 221-178 46 60, www.rheinenergie.de) gebucht werden. Eine andere, vom gleichen Unternehmen organisierte Tour führt zum Wasserwerk Weiler an der Blockstraße (Chorweiler), wo man auch alte Pumpen und Filterbecken im Freien besichtigen kann.

In Köln wurde die zentrale Wasserversorgung erst 1863 installiert, trotz wiederholter Angebote von Hydrauliktechnikern aus Deutschland und England. Das erste Wasserwerk der Stadt nahm 1872 an der Alteburg den Betrieb auf, um die Innenstadt mit sauberem Trinkwasser zu versorgen (ein Jahr später folgte die Inbetriebnahme der ersten städtischen Gaswerke). Die Nachfrage stieg mit der Industrialisierung rapide, und 1885 wurden die Wasserwerke Severin I am Zugweg errichtet. Diese wurden Anfang der 1890er Jahre durch das heutige Severin II ersetzt, der große Speicher wurde 1899/1900 gebaut.

Kölns erstes Kraftwerk wurde um die gleiche Zeit neben dem Wasserwerk Severin errichtet, so dass Köln eine zuverlässige Versorgung mit Wasser und Energie vom gleichen Standort hatte (s. Nr. 42). Diese

Der leere Wasserspeicher Severin steht heute für Konzerte zur Verfügung.

Versorgung funktionierte gut, bis ein Luftangriff im März 1945 die Werke am Zugweg traf und lahm legte; ihre Wiederherstellung dauerte bis ins Jahr 1948. Kölns Versorgung mit Wasser, Gas und Elektrizität sowie der öffentliche Verkehr wurden 1960 in Gesellschaften unter dem Schirm der Stadtwerke Köln GmbH (SWK) organisiert. In den frühen 1990er Jahren wurde eine Neuausrichtung der Kölner Wasser-, Strom- und Gasgesellschaften beschlossen, um sie für die Wettbewerbsbedingungen im neuen Europa zu rüsten. Schließlich kam es am 2. Juli 2002 zur Gründung der RheinEnergie AG, die nun die gesamte Rheinregion versorgt.

Weitere Sehenswürdigkeiten in der Nähe: 79

40. Die letzten Drehbrücken

Innenstadt (Deutz) (Stadtbezirk 1), Drehbrücke an der Alfred-Schütte-Allee
Stadtbahn 7, 8 Drehbrücke

Seit langem werden Drehbrücken gebaut, um Wasserstraßen überqueren zu können, ohne die Schiffe in ihrer freien Fahrt zu behindern. Ihr wichtigstes Bauelement ist ein vertikaler Pfeiler, meist am Brückenschwerpunkt, um den die Brücke horizontal geschwenkt wird. Kleinere Drehbrücken werden meist nur nach einer Seite geschwenkt, sie öffnen sich sozusagen wie ein Tor. Derlei Konstruktionen benötigen allerdings ein unterirdisches Fundament als Auflage für den Drehpfeiler. Wenn ein Schiff passiert, wird der Straßenverkehr angehalten und die Brücke manuell oder motorisch ungefähr neunzig Grad um den Drehpunkt geschwenkt.

Ende des 19. Jahrhunderts erhielt der Rhein in Köln zwei neue Häfen, in denen Schiffe einfach und sicher anlegen, löschen, wieder aufnehmen und ablegen konnten. Am Westufer wurde der Rheinauhafen errichtet, am Ostufer der Deutzer Hafen. Die beiden sehr ähnlich angelegten Häfen besitzen jeweils eine stromabwärts verlaufende Landzunge, so dass auf der Seite gegenüber dem Ufer ein Hafen für die Schiffe entsteht. Nahe dem Ende ihrer Landzungen wurden die zwei Häfen jeweils mit einer kleinen Drehbrücke ausgestattet.

Die Drehbrücke des Rheinauhafens ist die bekanntere der beiden, führt sie doch direkt zum Imhoff-Schokoladenmuseum, einem Element des äußerst erfolgreichen Projekts, die alten Docks auf dieser Seite des Flusses zu einem hochwertigen Wohn-, Geschäfts- und Vergnügungsviertel aufzuwerten. Die Brücke wurde 1888 gebaut – ein Jahrzehnt vor der Inbetriebnahme des Hafens. Sie wurde elektrohydraulisch mittels einer Pumpe im nahegelegenen Malakoffturm gesteuert.

Auch wenn einige Kräne am Kai des Rheinauhafens erhalten geblieben sind und renovierte alte Zollgebäude, die *Siebengebirge*-Lagerhallen und andere Bauten an früher erinnern, fehlt dem Areal doch die Buntheit und das Getriebe eines alten Hafens. Im Vergleich dazu erfüllt der Deutzer Hafen noch immer in gewissem Maß seine ursprüngliche Funktion und wirkt daher authentischer als sein Gegenstück.

Die ersten Pläne für einen Hafen in Deutz stammen aus dem Jahr 1888, als das Gebiet in Köln eingemeindet wurde (vorher war aus Furcht vor Konkurrenz mit Köln ein Hafen hier nicht erlaubt worden).

Die alte Drehbrücke an der Alfred-Schütte-Allee in Deutz

1895 begannen die Bauarbeiten zur Errichtung eines 1089 Meter langen und in seiner größten Ausdehnung 88 Meter breiten Hafens. Zwischen 1906 und 1908 wurde an der Alfred-Schütte-Allee die noch heute bestehende, elektrisch gesteuerte Drehbrücke errichtet, und in den 1920er Jahren wurden drei dampfbetriebene und vier elektrische Kräne installiert. Bis zum Zweiten Weltkrieg hatten die Mühlenbetriebe von Leysieffer & Lietmann und Heinrich Auer den höchsten Anteil am Hafenumschlag.

Nach dem Krieg war die Firma Kampffmeyer das größte Unternehmen am Hafen, Erbauer der Ellmühle zum Vermahlen von Weizen und Roggen mit einer Lagerkapazität von 60000 Tonnen. Ebenfalls nach dem Krieg etablierten sich der Schrotthändler Theo Steil, das Stahlunternehmen Carl J. Weiler, ein Asphalthersteller und ein Brennstoffdepot. Sie alle werden von der Hafeneisenbahn der Häfen und Güterverkehr Köln (HGK) bedient, deren Rangierbahnhof sich noch immer am südlichen Ende des Hafens im Bezirk Poll befindet.

Am interessantesten in diesem faszinierenden Industrieensemble ist jedoch die Drehbrücke mit ihrem eleganten, graugrün lackierten *Jugendstil*-Eisentragwerk, der verzierten Steuerkabine und den Obelisken mit den Laternen. Umgeben ist sie von halbverdeckten Bahngeleisen, Kränen, alten Lagerhallen, Pflasterstraßen und schweren eisernen Ver-

täuungsringen. Um das Bild abzurunden, wurden 1994 die Kölner Löschboote vom Rheinauhafen hierher überstellt.

Als Zeichen der Zeit ist wohl das Verschwinden der Holzbetriebe aus dem Hafen zu deuten, und allmählich siedeln sich in den früheren Industriehallen hafenfremde Betriebe an, zum Beispiel die Eventhalle Essigfabrik an der Siegburgerstraße 110. Angesichts der prognostizierten Steigerung des Containerverkehrs am Rhein ist jedoch davon auszugehen, dass der Deutzer Hafen zumindest noch ein paar Jährchen als Hafen und industrielles Hinterland in Funktion sein wird.

Liebesschlösser an der Hohenzollernbrücke

Kölns berühmteste Brücke ist die 409 Meter lange Hohenzollernbrücke, die 1859 fertiggestellt wurde. Bemerkenswert ist die Tatsache, dass sie seit kurzem tausende gravierte Vorhängeschlösser trägt, die von Verliebten als Pfand ihrer Liebe dort angebracht werden. Diese Liebesschlösser *(lucchetti d'amore)* tauchten zuerst auf Roms Ponte Milvio auf und sind inzwischen sogar schon auf chinesischen Brücken zu finden. Das Schloss wird versperrt und dann der dazugehörende Schlüssel in den Fluss hinunter geworfen.

Weitere Sehenswürdigkeiten in der Nähe: 41

41. Ist das wirklich eine Kirche?

Innenstadt (Deutz) (Stadtbezirk 1), Kirchenbunker an der Helenenwallstraße 21–29
Stadtbahn 1, 7, 9 Deutzer Freizeit

Im August 1939 verkündete Reichsmarschall Hermann Göring (1893–1946), dass kein alliierter Bomber je die Ruhr erreichen werde. Als die ersten alliierten Flieger im Juni 1940 Bomben auf Berlin warfen, reagierte Hitler mit einem Sofortprogramm zur Errichtung von Luftschutzeinrichtungen in ganz Deutschland, in erster Linie zu seinem eigenen Schutz, zum Schutz seines Stabes und der kriegswichtigen Arbeiter. Görings eigener persönlicher Bunker in Berlin war bereits 1936 errichtet worden. In Köln entstanden, wie auch in anderen wichtigen Städten Deutschlands, Bunker unterschiedlicher Form und Größe, unter anderem unterirdische Anlagen, sogenannte Tiefbunker, und mächtige oberirdische Hochbunker (s. Nr. 60).

Die Zivilbevölkerung wurde zwar ebenfalls geschützt, doch blieb sie während des ganzen Krieges insofern verwundbar, als die Schutzeinrichtungen zu keinem Zeitpunkt für mehr als zehn Prozent der Bevölkerung ausreichten. Zeit- und Ressourcenmangel ließen keine umfassendere Versorgung zu. Das ist auch der Grund für die große Zahl ziviler Kriegsopfer ab 1942, als das alliierte Bomberkommando mit großflächigen Angriffen auf Wohngebiete begann, um die Moral der Deutschen zu schwächen.

Noch heute existieren in Deutschland viele Bunkeranlagen aus dem Zweiten Weltkrieg, wobei die oberirdischen Exemplare bisweilen mit unerwarteten dekorativen Details zu überraschen vermögen. Klassizistische Gesimse, konische, rote Ziegeldächer im Renaissancestil und Treppen mit Balustraden wie in der Toskana stehen im Widerspruch zu den kahlen Stahlbetonbauten der meisten Bunker. Am auffälligsten ist wohl eine Art Glockenturm auf dem Dach eines Hochbunkers an der Helenenwallstraße 21–29 (Deutz).

Die schmückenden architektonischen Details werden gerne damit erklärt, dass sie für die darüber fliegenden Bomber den wahren Zweck dieser Bunker verbergen sollten. Tatsächlich sah sich der Autor dieser Zeilen selbst mit Hilfe der Google-Earth-Zauberei außerstande, eines dieser Bauwerke von den Nachbarbauten zu unterscheiden, und das bei klarem Wetter und Tageslicht. Warum also sollte ein Bunker in Kriegszeiten bewusst als Dorfkirche oder Renaissanceturm erschei-

Dieser Luftschutzbunker in Form einer Kirche befindet sich in der Helenenwallstraße.

nen, wenn er vom Feind kaum jemals aus der Nähe gesehen werden würde? Wahrscheinlicher erscheint da schon die Vermutung, dass Propagandaminister Joseph Goebbels (1897–1945) die Menschen mit der Behauptung in Sicherheit wiegen wollte, derartig camouflierte Bunker würden von den Bombern eher verschont. Wenn ein Luftschutzbunker möglichst wenig nach Luftschutzbunker aussah, so ging wohl die Argumentation, wäre das insofern doppelt kriegsgünstig, als es die Moral unter den Arbeitern und der Schutz suchenden Zivilbevölkerung stärken und die Erkenntnis hinauszögern könnte, dass ein deutscher Sieg in diesem Krieg immer unwahrscheinlicher zu werden begann.

Wie meistens bei Aktionen Marke Goebbels war der Effekt von kurzer Dauer. Kaum ein Bürger, kaum eine Bürgerin von Köln, einer Stadt, die im äußersten Westen Deutschlands und an einem großen Strom liegt, der dem Feind als Navigationshilfe nützlich war, gab sich lange der Illusion hin, dass die Stadt unangreifbar sei.

Der Bunker mit dem Scheinglockenturm an der Helenenstraße in Deutz wurde wahrscheinlich 1943 von Zwangsarbeitern errichtet und bekam den Beinamen Kirchenbunker verpasst. Die bunte Bemalung,

Ein weiterer kirchenförmiger Luftschutzbunker steht in Rodenkirchen.

die ihn heute belebt, stammt aus dem Jahr 1989. Er ist aber nicht der einzige seiner Art, an der Marktstraße 6c (Rodenkirchen) steht ein Kirchenbunker, der ebenfalls nach dem Krieg bemalt wurde. Er wurde 1942 errichtet, besteht aus zwei oberirdischen und einem unterirdischen Stockwerk und wird derzeit als Schießstand verwendet.

Ein dritter Kirchenbunker befindet sich an der Berliner Straße 20 (Mülheim). Er wurde 1943 ebenfalls von Zwangsarbeitern errichtet und sieht von der Straße gesehen noch am ehesten wie eine Kirche aus, da er ein Schrägdach besitzt. Er wurde später als Lagerhaus und sogar als Hotel und Restaurant benutzt. Heute beherbergt er den Kulturbunker Mülheim, einen Mehrzweckveranstaltungsort für Konzerte, Ausstellungen und Filmvorführungen. Sein heutiges Fassungsvermögen von 450 Personen vermag eine Vorstellung von der Größe des seinerzeitigen Bunkers zu vermitteln – sonst besteht indessen wenig Ähnlichkeit zwischen einst und jetzt: Heute ist der Bunker ein Ort der Entspannung und des Vergnügens, sogar für einen eigenen Biergarten ist gesorgt. Wie sich doch die Zeiten geändert haben!

Weitere Sehenswürdigkeiten in der Nähe: 40

42. Ein Weg unter dem Rhein

Innenstadt (Deutz) (Stadtbezirk 1), Fernwärmetunnel an der Ecke von Messeplatz und Kennedyufer
Stadtbahn 1, 7, 9 Deutzer Freiheit

Ein unauffälliger Betonzylinder in Deutz, Ecke Messeplatz und Kennedyufer, ermöglicht Zutritt zu einem der technischen Wunder von Köln. Hinter einer hochwassersicheren Tür führt eine Wendeltreppe 25 Meter in die Tiefe. Unten befindet sich ein Tunnel, der die Leitungen für das Fernwärmenetz der Stadt von einer Rheinseite zur anderen führt. Der Tunnel ist begehbar und kann bei einer faszinierenden Tour besichtigt werden (Anmeldung bei Kölns Energieunternehmen RheinEnergie AG, Tel. +49 (0) 221-178 46 60, www.rheinenergie.de).

Kölns Fernwärmetunnel ist 461 Meter lang und verbindet das Heizungsnetz der Innenstadt mit jenem in Deutz am Ostufer. Das Bauchwasser wird in den drei Kraftwerken der Stadt (Niehl, Merkenich und Innenstadt-Süd) erhitzt und durch ein Netzwerk unterirdischer Vor- und Rücklaufrohre, zu denen auch die im Tunnel verlegten gehören, zu ungefähr 6000 Wohnungen und Betrieben auf beiden Seiten des Flusses geleitet, um diese gleichzeitig mit Warmwasser und Wärme zu versorgen. Die Leitungsrohre sind so gut isoliert, dass das Wasser zwischen Kraftwerk und Endverbraucher nur fünf Grad Temperaturverlust erleidet.

Das Fernwärmeprojekt in Köln wurde Anfang der 1960er Jahre lanciert. Inzwischen wurden die konventionellen Kohlekraftwerke durch vier kombinierte Heizkraftwerke (Kraft-Wärme-Kopplung) ersetzt, das sind die drei oben genannten und ein weiteres in Merheim. Die Betriebskosten sind bei der Kraft-Wärme-Kopplung niedriger, da der Dampf sowohl zum Antreiben der stromerzeugenden Turbinen wie auch zum Erhitzen des Wassers für das Fernwärmenetz (Wärme, die sonst verloren geht) benutzt wird. Das Werk in Niehl wandelt zum Beispiel 86 Prozent der zugeführten Brennstoffenergie in Strom und Wärme um, verglichen mit weniger als 50 Prozent in einem Kohlekraftwerk, das nur elektrischen Strom erzeugt. Auch die Luftverschmutzung ist bedeutend geringer. Zurzeit werden über 80 Prozent der Wärme für Deutschlands Fernwärmenetze in Kraft-Wärme-Kopplungen erzeugt, über 40 Prozent davon verwenden Erdgas als Primärenergie. Im Heizkraftwerk Merkenich an der Merkenicher Hauptstraße 2 kann man eine solche Kraft-Wärme-Kopplungsanlage nach Anmeldung bei der RheinEnergie AG besichtigen.

Kölns Fernwärmetunnel unter dem Rhein

Der Tunnel unter dem Rhein wurde zwischen 1983 und 1985 in einer Tiefe von sechs Metern unter der Flussbettsohle gegraben. Im lockeren Flusskies zu bauen, galt damals als kühnes technisches Unterfangen: Der Tunnel musste zuerst gebohrt, und dann mussten eine Reihe von Betonringen eingesetzt werden. Diese 30 Zentimeter dicken Bewehrungen wurden sämtlich mit Hilfe hydraulischer Rammen von der Deutzer Seite aus eingebracht. Beim Vortrieb kamen einige interessante Stücke zutage, etwa Bombensplitter aus dem Zweiten Weltkrieg und Stahlteile von der ursprünglichen Hohenzollernbrücke, die im März 1945 von deutschen Pionieren absichtlich gesprengt wurde. Wenn man durch den Tunnel geht, der mit seinen drei Meter Durchmessern für Klaustrophobe eine gewisse Überwindung darstellen mag, kommt man schließlich am Breslauer Platz am Westufer des Rheins wieder ans Tageslicht.

Die Geschichte von Kölns öffentlicher Versorgung mit Strom und Wärme ist untrennbar mit der Geschichte der kommunalen Wasserversorgung verbunden. Die ersten Wasserwerke der Stadt wurden 1872 errichtet, ein Jahr danach erwarb die Stadt die Imperial Continental Gas Association, eine private englische Gesellschaft, die seit 1841 für die Gasversorgung und Straßenbeleuchtung in Köln zuständig war. Die erste öffentliche Stromversorgung erfolgte 1891 von Zugweg (Altstadt-Süd) aus, dem ersten Kraftwerk in Deutschland, das Wechselstrom erzeugte. Die Wasserwerke wurden zur gleichen Zeit auch an diesen Standort verlegt (s. Nr. 39). Die Versorgung funktionierte ungehindert, bis ein Luftangriff im März 1945 die Anlage traf und außer Kraft setzte.

Rohre, die aus dem Fernwärmetunnel unter dem Messeplatz hervortreten

Die Wasserversorgung der Stadt konnte schnell wieder hergestellt werden, doch zur Stromproduktion war Kohle nötig. Die war knapp, so dass erst 1948 wieder Strom produziert werden konnte. Die Versorgung Kölns mit Gas war seit 1870 lokal von Ehrenfeld aus erfolgt, dann ab 1933 über die Ruhr; es sollte bis 1951 dauern, bis die Gasversorgung wieder voll funktionierte. Alle drei Versorgungsbetriebe, Wasser, Gas und elektrischer Strom, wurden 1960 als eigene Unternehmen organisiert und 2002 unter dem Schirm der RheinEnergie AG zusammengefasst.

Weitere Sehenswürdigkeiten in der Nähe: 43

43. Die erste Motorenfabrik der Welt

Innenstadt (Deutz) (Stadtbezirk 1), Motorendenkmal am Ottoplatz
Stadtbahn 1, 9 Bahnhof Deutz/Messe; Bus 250, 260

Als der deutsche Motorenkonstrukteur Karl Friedrich Benz (1844–1929) im Jahr 1894 sein vierrädriges Automobil *Velo* enthüllte, dachte er breits an eine Massenproduktion. Zwischen 1894 und 1901 wurden 1200 dieser Automobile gebaut – es war also das erste Serienautomobil der Geschichte. Heute werden pro Jahr etwa 50 Millionen Kraftfahrzeuge produziert.

Der Erfolg jeder modernen Fahrzeugproduktion basiert auf dem Verbrennungsmotor, dessen Erfindung mindestens in die Anfänge des 19. Jahrhunderts zurückreicht und dessen zugrundeliegende wissenschaftliche Prinzipien noch viel länger bekannt sind. Einer der wichtigsten der vielen Erfinder und Ingenieure, die an der Entwicklung des Motors beteiligt waren, ist der in Köln beheimatete Nikolaus August Otto (1832–1891), der ihn als Erster kommerziell baute und verkaufte.

Otto war Bauernsohn und kam nach Köln mit dem Traum, kleine Standmotoren zu bauen und zu verkaufen. Zwischen 1861 und 1863 entwickelte er als Erster einen Verbrennungsmotor, der in einem Einkolbenzylinder Kraftstoff effizient verbrennt. Schon früher erfundene Verbrennungsmotoren (vor allem des belgischen Ingenieurs Étienne Lenoir) hatten nicht auf dem Prinzip der vier Takte basiert (Ansaugen-Verdichten-Zünden-Ausstoßen). Ottos Einzylinder-Viertakt-Gasmotor sollte den Weg zur Motorisierung der Welt ebnen.

1864 gründete Otto (unter dem Namen N. A. Otto & Cie) in Köln die erste Motorenfabrik der Welt direkt hinter dem Dom an der Kreuzung Servasgasse und Am Alten Ufer (Altstadt-Nord). Seine Arbeit erregte bald die Aufmerksamkeit seines Konstrukteurskollegen Eugen Langen (1833–1895), und gemeinsam begannen sie stationäre Motoren zu entwickeln, für die sie Straßenbeleuchtungsgas verwendeten. 1867 gewannen sie damit bei der Pariser Weltausstellung eine Auszeichnung, vor der Insolvenz bewahrte sie das allerdings nicht.

Otto und Langen eröffneten in der Folge (1872) an der Deutz-Mülheimer-Straße (Deutz) eine neue und größere Fabrik, die Gasmotorenfabrik Deutz AG. Diesmal entwickelte sich das Geschäft so gut, dass 1876 die namhaften Ingenieure Gottlieb Daimler (1834–1900) und Wilhelm Maybach (1846–1929) der Gesellschaft beitraten. Obwohl Otto seinen Motor patentieren ließ, wurde seiner Erfindung von den deut-

Ein Viertakt-Gasmotor von Nikolaus Otto schmückt den Ottoplatz.

schen Gerichten weder für alle Zylinderkompressionsmotoren noch für den Vier-Takt-Zyklus als Patent anerkannt, weshalb die Zylinderkompression zu technischem Allgemeingut wurde. So war der Weg frei für andere Ingenieure, wie Karl Benz (und auch Daimler und Maybach, die 1880 ihre eigene Firma gründeten), um Viertaktmotoren zu bauen und den Einsatz flüssiger Brennstoffe voranzutreiben.

Ottos bedeutender Beitrag zur Entwicklung der Motorentechnik und zum wirtschaftlichen Erfolg von Köln wurde 1931 durch die Stiftung Siemens-Ring gewürdigt, die vor dem Deutzer Bahnhof ein Denkmal mit einem Ottomotor auf einem Sockel errichtete. 1939 wurde der Bahnhofsvorplatz in Ottoplatz umbenannt. Zurecht steht auch der Name Langen auf dem Denkmal, denn er war es, der neue Produktionsmethoden ersann und in der Fabrik an der Deutz-Mülheimer-Straße einsetzte. Die Maschinenhallen aus rotem Backstein sind noch an der Kreuzung mit dem Auenweg zu sehen (die auf einem der Gebäude zu lesende Aufschrift Klöckner-Humboldt-Deutz AG erinnert an den Firmennamen aus dem Jahr 1938); Langen war auch an dem nahe gelegenen Waggonbauer Van der Zypen & Charlier beteiligt (s. Nr. 50).

Die von Otto und Langen gegründete Firma ist heute unter dem einfachen Namen DEUTZ AG aktiv, mit Hauptsitz in der Ottostraße 1 (Porz). Sie ist eine der weltweit größten Produzentinnen von Dieselmotoren und besitzt immer noch den von Otto perfektionierten Vier-Takt-Versuchsmotor aus dem Jahr 1876. Da er nur selten gezeigt wird, empfiehlt sich für Interessierte ein Besuch des Kölnischen Stadtmuseums an der Zeughausstraße 1–3 (Altstadt-Nord), wo im ersten Stock ein Exemplar eines Ottomotors ausgestellt ist.

Weitere Sehenswürdigkeiten in der Nähe: 42

44. Eine preisgekrönte Tankstelle

Innenstadt (Deutz) (Stadtbezirk 1), Arena-Tankstelle an der Deutz-Kalker-Straße 103
Stadtbahn 1, 9 Deutz-Kalker Bad

Aus guten Gründen finden Tankstellen in Stadtführern nur selten Erwähnung – wer kann heutzutage schon etwas Attraktives in einer Tankstelle sehen, und ihre Gestaltung ist kaum je für preiswürdig erachtet worden. Ganz anders die Arena-Tankstelle im Kölner Stadtviertel Deutz! Die wird nämlich beiden Ansprüchen gerecht und verdient deshalb auch unseren Besuch – und sei es nur zum Volltanken!

Die Arena-Tankstelle an der Deutz-Kalker-Straße 103 (Deutz) wurde 1959 nach einem Entwurf des Kölner Architekten Herbert Baumann für die Shell Mineralöl Gesellschaft gebaut. Benannt wurde sie nach der nahegelegenen Köln Arena, die heute LANXESS Arena heißt. Der eigenwillige Bau besteht aus einem einstöckigen, L-förmigen Hauptgebäude, das wie ein Schiffsbug in den Vorplatz ragt und den Kunden ursprünglich einen Warteraum und zwei Toiletten bot. Die beiden Enden des Hauptgebäudes schließen mit zwei etwas höher gebauten Einheiten ab, in denen sich Reparaturwerkstätten und ein Autoschauraum befanden. Am erstaunlichsten ist das Dach, das aus einer rhombenförmigen Stahlbetonplatte konstruiert ist, die vom Hauptgebäude zwölf Meter vorkragt und so die Zapfsäulen vor den Wetterunbilden schützen sollte. Das auf einem Betonpfeiler im Warteraum aufliegende Dach scheint zu schweben wie ein Seidentuch im Wind. Es soll die stilisierte Muschel symbolisieren, das Markenzeichen des ursprünglichen Besitzers. Dieses dynamische Designelement enthebt das Gebäude der nüchternen Funktionalität der meisten Tankstellen, es könnte sich genauso gut um einen Flughafenterminal, einen Kinoeingang oder den Hauptsitz einer erfolgreichen Firma handeln.

Denkt man an die Zeit seiner Entstehung in den 1950er Jahren, ist dieses Dach nicht mehr ganz so überraschend; das Design europäischer Tankstellen lehnte sich damals eng an amerikanische Vorbilder an, die ihrerseits ein Abbild der Exzesse amerikanischen Autodesigns waren, namentlich der überbetonten Heckflossen der Cadillacs. Je kühner das Autodesign wurde, desto auffälliger auch die Tankstellen, vor allem das Dach als einziges echtes Unterscheidungsmerkmal. Schließlich wollten die Tankstellen – ähnlich den Kinogebäuden – ihre Kunden von der Straße anlocken.

Die Arena-Tankstelle an der Deutz-Kalker-Straße

Doch die Zeiten änderten sich schnell, und infolge steigender Benzin- und Personalkosten sank zwischen 1965 und 1980 die Zahl der Tankstellen in Westdeutschland auf die Hälfte. Auch die Kölner Arena-Tankstelle fiel dem Kahlschlag zum Opfer und sperrte 1973 zu. Scheinbar dem Abriss geweiht, wurde sie per Verordnung als erhaltenswert gerettet. In der Folge wurden verschiedenste Nutzungsmöglichkeiten vorgeschlagen, unter anderem als Hotel, Kindergarten oder Kunstgalerie. Schließlich wurde das Objekt 1997 an zwei türkische Geschäftsleute, Selehatin Topracki und Hidir Mak, verkauft, die sich in den Kopf gesetzt hatten, dort wieder eine Tankstelle entstehen zu lassen. Im Jahr 2000 lohnte sich ihr allen Warnungen zum Trotz gewagter finanzieller Einsatz von immerhin 3,5 Millionen Euro: Die verlotterte Ruine wurde in ein lebensfähiges Unternehmen verwandelt, diesmal unter der Marke Esso.

Werner Krause, der Architekt, der für die Renovierung verantwortlich war, erhielt für seine Arbeit den Renault Traffic Design Award. Der deutsche Architekt und Stadtplaner Thomas Sievert (geb. 1934) war Vorsitzender der Jury, die von der gelungenen Integration des renovierten Gebäudes in die moderne urbane Szene beeindruckt war und hervorhob, wie gekonnt zwei neue Stahl- und Glaspavillons am Vorplatz dem Bau von 1959 Tribut zollten, dass die Vergrößerung der bestehenden Anlage ohne ästhetische Einbußen gelungen war und dass die insgesamt hohe Qualität der Renovierungsarbeit im Rahmen der strengen Vorschriften des deutschen Denkmalschutzes zustande gebracht wurde. In einer Zeit austauschbarer, architektonisch steriler Tankstellen-Supermarkt-Eintopfbauten sticht die Arena-Tankstelle mit ihrer betörenden Schönheit hervor. Welcher Autofahrer könnte da widerstehen?

45. Am Fluss bei Zündorf

Porz (Stadtbezirk 7), Besuch der Dörfer Zündorf und Weiß
Stadtbahn 7 Zündorf

Auch wenn nicht weniger als acht Straßen-, Eisenbahn- und Fußgängerbrücken Köln mit dem Ostufer des Rheins verbinden, besteht noch immer eine Nachfrage nach den guten, altmodischen Fährdiensten. Da wäre zum Beispiel die Fähre zu nennen, die regelmäßig vom Konrad-Adenauer-Ufer hinüber zur Kölnmesse in Deutz fährt. Etwas abgelegener und jedenfalls origineller ist die Fähre, die den Ort Zündorf (Porz) mit dem Bezirk Weiß (Rodenkirchen) verbindet. Ersterer ist für seine Geschichte und Architektur bekannt, Letzterer für den gelungenen Naturschutz – eine abenteuerliche Reise ist damit garantiert!

Zündorf liegt praktischerweise an der Endhaltestelle der Stadtbahnlinie 7, und von dort ist es nur ein kurzer Weg zum Flussufer und zur Anlegestelle der Fähre. Unterwegs kann man sich mit der Geschichte von Porz (einschließlich Zündorf) beschäftigen, das erst 1975 zu einem Stadtbezirk Kölns wurde. Zuvor gehörte es lange Zeit zum Königreich Preußen und vor 1815 für kurze Zeit zu einem Großherzogtum unter Napoleon. Wichtiger für Porz war jedoch das Mittelalter, als Porz zum Großherzogtum Jülich-Cleves-Berg gehörte, das damals einen Großteil des heutigen Nordrhein-Westfalen beherrschte, mit Ausnahme der Stadt Köln, die zwar Teil des Heiligen Römischen Reiches, aber ein unabhängiger geistlicher Staat unter dem Erzbischof von Köln war.

In dieser Zeit gewann der kleine Ort Zündorf aus einem speziellen Grund eine besondere Bedeutung. Köln war seit 1259 in Besitz des sogenannten Stapelrechts. Das bedeutete, dass alle Waren, die auf der Straße oder dem Fluss durch die Stadt transportiert wurden, in einem Stapelhaus in der Stadt gelagert und während mindestens drei Tagen auf lokalen Märkten zum Kauf angeboten werden mussten. Das brachte der Stadt Köln ein beträchtliches Einkommen. Ein Turm des Kölner Stapelhauses an der Frankenwerft steht noch heute. Nun konnten jedoch Handelsschiffe Köln meiden, indem sie in Zündorf, also am anderen Ufer anlegten, dort ihre Waren entluden, sie auf dem sogenannten Mauspfad nach Mülheim transportierten und dann wieder auf das Schiff luden.

Auch wenn sich Zündorf sehr verändert hat, gibt es dort auch heute noch manches zu sehen, was an das alte Dorf erinnert. Am Burgweg steht zum Beispiel die hübsche Kapelle St. Michael und an der

Die hübsche St. Michaelkapelle am Burgweg in Zündorf

Hauptstraße 43–47 die Kirche St. Martin. Diese kleinen Bauten mit 1000 Jahre alten Teilen bilden eine angenehme Abwechslung zu den imposanten romanischen Kirchen in Kölns Altstadt. Nicht weit davon steht an der Hauptstraße 181 der 20 Meter hohe Zündorfer Wehrturm, ein Verteidigungsbau, der spätestens 1380 nachgewiesen ist und damit als das älteste bestehende säkulare Gebäude in Porz gelten kann. Auch Liebhaber bezaubernder alter Fachwerkhäuser kommen auf ihre Rechnung, namentlich in der Enggasse, der Marktgasse und am Burgweg.

Unten am alten Kai jedoch hat sich indessen alles verändert, dort wo einst der alte Markt auf die kleine, vorgelagerte Insel Groov hinüberschaute und der dazwischen liegende Rheinarm den Hafen von Zündorf bildete. Auf Grund mehrfacher Überschwemmungen wurde die Insel im 19. Jahrhundert mit dem Festland verbunden. Nur einige kleine Seen erinnern noch an den freien Flusslauf.

Die Insel Groov ist heute ein beliebtes Freizeitgebiet, und dort kann man auch die Fähre nach Weiß besteigen. Sie heißt KroKoLino, weil ihre Rampe wie ein Krokodilrachen aussieht, und verkehrt von Mitte März bis Mitte Oktober ungefähr alle 20 Minuten, an Wochentagen zwischen 11 und 19 Uhr und an Wochenenden zwischen 10 und 20 Uhr. Sollte die Fähre gerade am anderen Ufer liegen, gibt es eine einfache Methode, die Aufmerksamkeit des Fährmanns auf sich zu lenken: Man setze sich fest auf den drolligen Sitz am Kai, und schon erhebt sich ein leuchtend rotes Brett oberhalb des Sitzes, das auch vom gegenüberliegenden Ufer gut zu sehen ist – flugs eilt der Fährmann herüber, um den wartenden Passagier abzuholen! Das KroKoLino ist besonders bei Wanderern und Radfahrern beliebt, legt es doch am Plasterhofweg an, von wo aus der herrliche Naturpark Rheinland gut erreichbar ist.

Die KroKoLino-Fähre überquert den Rhein zwischen Zündorf und Weiß.

Weiß wird im Jahr 1130 erstmals urkundlich erwähnt, als der Erzbischof von Köln hier dem Stiftsherrn der Kirche St. Georg in Köln Land übertrug und ihm erlaubte, hier einen klösterlichen Weinberg anzulegen. Dieser ist inzwischen längst von den zahlreichen Hochwasserkatastrophen entlang dieses Rheinabschnitts ausgelöscht worden. Doch wie in Zündorf, stehen auch hier noch einige traditionelle Fachwerkhäuser, und niemand sollte sich die stimmungsvolle kleine St. Georgskapelle an der Georgstraße aus dem frühen 15. Jahrhundert entgehen lassen, in der Fresken mit Seefahrerszenen und ein altes Schiffsrad zu bewundern sind.

# 46. In freier Natur

Porz (Stadtbezirk 7), Greifvogel-Schutzstation bei Gut Leidenhausen
zwischen Grengeler Mauspfad, Hirschgraben und der A59
Bus 152 Eil/Heumarer Straße, dann zu Fuß entlang Hirschgraben

Der Stadtbezirk Porz ist flächenmäßig der größte von Kölns neun Stadtbezirken (78,87 Quadratkilometer). Er wurde in den 1970er Jahren in Köln eingemeindet. In seiner Mitte durchschneidet ihn die Autobahn A59, westlich davon liegen die meisten Bezirksteile, also auch der Großteil der Wohn- und Industrieanlagen. Ganz anders der Osten: Das südöstliche Gebiet wird vom Flughafen Köln/Bonn eingenommen, der Nordosten ist ein Naturschutzgebiet mit Wäldern, freien Weideflächen und Wasserläufen.

Im Herzen dieses erstaunlich naturbelassenen Stadtgebietes befindet sich ein ehemaliges Rittergut aus dem Mittelalter, Gut Leidenhausen, das 1329 von einem Ritter auf dem Hirschgraben zwischen dem Gebiet der heutigen A59 und dem Grengeler Mauspfad errichtet wurde. Auf dem kurzen Weg von der Bushaltestelle an der Heumarer Straße östlich entlang dem Hirschgraben lässt man erstaunlich schnell das Brausen des modernen Verkehrs hinter sich, und es öffnet sich eine natürliche Welt mit Vogelgesang und Blätterrauschen. Das ist das Naherholungsgebiet Gut Leidenhausen.

Die erste Begegnung mit der Natur hat der Besucher gleich nach dem Parkplatz, wo sich in einem großen Wildgehege rechter Hand einige prächtige Hirsche und Wildschweine tummeln. Am Ende des Weges steht ein Ensemble alter Backsteingebäude aus der Mitte des 18. Jahrhunderts; der imposante Uhrturm und der Torbogen kamen Anfang des 19. Jahrhunderts dazu.

Bevor wir die Gebäude näher erkunden, wenden wir uns nach rechts der Greifvogel-Schutzstation zu. Diese Vogelschutzstation wurde in den 1960er Jahren gegründet. Sie wird von Freiwilligen betreut und mittels Spenden und Subventionen der Stadt Köln erhalten. Sie gehört zur Kölner Schutzgemeinschaft Deutscher Wald. Seit den 1970er Jahren ist die Vogelstation jeden Sonntag für Besucher geöffnet. In über 25 großen Volieren sind einige eindrucksvolle Tiere zu sehen, darunter Falken, Bussarde, Schneeeulen und Uhus, die wegen Krankheit oder Verletzung hierher kamen oder weil sie ausgesetzt wurden. Weniger spektakuläre, aber ebenso geschätzte Patienten sind Fasane, Raben und sogar Tauben. Nach ihrer Behandlung (und wenn nötig Aufzucht) können sie meistens in die freie Natur entlassen werden. Jene, die bleiben, sind entweder zu zahm geworden oder würden von Naturschutzverordnungen nicht ausreichend geschützt, wenn man sie in den Himmel über Köln entließe, wie das bei der hier nicht einheimischen Schneeeule der Fall ist.

Ein angenehmer Spazierweg führt von der Vogelstation südwärts vorbei an der Leidenhausener Pferderennbahn.

Eine Eule in der Greifvogel-Schutzstation in Porz

Wir kehren zurück zu den Gutsgebäuden und in den Hof, wo eines der Gebäude das *Haus des Waldes* beherbergt, in dem die Geschichte und Technologie des Forstwesens im Laufe der Zeiten illustriert wird. Eine Fortsetzung findet dieses Thema schließlich im Deutschen Obstmuseum. In diesem Freilichtmuseum sind zahlreiche alte Obstbaumarten zu sehen, die zur Orientierung des Publikums auch sorgfältig beschrieben sind (wer weitere alte Sorten sehen möchte, wird in Finkens Garten an der Friedrich-Ebert-Straße 49 (Rodenkirchen) fündig). Es gibt Pläne, die Gutsgebäude in ein Multimedia-Besucherzentrum zu verwandeln, dessen Leitthema der Unterschied zwischen urbanen und ländlichen Landschaften sein soll.

Ein weiteres Rittergut in Porz ist Schloss Röttgen, eineinhalb Kilometer nördlich von Gut Leidenhausen gelegen, welches noch einige hundert Jahre älter ist. Der erste Herrensitz wurde 1790 abgerissen und in den 1860er Jahren durch das gegenwärtige Schloss ersetzt. 1909 kam es in den Besitz von Peter Mülhens, dem Produzenten der Parfummarke 4711, und ist bis heute im Besitz dieser Familie. Zwischen 1945 und 1953 war das Schloss von der britischen Militärverwaltung Kölns besetzt, im Jahr 1952 hat hier Bundeskanzler Konrad Adenauer den Deutschlandvertrag mit den drei westlichen Besatzungsmächten (England, Frankreich und den USA) verhandelt, der dazu führte, dass 1955 die Besetzung der Bundesrepublik endete und den Westdeutschen die Rechte eines souveränen Staates zugestanden wurden (mit gewissen Einschränkungen, die bis zur deutschen Wiedervereinigung in Kraft blieben).

47. Beim Tempel der afghanischen Hindus

Porz (Stadtbezirk 7), Afghanischer Hindu-Tempel Hari Om Mandir
an der Wikinger Straße 62
Stadtbahn 9 Porzer Straße; Bus 154

Das Gebiet unmittelbar südlich der Wikinger Straße im Bezirk Rath/Heumar (Porz) ist auf dem Stadtplan als Industriegebiet bezeichnet, ist also Hinterland mit Fabriken, Bahnen und allerhand Industrieanlagen. Daher wird diese Region selten in den üblichen Reiseführern erwähnt. Umso mehr ist man angenehm überrascht, ausgerechnet hier in Rath/Heumar einen der ungewöhnlichsten Orte religiöser Verehrung in der Stadt zu finden: den Hari-Om-Mandir-Tempel der afghanischen Hindugemeinde Kölns. Das bescheidene Tempelgebäude an der Wikinger Straße 62 sieht von außen nicht anders aus als alle anderen Gebäude in dieser Industriegegend und lässt nichts von den aufwändig verzierten Idolen und der sakralen Atmosphäre im Inneren erahnen.

Seit Jahrhunderten leben in Afghanistan Hindus und bilden dort in den Städten, besonders in Kabul, wo sie als Händler arbeiten, eine wohlhabende Minderheit. Seit den 1980er Jahren sind sie durch den Bürgerkrieg und die Herrschaft der Taliban zur Flucht gezwungen. Viele wandten sich nach Deutschland, einem Land, mit dem die Afghanen sich seit einem Besuch König Amanullahs (1892–1960) in Berlin im Jahr 1927 besonders verbunden fühlen. Von den ungefähr 100 000 Afghanen, die zurzeit in Deutschland leben, sind lediglich etwa 5000 Hindus.

Kurz nach der Gründung der Afghanischen Hindus Gemeinde in Köln e.V. im Jahr 1990 wurde Deutschlands erster afghanischer Hindutempel in einer angemieteten Liegenschaft im Kölner Bezirk Mülheim eröffnet. Bald danach entstanden solche Tempel auch in Hamburg, Frankfurt, Stuttgart, Essen und Kassel. 2004 wurde der Tempel in Mülheim durch den gegenwärtigen, eigens zu diesem Zweck errichteten Bau an der Wikinger Straße ersetzt. Die Eröffnung nahm Pujya Shri Rambabaji, der in London lebende sogenannte „Saint of the Thames" (Heilige von der Themse), höchstpersönlich vor. Für die ungefähr 250 afghanischen Hindus, die derzeit in Köln leben, ist der Tempel nicht nur ein Ort der Gottesverehrung, sondern auch der sozialen Begegnung. Der Tempel dient auch als Zentrum für die aktive Integration der hinduistischen Afghanen in die deutsche Gesellschaft und zur

Vermittlung von Wissen über indisch-afghanische Kultur.

Der Hari-Om-Mandir-Tempel ist täglich für Menschen aller Religionsbekenntnisse geöffnet. Die beste Zeit für einen Besuch ist Montag, Dienstag, Mittwoch oder Sonntag, wenn sich die Afghanen zum Gebet versammeln *(Puja)*. Beim Eintritt in die mit Teppichen ausgelegte Gebetshalle lässt jeder Gläubige eine Glocke erklingen (alle Besucher ziehen die Schuhe aus und bedecken respektvoll ihr Haupt). Direkt dem Eingang gegenüber sitzt der Priester, und zu beiden Seiten neben ihm stehen etwa 20 Marmorstatuen hinduistischer Gottheiten *(Murtis)*, die als lebende Götter verehrt werden. Dazu zählen auf der rechten Seite die oberste Göttin Radha Krishna und der affenköpfige Hanuman, der die Armee zur Bekämpfung des Dämonenkönigs Ravana anführte. Auf der linken Seite findet sich der oberste Gott Vishnu, der elefantenköpfige Gott Ganesha und die Muttergöttin Maa Durga, die auf einem Löwen reitet (sie wird regelmäßig in einer nächtlichen Zeremonie *(Jagran)* verehrt). Mit Opfergaben und Anzünden von Weihrauch werden die Götterstatuen angerufen. In der hinteren Ecke der Tempelhalle ist ein kleiner, marmorverkleideter Teich mit einem steinernen *Lingam*. Das ist ein wichtiges Symbol zur Verehrung der Hindu-Gottheit Shiva, des Gatten der Durga und eines der drei männlichen Hindu-Hauptgötter, dem Milch, Blumenblätter und Früchte als Gaben dargebracht werden.

Hindu-Idole (Murtis) im Hari-Om-Mandir-Tempel in Porz

Nach den Gebeten wird im Speisesaal gefeiert. Für alle Besucher, unabhängig von Kaste, Religion, Farbe oder gesellschaftlichem Status, stehen heißer, süßer Tee und *Langar* (kostenlose vegetarische Speisen) zur Verfügung, die auf dem Boden sitzend genossen werden.

In dem Tempel werden auch die wichtigen Hindufeste gefeiert, wie das Frühlingsfest *Holi*, das traditionelle Erntefest *Vaisakhi*, das Lichterfest *Diwali* und das fröhliche neuntägige Fest *Navratri*. Es soll erwähnt werden, dass der Tempel auch als *Gurudwara* dient, das ist ein Gebetsort für die Sikhs.

48. Auf Gottes grünem Acker

Kalk (Stadtbezirk 8), Alter Kalker Friedhof an der Kapellenstraße
Stadtbahn 1, 9 Kalk-Kapelle; Bus 159

„Gottesacker" ist eine alte deutsche, etwas aus der Mode gekommene Bezeichnung für einen Friedhof. Das Wort Acker lässt darauf schließen, dass die Begräbnisstätten einst kleine, intime Orte waren, nicht viel größer als das Feld eines Bauern. Mit der rasch wachsenden Bevölkerung in Europa wurden diese Friedhöfe schnell zu klein und von den neu entstehenden Vorstädten bedrängt. Da sie unpraktisch und auch unhygienisch erschienen, wurden viele im Lauf der Zeit geschlossen und durch wesentlich größere, vorausdenkend geplante Friedhöfe weiter draußen ersetzt.

In Köln gibt es noch zwei besonders interessante Beispiele dieser alten Friedhöfe. Der Alte Kalker Friedhof nimmt ein keilförmiges Stück Land zwischen der Kapellenstraße und den nahe gelegenen Eisenbahngeleisen ein. Er wurde 1856 gegründet, als die industrielle Revolution einen großen Zustrom von Arbeitern in die Kalker Vorstadt brachte, und schon 1904 war jeder Platz mit einem Grab besetzt. Zusätzliche Bestattungen konnten nicht mehr angenommen werden, also wurde der Friedhof zu Allerheiligen am 1. November geschlossen und später säkularisiert. Er wurde durch einen größeren Friedhof am Kratzweg, weiter östlich im Bezirk Merheim ersetzt.

Den Alten Kalker Friedhof durchweht heute ein Hauch von Melancholie. Die umgebenden Mauern, das Tor, die Pfade sind noch intakt, doch die meisten Grabsteine sind verschwunden. An ihrer Stelle wuchern Bäume und Büsche, nur gelegentlich erinnert noch ein Stein an das, was einmal war. Das imposanteste Denkmal steht in der Mitte des Friedhofs – ein klassizistisches Denkmal für die Soldaten, die 1864, 1866 und 1870/71 in den Kriegen zur Errichtung des Deutschen Reiches fielen. Doch es herrscht keineswegs nur Traurigkeit an diesem Ort, zumal der Alte Kalker Friedhof auch als grüne Oase geschätzt wird, als perfekter Ort, um sich ein wenig zu entspannen oder den Hund auszuführen.

Nach einem Besuch des Friedhofs empfiehlt sich noch ein Besuch der Kalker Kapelle an der Ecke von Kapellenstraße und Kalker Hauptstraße. Seit dem 17. Jahrhundert kommen die Pilger am 8. September (dem offiziellen Geburtstag der Jungfrau Maria) hierher zur hölzernen *Pietà* aus dem 15. Jahrhundert, der Statue der Jungfrau Maria, die den Leichnam des gekreuzigten Christus in ihren Armen birgt.

Auf dem Alten Kalker Friedhof sind nur wenige Grabsteine erhalten.

Noch viel älteren Datums ist der Alte Evangelische Friedhof an der Kerpenerstraße (Lindenthal). Diese älteste evangelische Begräbnisstätte im Rheinland wurde 1576 außerhalb des Weyertors der Freien Reichsstadt Köln errichtet und war der einzige Ort, an dem ein Protes-

Ein kunstvoll gestalteter Grabstein auf dem Alten Evangelischen Friedhof in Lindenthal

tant zur Zeit der katholischen Gegenreformation ein christliches Begräbnis erhalten konnte. Der Zweitname des Friedhofs – Geusenfriedhof – leitet sich vom französischen Wort *Gueux* ab, was so viel wie Bettler heißt. Damit waren die holländisch sprechenden Freiheitskämpfer im Krieg gegen das katholische Spanien (1568–1648) gemeint, die als Flüchtlinge nach Köln gekommen waren.

Erst 1802 wurde Kölns erste evangelische Kirche erbaut, nämlich die Antoniterkirche an der Schildergasse 57 (Altstadt-Nord). Der Bau dieser Kirche verdankt sich der von den Franzosen durchgesetzten religiösen Toleranz. Indessen stand den lutherischen und reformierten Gemeinden in Köln bis 1829 nur der Alte Evangelische Friedhof zur Verfügung, ab dann war es ihnen gestattet, auf dem Melaten-Friedhof begraben zu werden (s. Nr. 77).

Obwohl der Alte Evangelische Friedhof 1876 geschlossen wurde, wurde er nie geräumt, und viele der alten Grabsteine sind noch zu sehen, wie sie als stolze Inseln in einem Meer von grünem Efeu ausharren. Viele reich verzierte Grabsteine aus dem 16. bis ins 19. Jahrhundert machen den inzwischen restaurierten Friedhof sehenswert. Anders als katholische Grabsteine, die oft die Form stehender Kreuze haben, sind diese protestantischen Grabsteine gewöhnlich flache Tafeln, die mit Wappen, Totenköpfen und Engeln als Symbole für Tod und Vergänglichkeit verziert sind (spätere Grabsteine haben oft die Form von Stelen und Obelisken).

> Ein interessanter Friedhof, der nie aufgelassen wurde, ist Kölns Commonwealth-Ehrenfriedhof. Er befindet sich am Südfriedhof der Stadt, wo er um 1900 am Höninger Platz (Rodenkirchen) gegründet wurde, und zwar auf einem Grundstück, das von den Briten während ihrer Besetzung Kölns im Jahr 1922 erworben wurde. Hier liegen 2482 Soldaten des Ersten Weltkriegs und 132 Opfer des Zweiten Weltkriegs begraben.

Weitere Sehenswürdigkeiten in der Nähe: 49

49. Von der Brauerei ins Bierglas

Kalk (Stadtbezirk 8), Sünner Brauerei an der Kalker Hauptstraße 262
Stadtbahn 1, 9 Kalk Kapelle; Bus 159

Wie für München ist das Bier auch für Köln ein Teil des kulturellen Erbes. So wie die Bayern über ihr Weißbier (ein obergäriges helles Weizenbier) nichts kommen lassen, so schätzen die Bürger von Köln ihr *Kölsch*, ein klares, hopfiges Bier mit einem strohgelben Farbton. *Kölsch* nennt man auch den Kölner Dialekt, was unvermeidlich den Scherz hervorbringen musste, *Kölsch* sei die einzige Sprache, die man trinken kann!

Die Biererzeugung ist in Deutschland seit 1516 durch das sogenannte Reinheitsgebot geregelt, ein Gesetz, das für das Brauverfahren ausschließlich Gerstenmalz, Hefe, Hopfen und Wasser zulässt. Das Brauen von *Kölsch* ist zusätzlich in der Kölsch-Konvention von 1985 geregelt, einer Übereinkunft der Mitglieder des Kölner Brauerei-Verbandes, die *Kölsch* ganz streng definiert als helles, klares, mildes, hopfiges, obergäriges Bier mit einer Stammwürze zwischen 11 und 16 Grad Plato. 1997 legte die EU fest, dass *Kölsch* nicht außerhalb der Region Köln gebraut werden darf.

Der Begriff *Kölsch* wurde 1918 zum ersten Mal offiziell verwendet, um eine Biersorte zu beschreiben, die seit 1906 von der Sünner Brauerei in Köln gebraut wurde. Diese hatte sich aus einer ähnlichen, aber trüberen Sorte entwickelt, die als *Wieß* („weiß" im Kölner Dialekt) bekannt war, aber während der ersten Hälfte des 20. Jahrhunderts nicht so angenommen wurde wie das untergärige Lager, das in Deutschland die bevorzugte Biersorte war. Erst in den 1960er Jahren erlangte das obergärige *Kölsch* die Vorherrschaft auf dem Kölner Biermarkt und erzielte 1980 eine Produktionsspitze von 370 Millionen Litern. Auch wenn infolge von Preiserhöhungen und Änderungen im Trinkverhalten die Produktion in den Folgejahren gesunken ist, ist das *Kölsch* immer noch unerhört populär. Wer wissen will, wie es gebraut wird, begibt sich am besten an den Ort, wo es gewissermaßen erfunden wurde – zur Sünner Brauerei an der Kalker Hauptstraße 262 (Kalk).

Die Sünner Brauerei feierte 2010 ihr 180-jähriges Bestehen. Sie ist damit die älteste noch bestehende Kölner Brauerei. Sie wurde 1830 in Deutz am Ostende der alten Pontonbrücke über den Rhein gegründet und übersiedelte 1858 an ihre jetzige Adresse auf einem Grundstück, das dem Eigentümer einer gescheiterten Kohlebergwerksunternehmung abgekauft worden war (s. Nr. 78). Führungen durch den

Ein Lieferwagen vor der Sünner Brauerei in Kalk

hervorragend erhaltenen Gebäudekomplex aus dem 19. Jahrhundert einschließlich der Demonstration eines vollständigen Brauverfahrens eines *Sünner Kölsch* können unter Tel. +49 (0) 2137-103 786 (www.suenner-brauerei.de) vereinbart werden. Zuerst wird süße Gerste geschrotet, dann Wasser hinzugefügt (Maischen), wobei sich Stärke in Zucker verwandelt. Die Flüssigkeit wird in die von der Straße aus sichtbaren, kupfernen Braukessel gepumpt (das Bräuhaus), wo sie auf 100 °C erhitzt und Hopfen hinzugefügt wird, um die erfrischende Bitternote zu erzeugen. Diese unfermentierte Flüssigkeit (Würze oder „Wort") wird dann in die Gärungsbottiche gepumpt, wo die Hefe zugesetzt wird und die Gärung bei ungefähr 13–21 °C stattfindet. Bis zu vier Wochen lagert das *Kölsch* in kühlen Kellern, ehe es genussfertig ist.

Selbstverständlich gibt es bei einer Tour durch die Sünner Brauerei auch eine Kostprobe. Jede Menge *Kölsch* gibt's dann im öffentlichen Biergarten im Schatten der Kastanienbäume oder in den Kellergewölben, die einst der Lagerung von Eisblöcken dienten und heute für Veranstaltungen genützt werden. Man kann sich aber auch aufmachen und auskundschaften, wie das *Kölsch* in den vielen historischen *Kölschkneipen* und den Braugasthäusern getrunken wird. Zum Beispiel im Brauhaus Sünner im Walfisch an der Salzgasse 13 (Altstadt-Nord), wo *Sünner Kölsch* mit Kellertemperatur (um 10 °C) in dünnen, zylindrischen 0,2-Liter-Gläsern, den sogenannten *Stangen* serviert wird. So bleibt der Geschmack des Biers erhalten, dem keine Kohlensäure zugesetzt ist und das am besten schmeckt, wenn es ganz frisch gezapft ist. Dabei kann es nicht schaden, wenn man weiß, dass die *Köbes* (die *Kölsch*-Kellner) leere Gläser unaufgefordert durch gefüllte ersetzen, solange man nicht den Bierdeckel auf das Glas legt!

Das altehrwürdige Brauhaus Lommerzheim an der Siegestraße in Deutz

Das Brauhaus Sünner im Walfisch ist nicht nur das älteste Kölner Braugasthaus, sondern auch ein über die Maßen beliebtes. Wer also dem Trubel entfliehen und einmal ein anderes Kölsch probieren will, kann das Brauhaus Lommerzheim an der Siegestraße 18 in Deutz aufsuchen. Dieses urtypische Braugasthaus wurde 1959 von Hans „Lommi" Lommerzheim eröffnet und hat, auch wenn der Lommi nicht mehr unter uns weilt und es eine Renovierung durch die Päffgen Brauerei über sich ergehen lassen musste, nichts von seinem ursprünglichen Charme verloren. Die von Nikotin vergilbten Wände blättern noch immer ab und die Begrüßung ist immer noch herzlich. Andere echte *Kölsch*-Brauhäuser sind die Brauerei zur Malzmühle am Heumarkt 6 und das Brauhaus Päffgen an der Friesenstraße 64–66 (Altstadt-Nord) oder auch Früh em Veedel am Chlodwigplatz 28 (Altstadt-Süd).

> Das Erlebnis, ein *Kölsch* zu trinken, kann noch gesteigert (und verlängert!) werden, indem man eine typische Kölner Mahlzeit dazu bestellt. Dazu gehören Delikatessen mit so seltsamen Namen wie *Flönz* (Blutwurst), *Kölscher Kaviar* (*Flönz* mit Zwiebel und Roggenbrot), *Himmel un Ääd* (*Flönz* mit Kartoffelpüree und Apfelmus), *Hämche* (Eisbein) und *Halvehahn* (Roggenbrot mit Goudakäse und Senf).

Weitere Sehenswürdigkeiten in der Nähe: 48

50. Die eigentliche Heimat der Schwebebahn

Mülheim (Stadtbezirk 9), ehemalige Eisenbahnwagenfabrik Van der Zypen & Charlier in der Deutz-Mülheimer-Straße 129
Stadtbahn 1, 3, 4, 9 Bahnhof Deutz/Messe

Jeder in Köln kennt die Rheinseilbahn, die den Rhein zwischen dem Zoo und dem Rheinpark in Deutz überquert. Die 930 Meter lange Fahrt, die seit 1957 Kinder und Erwachsene begeistert, dauert nur sieben Minuten und bietet unterwegs eine einzigartige Aussicht. Es ist aber sicher wenigen Fahrgästen, die in Deutz aussteigen, bewusst, dass eine aufgelassene Fabrik in der Nähe noch eine weitere der technologischen Meisterleistungen hervorbrachte, auf die Köln zu Recht stolz sein kann: die Konstruktion und Erprobung der Wuppertaler Schwebebahn!

Der englische Ingenieur Henry Palmer (1795–1844) hatte 1824 als Erster die Idee einer Bahn, deren Waggons (zur damaligen Zeit von Pferden gezogen) an einer einzelnen Schiene in der Luft hängend geführt werden sollten. 1826 ließ der von dieser Idee einigermaßen beeindruckte Industrielle Friedrich Harkort (1793–1880) in Elbersfeld an der Wupper, einem Nebenfluss des Rheins, eine Teststrecke bauen. Er hoffte damit das öffentliche Interesse zu erwecken. Im September desselben Jahres trafen sich die Stadträte von Elberfeld, um den möglichen Bau einer solchen Bahn zu erörtern, die dazu dienen sollte, billige Kohle von der Ruhr in die Stadt zu befördern. Aus dem Plan wurde allerdings nichts, da die lokalen Bergwerksbesitzer dagegen waren, weil sie befürchteten, die Bahn würde ihnen ihr Geschäft kaputt machen.

Trotz dieses frühen Rückschlags kam die Schwebebahn dann doch noch nach Wuppertal, als man 1898 mit dem Bau einer Bahnverbindung zwischen Elberfeld und Barmen auf der anderen Seite des Flusses begann. Die Bahn wurde in Köln von Carl Eugen Langen (1833–1895) geplant und getestet. Der Unternehmer, Ingenieur und Erfinder hatte ursprünglich beabsichtigt, eine solche Bahn in Berlin zu bauen. Langen, der 1864 mit anderen gemeinsam die erste Motorenfabrik Kölns gründete (s. Nr. 43), war auch ein Mitbegründer der Eisenbahnwagen- und Maschinenfabrik Van der Zypen & Charlier in der Deutz-Mülheimer-Straße, wo im Jahr 1894 die Entwicklung der Wuppertaler Schwebebahn beginnen sollte.

Archivaufnahme und Modell der Wuppertaler Schwebebahn im Kölnischen Stadtmuseum

Während seiner Blüte war das Van-der-Zypen-&-Charlier-Werk riesengroß und erstreckte sich über eine dreieckige Fläche, die von der Deutz-Mülheimer-Straße und der Messeallee-Nord begrenzt wurde. Neben der Schwebebahn stellte das Unternehmen auch Straßenbahnwagen und Lokomotiven her. Im KVB-Straßenbahn-Museum Thielenbruch in der Gemarkenstraße 139 (Mülheim) sind einige Exemplare ausgestellt. Ferner wurden dort Spezialfahrzeuge für die städtische Kanalreinigung gebaut (s. Nr. 25 & 53). Heute sieht man auf dem Gelände freilich wenig von diesen vergangenen Errungenschaften. Die meisten Gebäude wurden abgerissen, nur noch ein paar wenige Überreste sind vorhanden. Es ist jedoch noch nicht alles verloren. Beispielsweise steht hinter der Einfahrt in der Deutz-Mülheimer-Straße 129 eine Reihe von Backstein-Maschinenhallen mit Schrägdächern. Die höchste hat drei Tore, von denen das rechte nur am oberen Ende geöffnet werden kann. Durch diese Öffnung fuhren Langens Schwebebahnwagen einst auf eine 300 Meter lange Teststrecke (15 Meter dieser Trasse existieren noch und wurden 2003 als solche identifiziert). Ein Modell der Bahn und Archivphotos kann man im Kölnischen Stadtmuseum in der Zeughausstraße 1–3 (Altstadt-Nord) besichtigen.

Die ehemalige Eisenbahnwagenfabrik Van der Zypen & Charlier an der Deutz-Mülheimer-Straße

Die Errichtung der heutigen Wuppertaler Schwebebahn begann 1898 und dauerte drei Jahre. Am 24. Oktober 1900 nahm der Deutsche Kaiser Wilhelm II. (1988–1918) an einer Testfahrt teil – sein persönlicher Wagen, der Kaiserwagen, wird bei besonderen Gelegenheiten noch heute verwendet – und 1901 wurde die Strecke mit der Bezeichnung „Einschienige Hängebahn System Eugen Langen" eröffnet. Das älteste einspurige System der Welt ist heute noch in Betrieb und befördert jährlich 25 Millionen Passagiere. Bleibt zu hoffen, dass diese vergessene Ecke von Köln, in der die Schwebebahn erfunden wurde, eines Tages entsprechend beschildert wird, damit jene, die sie nur mit Wuppertal in Verbindung bringen, eines Besseren belehrt werden.

Am südlichen Ende des ehemaligen Van-der-Zypen-&-Charlier-Geländes befindet sich heute ein Autoparkplatz. Auf der einen Seite wird er durch eine hohe Ziegelmauer begrenzt, auf der einst die Dächer der Maschinenhallen ruhten. Die Wand wurde durch eine Kunstinstallation in Form einer an die Wand gemalten Parkgarage belebt, die mit allen Details ausgeführt ist, bis hin zu den Laternenmasten.

51. Das Herz des türkischen Köln

Mülheim (Stadtbezirk 9), Tour durch das türkische Viertel an der Keupstraße
Stadtbahn 4 Keupstraße; Bus 151, 152, 153, 250, 260

Die meisten der 3,4 Millionen Muslime in Deutschland sind türkischer Herkunft. 120 000 von ihnen leben in Köln. Ihr Zuzug begann in den frühen 1960er Jahren im Zuge des Gastarbeiterprogramms. Sie sollten beim wirtschaftlichen Wiederaufbau des Landes mithelfen, indem sie den Mangel an Arbeitskräften ausglichen, der nicht nur durch den Zweiten Weltkrieg bedingt war, sondern auch durch die Errichtung der Berliner Mauer, die den Zustrom deutscher Arbeiter aus dem Osten unterbrochen hatte. Eigentlich war vorgesehen, dass die Gastarbeiter später wieder nach Hause zurückkehren, aber diese Idee wurde in den 1970ern fallen gelassen, als man ihnen gestattete, ihre Familien nachkommen zu lassen. Im Jahr 2005 erkannte die Bundesregierung an, dass Deutschland nicht mehr nur als Migrations-, sondern vielmehr als Zielland zu definieren sei.

Seit 50 Jahren funktioniert die multikulturelle Gesellschaft in Deutschland relativ gut. Das ist einerseits auf die schiere Größe des Landes zurückzuführen, die eine Integration der Migrantenfamilien erleichtert, und andererseits auf die Tatsache, dass nur wenige Stadtviertel von einer einzigen ethnischen Gruppe dominiert werden. Leider haben immer noch viele Deutsche wenig echten Kontakt mit ihren türkischen Nachbarn, teilweise wohl auch abgeschreckt durch radikale Islamisten, die die Integration der Türken in die deutsche Gesellschaft unbedingt verhindern wollen.

Das Herz des türkischen Köln ist die Keupstraße in Mülheim, ein belebtes Sträßchen zwischen Schanzenstraße und Holweider Straße. Authentisches türkisches Leben hat diese Gegend zu einem unkonventionellen Touristenziel gemacht. Hier hat man die Gelegenheit, an Europas hochgestecktem Ziel der multikulturellen Integration teilzunehmen und vielleicht sogar etwas dazu beizutragen.

Wir beginnen unsere Tour mit den ungeraden Nummern auf der linken Straßenseite am prachtvollen türkischen Restaurant Kervansaray an der Keupstraße 25. Man erkennt es an seiner kunstvollen, gekachelten Fassade mit drei Kamelen und vier Vordächern. Jedes dieser Vordächer wird von einem islamischen Halbmond gekrönt, wodurch der Eindruck einer Reihe von Moscheen entsteht. Drinnen werden

Kebab-Zubereitung in der türkischen Kervansaray an der Keupstraße in Mülheim

Takeaway-Döner-Kebabs verkauft, deren Fleisch von einem der drei riesigen Drehspieße abgeschnitten wird. Im Schaufenster sind in einem Holzregal traditionelle türkische Fladenbrote gestapelt. Das eigentliche Restaurant befindet sich im hinteren Bereich des Gebäudes.

Nach dieser Pracht kann man das kleine Schneidergeschäft Terzi in der Keupstraße 51 leicht übersehen, dessen Schaufenster mit türkischen Antiquitäten angefüllt ist. Gleich anschließend, im Haus Nr. 53, wird's wieder grandioser: Hier hält Istanbul Gardinen seine Ware feil, ein schillernder Laden, in dem man Geschirr mit Goldrand, verzierte Vorhangstangen und reich gemusterte Seidenbettwäsche erstehen kann. Kuaför Mustafa (Haus Nr. 57) ist einer der türkischen Herrenfriseure in der Straße, die den jungen türkischen Männern gleichzeitig als Treffpunkt dienen. Hier werden gerne die Angelegenheiten der türkischen Gemeinde diskutiert.

Auf Hausnummer 73 erwartet uns Urfa Antep Kilim, einer der zahlreichen traditionellen Konditoren, die türkische Süßigkeiten aller Art verkaufen, unter anderem das weltberühmte Baklava, eine klebrige Mischung aus Blätterteig, Honig und Nüssen, die es schon zu Zeiten des Osmanischen Reiches gab. Diese Straßenseite endet bei Haus Nr. 87 mit dem Kardeşler, einem traditionellen Wohnkaffeehaus, in dem der Fernseher immer läuft und der Kaffee stark und süß ist.

Auf der anderen Seite der Keupstraße zurück schlendernd, kommen wir auf Nummer 106 am Nargile Café vorbei, das man dank zweier riesiger Wasserpfeifen vor dem Eingang schwerlich übersehen kann. Auf Nummer 94 befindet sich Sultan Hali, ein Geschäft, in dem Teppiche, Schals, Silberfiligranschuhe und Modeschmuck dargeboten werden. Ein paar Türen weiter, bei Öz Moda (Haus Nr. 86) findet man türkische Brautkleider und Anzüge für Kinder. Hochzeitstorten gibt es bei Hasan Özdağ auf Nummer 84 und bei Öz Gaziantep auf Nummer 82.

Wer sich für türkische Musik und Filme interessiert, findet eine gute Auswahl bei Music Gala im Haus Nummer 78, und bei Ayhun Export (Haus Nr. 76) gibt es fast alles fürs Zuhause – von Lampen über

Dekorationsartikel bis hin zu schmuckverzierten Koran-Wandbehängen. Gold und andere Arten von Schmuck verkauft gleich nebenan Ağırbaş Kuyumcusu auf Hausnummer 74. Unser Ausflug in die Keupstraße endet bei Nummer 62 im schicken Café Cengizhan, das sich bestens für eine kleine Pause und ein wohlverdientes, alkoholfreies Getränk anbietet.

Türkisches Baklava gibt's in den Läden an der Keupstraße.

Deutschlands Muslime haben lange Zeit gebetet, wo immer es eben ging, in leeren Wohnungen, alten Fabriksgebäuden und Gemeindezentren. Abgeschirmt von der Öffentlichkeit wie sie waren, haben solche Gebetsräume kaum ethnische Spannungen hervorgerufen. Seit die türkische Bevölkerung nun allerdings permanent im Land ist, hat die Gemeinschaft ihren Wunsch nach erkennbaren und eigens zu diesem Zweck errichteten Gebetshäusern geäußert. Wenn die Keupstraße das Herz des türkischen Köln ist, dann wird die neue Moschee an der Ecke Venloer Straße und Innere Kanalstraße (Ehrenfeld) seine Seele werden. Als größte Moschee Europas wird sie sicher zu einer eigenen Touristenattraktion werden. Natürlich sind die jungen Türken im Herrenfriseur in der Keupstraße begeistert von der Idee, dass hier etwas entsteht, auf das sie stolz sein können. Die neue Moschee wird von der Türkisch Islamischen Union für Religiöse Angelegenheiten (Diyanet İşleri Türk Islam Birliği, DITIB) gebaut werden. Es wird dort auch einen Bazar geben, in dem auch Nichtmuslime im Rahmen eines Integrationsprogramms willkommen sein werden.

> Mülheim ist auch die Heimat der Mülheimer Gottestracht, der größten Schiffsprozession auf dem Rhein, die einen Teil der vier Tage dauernden Feierlichkeiten zu Ehren des Hl. Sebastianus, Schutzpatron von Mülheim, bilden. Das seit dem 14. Jahrhundert gefeierte Fest beginnt mit einer Schiffsprozession an Fronleichnam und endet am Sonntag derselben Woche mit allerhand Veranstaltungen rund um die Mülheimer Brücke.

52. Wo Raubritter einst Hof hielten

Mülheim (Stadtbezirk 9), Restaurant Isenburg in der Johann-Bensberg-Straße 49
Stadtbahn 3, 13, 18 Holweide Vischeringstraße; Bus 157

Das Restaurant Isenburg in der Johann-Bensberg-Straße 49 in dem weit draußen gelegenen Bezirk Holweide (Mülheim) ist das romantischste und historisch interessanteste Restaurant in ganz Köln. Es befindet sich innerhalb der dicken Mauern von Schloss Isenburg, einer mittelalterlichen Burg, umgeben von einem dunklen, von Bäumen gesäumten Graben. Im stilvollen, eleganten Speisesaal serviert man feine französische Küche, dazu gibt es eine große Auswahl an passenden Weinen. Das Restaurant ist ein beliebter Treffpunkt für Gourmets, vor allem während der Sommermonate, wenn die am Wassergraben gelegene Terrasse geöffnet ist. Soviel aus der Geschichte bekannt ist, war Schloss Isenburg allerdings nicht immer so ein idyllischer Ort.

Das massive Pförtnerhaus von Schloss Isenburg in Mülheim

Heutzutage nähert man sich dem Schloss über eine Kastanienallee. An deren Ende befindet sich der Burggraben, der seine Form durch den serpentinenartigen Verlauf des Strunder Bachs, eines kleinen Rhein-Nebenflusses, bekommen hat. Der Name des Bezirks Mülheim kommt von den zahlreichen Mühlen, die einst von der Strömung des Strunder Bachs betrieben wurden. Es waren tatsächlich so viele, dass der Bach als der „fleißigste Bach Deutschlands" galt. Heute noch vorhanden sind die aus dem 14. Jahrhundert stammende Wichheimer Mühle an der Wichheimer Straße, die bis 1961 als Mehl- und Ölmühle diente, die Herler Mühle, de-

Der bezaubernde Innenhof von Schloss Isenburg

ren Wasserrad man vom Buchheimer Ring aus jenseits der Felder sehen kann, und die Iddelsfelder Mühle in der Dabringhauser Straße 50.

Verschiedene Teiche und Erdwälle rund um die Burg zeugen von deren ehemals defensivem Charakter, haben doch im Mittelalter die Raubritter hier Hof gehalten! Historiker gehen davon aus, dass die Erbauung von Schloss Isenburg und die Errichtung des Rittergutes auf das 12. Jahrhundert zurückgehen. Der früheste urkundliche Nachweis der Burg stammt von 1345, als eine Jutta von Ascheid den Besitz nach dem Tod ihres Mannes, des Ritters Johann von Isenburg, übernahm. Ihr Sohn und Erbe William, nach der Überlieferung seines Zeichens ebenfalls Ritter, erbte dann den Besitz.

Die nächste Erwähnung der Burg stammt von 1397. Damals soll der neue Besitzer Dietrich von Elberfeld gemeinsam mit seinem Freund Wilhelm von Stammheim zwei Bürger von Köln überfallen und bei dieser Gelegenheit 41 Ochsen gestohlen haben. Die haben sie angeblich nach Düsseldorf getrieben und dort unter den verbündeten Rittern aufgeteilt. Diese merkwürdige Geschichte zeigt einmal mehr, wie turbulent die Zeiten im mittelalterlichen Nordrhein-Westfalen waren. Damals bestand die Region aus einem komplexen Flickwerk von deutschen Herzogtümern, wobei der Bezirk Mülheim zum mächtigen

Herzogtum von Jülich-Cleves-Berg gehörte. Die Stadt Köln war Teil des Heiligen Römischen Reiches, blieb aber unter der Herrschaft ihres Erzbischofs gleichzeitig ein unabhängiger Kirchenstaat.

Bei der Schlacht von Worringen 1288 zog Erzbischof Siegfried II. (1275–1297) gegen Graf Adolf V. aus dem Herzogtum Berg den Kürzeren. In der Folge erlangten die Einwohner von Köln ihre Unabhängigkeit vom Erzbistum. Düsseldorf wurden Stadtrechte gewährt und es wurde zur Hauptstadt von Berg erhoben, wodurch es sich zur wirtschaftlichen Konkurrentin Kölns entwickelte. Die Entführung der Ochsen durch die Ritter kann demnach als Beispiel für die Rivalität zwischen Köln und den Herzogtümern im Zuge der Kämpfe betrachtet werden.

Während des 16. Jahrhunderts wurde auf einer kleinen Anhöhe neben der Burg ein eindrucksvolles Herrenhaus gebaut. Man erreicht es über eine Brücke vom hübschen Innenhof der Burg aus. Auch dieses Gebäude ist noch erhalten, und seine Türmchen geben dem ganzen Ensemble ein märchenhaftes Aussehen. Seit 1600 ging Schloss Isenburg durch die Hände zahlreicher Besitzer, darunter im Jahr 1799 der damalige Bürgermeister Bertoldi von Mülheim, der Napoleon in seiner offiziellen Residenz in der Buchheimer Straße 29 bewirtete. Schließlich wurde das Schloss 1980 Eigentum der Stadt Köln und einem Restaurierungsprogramm unterzogen. Das Restaurant Isenburg wurde 1985 eröffnet. Seither werden hier sowohl die Einwohner von Köln als auch auswärtige Besucher herzlich empfangen, ohne befürchten zu müssen, ausgeraubt zu werden …

> Zwei weitere Wasserburgen gibt es gleich an der westlichen Stadtgrenze von Köln in der Region Bergheim. Schloss Paffendorf zeichnet sich durch seinen umfangreichen Baumgarten aus, während die Wasserburg Geretzhoven wegen ihrer angenehmen Atmosphäre und der öffentlich zugänglichen Räume bekannt ist. Beide sind ideale Ziele für einen Nachmittagsausflug.

53. Eine Heimat für alte Straßenbahnen

Mülheim (Stadtbezirk 9), KVB-Straßenbahn-Museum Thielenbruch in der Gemarkenstraße 139
Stadtbahn 18 Thielenbruch

Das KVB-Straßenbahn-Museum Thielenbruch wurde 1997 in der Gemarkenstraße 139 mitten im Bezirk Mülheim eröffnet. Es ist passenderweise im ehemaligen Straßenbahndepot in Thielenbruch untergebracht, wo sich die Endstation der heutigen Linie 18 der Stadtbahn befindet. Das Museum ist von März bis Dezember jeden zweiten Sonntag im Monat geöffnet. Besucher, die sich für Transportmittel begeistern, können hier die Erhaltungsarbeiten des Vereins Historische Straßenbahn Köln e.V. bewundern, und jedermann kann sich davon überzeugen, was für eine entscheidende Rolle die Kölner Verkehrs-Betriebe AG (KVB) für das Wachstum des modernen Köln in den letzten 130 Jahren gespielt hat.

Heute befindet sich die Straßenbahnendstelle in Thielenbruch in einem Straßenbahndepot, das 1906 erbaut wurde. Gleich daneben steht eine zweite Straßenbahngarage, die 1926 dazugebaut wurde und in der das Museum einquartiert ist. Hinter ihren Mauern ist eine geheimnisvolle Welt zu entdecken, in der mehr als 20 historische Straßenbahnen ausgestellt sind, von Pferdewagen aus dem späten 19. Jahrhundert bis hin zu Oberleitungsfahrzeugen aus den 1960er Jahren. Die Sammlung wird ergänzt durch technische Gegenstände wie Signale, Schaltanlagen, maßstabgetreue Modelle, alte Photographien, Karten, Poster, Uniformen, Fahrpläne und Fahrscheine.

Ihren Anfang nahm die ganze Geschichte am 20. Mai 1877. Damals finanzierte ein belgisches Unternehmen die erste mit Pferden betriebene Straßenbahn zwischen den unabhängigen Gemeinden Deutz und Kalk, die in jener Zeit noch außerhalb der Stadtgrenze lagen. Andere unabhängige Vororte folgten, und 1789 bekamen sogar die engen Gassen der Kölner Altstadt eine Straßenbahn. Um unnötige Konkurrenz zu vermeiden, wurde 1882 die Cölnische Straßenbahn-Gesellschaft gegründet, und 1899 standen bereits 756 Pferde in Diensten der Stadt. Eines der wertvollsten Ausstellungsstücke ist die Pferdestraßenbahn Nummer 211 aus dem Jahr 1894, in der ein Dutzend Passagiere sitzend Platz nehmen konnten.

Die steigende Nachfrage und technische Verbesserungen machten es möglich, dass am 15. Oktober 1901 die erste elektrische Straßenbahn

Eine der ersten Kölner Pferde-Straßenbahnen im KVB-Straßenbahn-Museum Thielenbruch

Kölns ihren Betrieb aufnahm. In der Folge verschwanden die Pferdestraßenbahnen nach und nach aus dem Straßenbild (ein ehemaliges Pferdestraßenbahndepot mit Skulpturen von Pferdeköpfen an der Fassade existiert noch heute in der Mülheimer Freiheit). Das Museum illustriert die erste Phase der elektrischen Straßenbahn in Köln anhand der Straßenbahn Nummer 407, die in der Deutzer Eisenbahnwagenfabrik Van der Zypen & Charlier hergestellt wurde (s. Nr. 50). Das Straßenbahnfahren wurde schnell immer beliebter, und 1908 betrieb die Stadt bereits 371 Straßenbahnen. In jeden Wagen passten jetzt 30 Personen, wobei sie aber sehr eng aneinander gedrängt waren (deswegen auch das Fahrverbot für Damen mit offenen Hutnadeln ...).

In den Jahren vor dem Ersten Weltkrieg hat sich das Straßenbahnnetz, das Köln mit seinen Vororten verband, rasch ausgeweitet. Die Straßenbahnen 1285, 1257 und 1286 repräsentieren die größeren Zugeinheiten mit drei Wagen, an denen damals durchaus Bedarf bestand. Sie boten nicht weniger als 64 stehenden und sitzenden Personen Platz. 1914 beförderten die 1000 Fahrzeuge des Netzes 152 Millionen Passagiere! Während der 1930er Jahre wurden die beliebtesten Strecken mit luxuriöseren Wagen ausgestattet, die Straßenbahnen 1824 und 2825 sind Beispiele dafür. Diese verfügen über größere Fenster, gepolsterte Sitze und ein abgetrenntes Raucherabteil.

Diese stromlinienförmige Straßenbahn aus den 1950ern erhielt den Spitznamen Sputnik.

Im Gegensatz dazu ist die Straßenbahn 1732 aus der Zeit des Zweiten Weltkriegs aus der Not heraus ein Sparmodell mit wenigen Sitzen und ohne jeden Luxus. Die Straßenbahn Nummer 1872 aus den frühen 1950er Jahren, der man die entbehrungsreiche Zeit nach dem Krieg ansieht, wurde von der Kölner Firma Westwaggon aus beschädigten und ausrangierten Straßenbahnen zusammengebaut. Die komfortableren Modelle 1321 und 1363 legen Zeugnis für die Bemühungen in den späteren Jahren des Jahrzehnts ab, nun wieder mehr Service zu bieten. Die Straßenbahn 3413 bekam aufgrund ihres modernen stromlinienförmigen Aussehens den Namen Sputnik.

Trotz weiterer Modernisierungen kamen die Kölner Straßenbahnen zunehmend in Konflikt mit dem Autoverkehr. Nach dem Jahr 1968 wichen die Straßenbahnen nach und nach in Tunnels aus. Daraus entstand das heutige Stadtbahnsystem, eine Mischung aus unter- und oberirdischen Strecken, das halbwegs einträchtig mit dem Straßennetz funktioniert.

54. Kölns früheste Einwohner

Mülheim (Stadtbezirk 9), vorgeschichtliche Grabhügel im Park zwischen Pilzweg und Schilfweg
S11 Dellbrück, dann zu Fuß

Die Stadtgeschichte von Köln beginnt mit dem Eintreffen der Römer im 1. Jahrhundert v. Chr. im Zuge ihrer Eroberung Galliens (s. Nr. 1). Die caesarischen Legionen vertrieben die feindlichen germanischen Völker auf der linken Rheinseite, um Platz für die Ansiedlung der romfreundlicheren Ubier zu schaffen. Außerdem wollten sie in der Gegend ein Legionslager errichten. Um 90 v. Chr. war Colonia Agrippinensium zur Hauptstadt der Römischen Provinz Niedergermanien geworden. Aus der Tatsache, dass die Römer den Archäologen so viel Material zum Ausbuddeln hinterlassen haben, sollte aber nicht der Schluss gezogen werden, dass nicht lange vor den Römern schon Menschen dort gelebt haben. Im Gegenteil, es gibt zahlreiche Beweise für die Existenz von prähistorischen Menschen in Nordrhein-Westfalen, wenn auch weit weniger eindrucksvoller Art.

Eine kaum bekannte, aber sehr bedeutende prähistorische Stätte befindet sich in einem winzigen Park im Stadtteil Dellbrück (Mülheim) zwischen den zwei grünen Vorstadtgassen Pilzweg und Schilfweg. Beschriftete Steine an den Parktoren – nicht zu verwechseln mit ähnlichen Steinen, die Ballspiele, das Laufenlassen von Hunden oder Fahrradfahren verbieten – informieren die nichtsahnenden Passanten darüber, dass die baumbestandenen Erhebungen dahinter vorgeschichtliche Grabhügel sind.

Grabbeigaben, die in den Hügeln gefunden wurden, bestätigen, dass diese in der frühen Eisenzeit (800–600 v. Chr.) von Menschen gebaut wurden, die der sogenannten Hallstattkultur angehörten. Die nach einer archetypischen Fundstätte im österreichischen Salzkammergut benannte Hallstattkultur gab damals in Mitteleuropa den Ton an. Zeugnisse dieser Kultur wurden in einem 1000 Kilometer langen Streifen von der Champagne-Ardenne im Westen bis zum Wiener Becken im Osten und von Böhmen im Norden bis hinunter nach Slowenien im Süden gefunden.

Obwohl sie keine schriftlichen Zeugnisse hinterlassen haben, lässt sich die Existenz der Hallstatt-Völker durch die charakteristischen Grabhügel klar belegen. In Köln findet man diese am rechten Rheinufer entlang des heutigen Mauspfads, wo sich die Völker vermutlich als

Jäger und Bauern niedergelassen haben. Unglücklicherweise waren Anfang des 20. Jahrhunderts die meisten Grabhügel bereits von Grabräubern ausgeräumt worden, angelockt von lokalen Legenden über vergrabene Schätze. Eine davon erzählt von einem heidnischen Stammesführer, der irgendwo in der Thurner Heide in einem Sarkophag aus massivem Silber begraben sein soll! Das größte bekannte Grabfeld, bestehend aus mehr als 1200 Gräbern, erstreckte sich entlang des Iddelsfelder Hardt, wurde aber anlässlich der Errichtung des Kölner Ostfriedhofs (Mülheim) zerstört. Ein einziges Zeugnis ist zwischen den Gräbern von Parzelle 43 nahe der Friedhofskapelle noch vorhanden.

Prähistorischer Grabhügel in einem Park in Mülheim

Mehr über die vorgeschichtlichen Einwohner Kölns ist im Römisch-Germanischen Museum (Altstadt-Nord) (Stadtbezirk 1) am Roncalliplatz 4 zu entdecken. Zwar gibt es dort nichts aus der Hallstattzeit zu sehen, doch findet man in einer Reihe von Ausstellungsvitrinen im 1. Stock zahlreiche andere frühzeitliche Artefakte. Die meisten Fundstücke kommen aus der Gegend von Dellbrück und Fühlingen, also aus Landstrichen, die für prähistorische Völker wegen ihrer fruchtbaren Böden, ihrer Bodenschätze, der schiffbaren Wasserwege und des milden Klimas interessant waren. Einige der ältesten Gegenstände sind Steinzeit-Werkzeuge, darunter Handäxte aus Dellbrück, die aus dem Alt- bzw. Mittelpaläolithikum (ca. 35 000 v. Chr.) stammen, und jungpaläolithische Steinsplitter (die als Werkzeuge dienten) aus Fühlingen und Worringen (ca. 35 000–8000 v. Chr.). Von besonderem Interesse sind einige Gegenstände aus einer frühen neolithischen Ansiedlung in Lindenthal (ca. 5300 v. Chr.), unter anderem Steinwerkzeuge und polierte Keramik, die dieser Kultur ihren Namen gab – *Linienbandkeramik*. Bemerkenswert ist auch eine aus Müngersdorf kommende, kleine Zusammenstellung aus Eisenspeer, Messer, Armband und Schlüssel (ca. 400 v. Chr.).

55. Eine Preußische Optische Telegrafenstation

Mülheim (Stadtbezirk 9), Preußische Optische Telegrafenstation in der Egonstraße 152
Stadtbahn 4 Mülheim Berliner Straße, dann Bus 151, 152

Die optische Telegrafie (auch Semaphor genannt) ist eine Technik, die der Kommunikation über große Distanzen mit Hilfe einer für das menschliche Auge sichtbaren Vorrichtung dient. Vor langer Zeit benutzte man dafür Rauchsignale und Leuchtfeuer. Der erste moderne optische Telegraf, bei dem Türme mit mechanisch betätigten Signalen verwendet wurden, kam 1794 in Verwendung, als der Ingenieur Claude Chappe ein Netzwerk von mehr als 500 Telegrafenstationen errichtete, das sich in Frankreich über 4800 Kilometer erstreckte. Das französische Signalsystem diente zur Kommunikation sowohl im militärischen wie auch im administrativen Bereich. Es wurde bald überall in Europa kopiert, vor allem in Schweden, Dänemark und England.

In Deutschland hingegen, wo es die für ein derartiges System erforderliche Zentralverwaltung noch nicht gab, war man weiterhin auf Kurierdienste angewiesen. Obwohl Napoleon bei seinen Europa-Feldzügen die Technologie der Telegrafie erfolgreich eingesetzt hatte, widersetzten sich die deutschen Staaten dieser Idee. Erst als die Adeligen und Liberalen aus der Rheingegend während der frühen 1830er Jahre gegen die Verwaltung in Berlin aufbegehrten, begann das preußische Militär einen Sinn in der Errichtung des Preußischen Optischen Telegrafen zu erkennen, um die Kommunikation zwischen Berlin und Koblenz, dem westlichen Hauptquartier der preußischen Armee, zu beschleunigen.

Der Preußische Optische Telegraf wurde 1832 in Dienst genommen. Er deckte eine Distanz von 550 Kilometern ab und umfasste 62 Stationen, die im Durchschnitt elf Kilometer auseinander lagen: 14 Stationen zwischen Berlin und Magdeburg, 38 zwischen Magdeburg und Köln, und zehn zwischen Köln und Koblenz. Die Stationen befanden sich auf Hügeln oder hohen Gebäuden, wie zum Beispiel Kirchtürmen, so dass ein direkter Sichtkontakt möglich war, idealerweise vor freiem Himmel, damit die Signale leicht erkennbar waren. In jeder Station gab es ein Paar Fernrohre, mit deren Hilfe der Stationsbetreiber die verschlüsselten Nachrichten lesen, aufschreiben und zur nächsten Station weiterleiten konnte. Ursprünglich wurden nur die Endstationen

Berlin und Koblenz als Versandstationen verwendet, in denen offizielle Telegramme vor der Versendung verschlüsselt und bei der Ankunft wieder entschlüsselt wurden. Das heißt, dass in der größeren, wirtschaftlich bedeutenderen Stadt Köln keine Nachrichten verschickt oder empfangen werden konnten. Das hatte zur Folge, dass etwa Nachrichten, die von England oder Belgien mit dem Ziel Berlin in Köln ankamen, mit einem Boten nach Koblenz transportiert und von dort wieder retour über Köln nach Berlin geleitet werden mussten. Eine unpraktische Verzögerung, die dazu führte, dass man bald eine dritte Versandstation in Köln errichtete, und zwar auf dem Dach der Kirche St. Pantaleon am Pantaleonsberg 8 (Altstadt-Süd).

Eine der letzten Preußischen Optischen Telegrafenstationen befindet sich an der Egonstraße.

Die Versandstation in Köln existiert nicht mehr, aber dafür die Nachbarstation weiter nördlich, die Telegrafenstation 50 in der Egonstraße 152 im Stadtviertel Flittard (Mülheim). Der Observationsraum nimmt den obersten Stock des Gebäudes ein, und aus dem Dach ragt ein über sechs Meter hoher Mast mit sechs klappbaren, hölzernen Signalarmen, drei auf jeder Seite. Diese werden von Kabeln bedient, die durch den Mast laufend mit dem Raum darunter verbunden sind (die Drähte, die die Mastspitze mit den Dachecken verbinden, dienen nur der Stabilität). Die Signalarme haben Gegengewichte, um ein einfaches Einstellen mit Hilfe eines Hebelsystems zu ermöglichen. Die Position der Hebel entspricht der Anordnung der Signalarme am Mast (45, 90 und 135 Grad). Bei gutem Wetter konnte eine Nachricht von Koblenz und zurück in weniger als zwei Minuten gesendet werden, nach Berlin dauerte es etwa zwei Stunden.

Der Preußische Optische Telegraf war das einzige staatlich betriebene System seiner Art, welches je auf deutschem Boden errichtet wurde. In Betrieb war es kaum zwei Jahrzehnte lang. Das von den geographischen Verhältnissen und den Wetterbedingungen stark abhängige System wurde 1849 durch elektrische Telegrafenleitungen ersetzt, die billiger und sicherer waren.

56. Ein unverhoffter japanischer Garten

Mülheim (Stadtbezirk 9), japanischer Garten auf der Kaiser-Wilhelm-Allee
Stadtbahn S6, Bus 152 Bayerwerk, dann zu Fuß entlang der Otto-Bayer-Straße

Es ist eine Binsenweisheit, dass Industrielandschaften und Landschaftsgärten eher selten eine räumliche Nahebeziehung eingehen. Umso angenehmer die Überraschung, dass es in Köln am rechten Rheinufer zu einem solch seltenen und zudem sehr gelungenen Zusammenspiel kommt. Der große, schöne Carl-Duisberg-Park erstreckt sich über die Bezirke Flittard und Wiesdorf, an allen Seiten umgeben von einem gigantischen Industriegelände, dem riesigen CHEMPARK Leverkusen. Der Hauptsitz des Chemie- und Pharmariesen Bayer AG nimmt dabei den größten Teil der Fläche ein.

Die Anwesenheit der chemischen Industrie in diesem Teil Kölns hat eine lange Tradition. 1912 hat die Firma Bayer ihre Büros in diese Gegend verlegt, nachdem sie 1891 die Farbenfabrik von Carl Leverkus in Wiesdorf erworben hatte. 1925 ermöglichten Carl Duisberg (1861–1935), Chef von Bayer, und Carl Bosch (1874–1940) von der BASF den Zusammenschluss ihrer Farbstoffproduktionen zu einer gemeinsamen Firma mit dem Namen Interessengemeinschaft Farbenindustrie AG (oder kurz IG Farben). Dieses riesige Konglomerat, zu dem bald auch verwandte Industriezweige wie Sprengstoff- und Faserproduktionen hinzukamen, wurde zum größten Unternehmen Europas und zum viertgrößten weltweit (nach General Motors, United States Steel und Standard Oil in New Jersey). Obwohl der Industriestandort Flittard-Wiesdorf bei den Luftangriffen im Zweiten Weltkrieg großen Schaden erlitt, behielt er seine große Bedeutung für die chemische Industrie in Köln bei, zusammen mit dem CHEMPARK Dormagen auf der Neusser Landstraße (Chorweiler) (früher bekannt als Bayerwerk Dormagen). Damit nur ja niemand vergisst, welchen Beitrag Bayer zu dieser Entwicklung geleistet hat, erinnert ein roter Backsteinschornstein daran, auf dem in großen Lettern BAYER geschrieben steht. Der weithin sichtbare Schornstein ist ein praktischer Orientierungspunkt auf dem Weg zum Carl-Duisberg-Park, der an der Kaiser-Wilhelm-Allee liegt.

Der Park ist 220 000 Quadratmeter groß und umfasst Rasenflächen, dicht bepflanzte Blumenbeete und eine Vielzahl verschiedenster Bäume. Ein besonderes Kleinod ist der japanische Garten, der eine ver-

Dieser japanische Garten wurde für die Arbeiter der Bayer-Werke in Mülheim geschaffen.

gleichsweise kleine Fläche von 15 000 Quadratmetern einnimmt. Beide Gärten wurden 1912 auf Initiative von Carl Duisberg errichtet. Sie waren als Ort der Ruhe und Erholung für die Angestellten der Firma Bayer gedacht und werden bis heute von Bayer erhalten.

Um diesen Park zu gestalten, wurden echte japanische Gärtner angeheuert. Man erreicht ihn durch ein rotes Tor im japanischen Stil am Ende einer japanischen Brücke, welche die Gäste über einen Fischteich vom Park in den Garten bringt. Der Übergang hat eine magische Wirkung, zumal sich die Besucher augenblicklich in eine authentische ostasiatische Landschaft versetzt erleben. Trotz seines Namens gibt es im Park neben japanischen auch chinesische Elemente, unter anderem Buddhafiguren aus Stein und Bronze, Steinlaternen und ein Teehaus im Stil eines chinesischen Tempels. Auf den Treppen des Teehauses thronen zwei chinesische Bronzelöwen, ein Geschenk des Präsidenten eines Pharmazieunternehmens aus Osaka anlässlich des 100-jährigen Jubiläums der Firma Bayer im Jahr 1988.

Im Garten gibt es auch 3000 Quadratmeter Wasseranlagen. Die eindrucksvollste ist ein stiller, mit Seerosen bedeckter See, den man auf großen Steinen überqueren kann. Hier tummeln sich Mandarin-Enten, Schildkröten, Goldfische und Koi-Karpfen. An den Ufern des Sees und verstreut im Garten stehen rote japanische Ahornbäume und andere Pflanzen, die in ostasiatischen Gärten beliebt sind.

Gleich neben dem japanischen Garten befindet sich das BayKomm-Besucherzentrum, wo alle, die mehr über die Produkte von Bayer erfahren wollen (ja, auch Aspirin!) sich einen Termin für eine Nachmittagsführung ausmachen können (www.bayer.de). Nach der Zerschlagung der IG Farben, die während des Zweiten Weltkriegs in Kriegsverbrechen verwickelt war, wurde Bayer 1952 wieder zu einem Unternehmen im eigenen Namen.

57. Auf den Spuren seltener Tiere

Nippes (Stadtbezirk 5), Kölner Zoo in der Riehler Straße 173
Stadtbahn 18 Zoo/Flora; Bus 140

Der Kölner Zoo wurde 1860 als Deutschlands drittältester Zoo nach Berlin und Frankfurt eröffnet. Trotz schwerer Beschädigungen während des Zweiten Weltkriegs öffnete er kurz danach wieder seine Pforten, und heute sind hier in modernen Gehegen, die sich über 20 Hektar verteilen, mehr als 500 verschiedene Tierarten zu finden. Die meisten Besucher, besonders jene mit Kindern, laufen verständlicherweise sofort in Richtung der altbekannten Lieblinge wie Elefanten, Gorillas, Giraffen, Nilpferde, Raubkatzen etc. Man sollte aber nicht vergessen, dass der Kölner Zoo auch viele weniger bekannte, vom Aussterben bedrohte Tierarten beheimatet. Viele von ihnen nehmen an bedeutenden internationalen Zuchtprogrammen teil. Um den Besuchermassen ein wenig zu entfliehen, sollte man einige dieser seltenen Tiere aufsuchen; unterwegs kann man bei der Gelegenheit gleich die architektonischen Reste des alten Zoos bestaunen.

Wir können gleich beim Haupteingang an der Riehler Straße anfangen. Der Weg auf der rechten Seite führt vorbei am beliebten Erdmännchen-Gehege zu einem felsigen, durch Gräben gesicherten Gelände, in dem der Malaiische Sonnenbär *(Helarctos malayanus)* zuhause ist. Er hat seinen Namen aufgrund des gelben Fells rund um seine Schnauze. Der Bewohner der südostasiatischen Regenwälder ist der kleinste Vertreter der Bärenfamilie. Trotzdem hat der Sonnenbär wenige Feinde außer den Menschen, die auf der Jagd nach dem Fell und der in der chinesischen Medizin beliebten Galle seine Zahl beträchtlich verringert haben.

Wir spazieren weiter, vorbei an einem prachtvollen Vogelhaus aus dem Jahr 1899, das im Stil einer russisch-orthodoxen Kirche gebaut ist. Vorbei an Löwen und Tigern geht's zum tropischen Regenwaldhaus, in dem der vom Aussterben bedrohte Bali-Star *(Leucopsar rothschildi)* untergebracht ist. Dieser weiße Vogel mit seinen auffälligen blauen Ringen um die Augen ist die letzte überlebende Wirbeltierart, die in Bali endemisch ist. Nachdem 2001 nur noch sechs dieser Vögel in freier Wildbahn gezählt wurden, gelang es durch ein gemeinsames Schutzprogramm mit dem Kölner Zoo, ihre Zahl wieder zu erhöhen.

Im dahinter liegenden Affenhaus wohnt neben den beliebten Schimpansen, Orang-Utans und Flachlandgorillas eine Zuchtgruppe

Eine Herde Przewalski-Pferde im Kölner Zoo in Nippes

des extrem seltenen Rotschenkligen Kleideraffen *(Pygathrix nemaeus)*. Diese farbenprächtigen Primaten mit roten Beinen, weißen Unterarmen und goldgelben Gesichtern stammen aus Vietnam und Laos, wo sie durch Jagd und Zerstörung ihres Lebensraums praktisch ausgerottet wurden.

Vorbei am riesigen Elefantengehege und dem Seelöwen-Felsbecken, das 1887 gebaut wurde, erreichen wir eine Koppel, in der eine Herde Przewalsky-Pferde *(Equus ferus przewalski,* sprich: (p)schiwalski) weiden. Sie sind auch bekannt als Asiatische oder Mongolische Wildpferde und haben ihren Namen von General Nikolai Przhevalsky (1839–1888), einem Wissenschaftler und Naturforscher, den der russische Zar 1881 beauftragte, ein Exemplar dieses Pferdes einzufangen. Im Jahr 1900 befanden sich über 50 Fohlen in den Sammlungen von Aristokraten und verschiedener Zoos. Im 20. Jahrhundert starb die natürliche Population als Folge der Jagd und zunehmender Futterkonkurrenz durch domestizierte Herden aus. Die heute weltweit bestehende Population von ungefähr 2000 Pferden, einschließlich der Tiere in Köln, stammt folglich aus Züchtungen von den Nachkommen der damals importierten Fohlen.

Vorbei an den Moschusochsen mit ihren hübschen Ställen im Stil von Schweizer Chalets, sehen wir linker Hand eine Koppel, in der die

Ein großer Nilwaran entspannt sich im Kölner Zoo.

eleganten Baktrischen Rothirsche *(Cervus elaphus bactrianus)* weiden. Im Jahr 1999 waren von diesen Tieren, die in Zentralasien beheimatet sind, als Folge von Kriegen nur noch etwa 400 übrig. Eine Initiative des WWF hat dazu geführt, dass die Bestände in freier Wildbahn jetzt wieder zunehmen.

Nach dem verlassenen, ehemaligen Giraffen- und Antilopenhaus, das 1863 gebaut wurde und das älteste noch erhaltene Gebäude des Zoos ist, erreichen wir wieder den Haupteingang. Dort stehen ein Denkmal zu Ehren des Zoogründers Dr. Caspar Garthe (1796–1876) und daneben ein Monument mit einer der Hirsch-Statuen, die ursprünglich den Haupteingang verzierten.

Das kleine Abenteuer endet beim Aquarium am Haupteingang, wo der Nilwaran *(Varanus niloticus)* auf Bewunderer wartet. Diese Echsenart, die bis zu drei Meter lang werden kann, ist gar nicht so selten und in vielen Gegenden Afrikas beheimatet. Obwohl sie am liebsten die meiste Zeit des Tages auf flachen Felsen in der Sonne liegen, haben sie den Ruf, sehr wild zu sein und an Gefährlichkeit einem Krokodil gleicher Größe nicht nachzustehen.

> Südlich der Zoobrücke liegt auf dem östlichen Rheinufer der weitläufige Rheinpark, der in seiner gegenwärtigen Form anlässlich der Bundesgartenschau 1957 gestaltet wurde. Er hat seine Gartenarchitektur im Stil der 1950er Jahre bis heute bewahrt und beheimatet auch ein Grüppchen von Papageien, die aus dem Zoo entkommen sind!

Weitere Sehenswürdigkeiten in der Nähe: 58

58. Palmen und Riesenseerosen

Nippes (Stadtbezirk 5), Flora und Botanischer Garten am Botanischen Garten 19
Stadtbahn 18 Zoo/Flora; Bus 140

Die botanischen Gegenstücke zu den seltenen und wilden Tieren des Kölner Zoos finden sich in der Gartenanlage Flora und Botanischer Garten, die im Westen unmittelbar an den Zoo anschließt (am Botanischen Garten 19; Nippes). Das Arboretum Flora wurde 1864 als exklusiver, exotischer Garten für die wohlhabenden Kölner Bürger geschaffen. Es wurde aber vor vielen Jahren mit dem botanischen Garten der Stadt zusammengelegt, als dieser 1914, dem Neubau des Hauptbahnhofs weichend, hierher verlegt werden musste. Mit ihrem Universum aus bekannten und höchst fremdartigen Pflanzen bietet Flora und Botanischer Garten heute die Möglichkeit zu einem abenteuerlichen Nachmittagsausflug, ohne die Stadt verlassen zu müssen.

Man gelangt durch ein mächtiges Tor in den Park, direkt in ein wunderschönes französisches Parterre. An dessen Ende befindet sich der Flora-Pavillon, ein Glashaus, das Ende des 19. Jahrhunderts erbaut, aber während des Zweiten Weltkriegs schwer beschädigt wurde. Hier weisen zahlreiche Wegweiser auf die unterschiedlichen Bereiche des Parks hin, zum Beispiel den gut bestückten Alpengarten (Alpinium), den Geruchsgarten für Blinde und den typischen Kölner Vorstadtgarten, der den Besuchern das Gefühl vermittelt, bei sich daheim vor dem Haus zu sitzen. Auch der seltsame Gingko *(Gingko biloba)* verdient das Interesse der Besucher, eine solitäre Baumart, von der keine unmittelbar verwandten Arten existieren. Mit seinen fächerartigen Blättern ist er eines der besten Beispiele für ein „lebendes Fossil", zumal alle artverwandten Pflanzen nur noch als Fossilien existieren.

Es gibt so viel zu sehen, zu riechen und zu tasten in diesen Gärten, und jeder findet irgendwo seinen Lieblingsplatz. Zwei Bereiche verdienen noch eine besondere Hervorhebung. Da ist zunächst die sogenannte Palmenallee, die 2006 gepflanzt wurde. Das ist Deutschlands erste Palmenstraße, bepflanzt mit zirka 40 Exemplaren der Chinesischen Hanfpalme *(Trachycarpus fortunei)*, einer Palmenart, die in der Gegend zwischen Zentralchina und Nordburma (Myanmar) zuhause ist. Aus ihren faserigen Blättern wurden lange Zeit Seile, Säcke und grobes Tuch hergestellt. Obwohl sie nicht zu den nördlichsten Arten gehört, ist diese Palme sicher eine der robustesten, da sie in den südchi-

Die Palmenallee in Flora und Botanischer Garten in Nippes

nesischen Bergen in Höhen bis zu 2400 Meter wächst und bis −20 °C Frost aushält. Daher passt diese Palme ausgezeichnet nach Deutschland, wo die Winter kalt und die Sommer kühl und feucht sind.

Die Chinesische Hanfpalme wurde zum ersten Mal 1830 vom deutschen Arzt Philipp Franz von Siebold aus Japan nach Europa gebracht, wo sie sich als Zierpflanze großer Beliebtheit erfreute. Trotzdem ist ihre wissenschaftliche Bezeichnung an Robert Fortune angelehnt, der als erster auf Chusan Island (heute Zhousan) gezüchtete Exemplare dieser Palme entdeckte, daher auch der andere gängige Name dieser Pflanze, Chusan-Palme.

Palmen kann man auch im zweiten erwähnenswerten Bereich bewundern, in den Gewächshäusern, die vor dem Ersten Weltkrieg errichtet wurden. Gemeinsam mit eingetopften Bambus-, Oliven- und Bananenpflanzen stehen sie verstreut um ein wunderschönes Wasserbecken, auf dem ein Exemplar der riesigen Victoria-Seerose schwimmt, die das erste Mal 1801 von einem böhmischen Botaniker auf einem Nebenfluss des Amazonas entdeckt wurde. Er starb, bevor er einen vollständigen Bericht über die Seerose verfassen konnte, die deshalb von einem englischen Botaniker zu Ehren der Königin Victoria be-

Riesige Seerosen in Flora und Botanischer Garten

nannt wurde. Die Seerose ist zum einen berühmt für ihr nächtliches Aufblühen, zum anderen, weil ihre Blätter, die bis zu drei Meter im Durchmesser erreichen können, das Gewicht eines Kindes tragen können. Im Inneren der Gewächshäuser führen enge, gewundene Pfade durch einen feuchten Dschungel aus Farnen, Palmen, Kletterpflanzen, Orchideen und riesigen, geweihartigen Epiphyten, die von der Decke hängen. In einem separaten Gewächshaus ist eine Miniaturwüste nachgebildet, mit seltsam geformten Sukkulenten und Kakteen, die uns ebenfalls eine Ahnung von der erstaunlichen Vielfalt der Pflanzenwelt auf unserer Erde vermitteln.

> Für Pflanzenbegeisterte hält Köln noch zwei weitere ungewöhnliche Gärten bereit: Den authentischen Olivenhain in der Widdersdorfer Landstraße 103 (Lindenthal), der zur Baumschule La Cava gehört, die auf Pflanzen aus dem mediterranen Raum spezialisiert ist; und einen Weingarten, der nicht auf einem Hügel, sondern auf dem schrägen Dach des Kölner Weindepots Josef Wittling (Weinhandlung mit Museum) in der Amsterdamer Straße 1 (Nippes) wächst.

Weitere Sehenswürdigkeiten in der Nähe: 57

59. Alte Eisenbahnen am Rhein

Nippes (Stadtbezirk 5), Rheinisches Industriebahn-Museum, Longericher Straße 249
Stadtbahn 15 Meerfeldstraße, dann zu Fuß entlang Paul-Humburg-Straße, Lohmüllerstraße und Longericher Straße

Das Rheinische Industriebahn-Museum ist in einem ehemaligen Eisenbahndepot in Nippes untergebracht.

Während der zweiten Hälfte des 19. Jahrhunderts entwickelte sich Köln schnell zu einem Zentrum der industriellen Fertigung. Dieser Erfolg wurde unter anderem durch die Eisenbahn ermöglicht, die 1839 nach Köln kam, als die Rheinische Eisenbahn-Gesellschaft die Strecke Köln-Aachen-Belgien in Betrieb nahm. Das Eisenbahnnetz vergrößerte sich schnell, und 1850 wurde das Gelände des alten botanischen Gartens neben dem Kölner Dom geräumt, um Platz für den Bau des Hauptbahnhofs zu schaffen. Nachdem er 1859 eröffnet wurde, verkehrten dort die Züge von fünf verschiedenen Eisenbahn-Gesellschaften. Heute ist er Deutschlands größter Eisenbahnknotenpunkt.

Obwohl auch die Stahl- und Glaskonstruktion des Bahnhofs an die Blüte des Industriezeitalters in Köln erinnert, gibt es noch einen anderen Ort in der Stadt, an dem das goldene Zeitalter der Eisenbahn so richtig zum Leben erweckt wird: das Rheinische Industriebahn-Museum in der Longericher Straße 249 (Nippes), das im ehemaligen Bahnbetriebswerk Cöln-Nippes untergebracht ist (Informationen über die monatlichen Öffnungszeiten zwischen Ostern und Oktober gibt es unter www.rimkoeln.de). Es wird vom Rheinischen Industriebahn Museum Köln e.V. verwaltet, das 1987 von Eisenbahnfanatikern gegründet wurde, denen es ein Anliegen war, die immer weniger werdenden, historischen Schienenfahrzeuge aus dem Rheinland für die Nachwelt zu erhalten.

Das Bahnbetriebswerk Cöln-Nippes ist das größte Industriedenkmal im Norden Kölns. Es wurde 1914 als letztes großes Bauprojekt des Preußischen Staats im Rheinland erbaut, zu einer Zeit, als Köln noch mit einem „C" geschrieben wurde. Bis 1958 waren hier Dampflokomotiven untergebracht, bis dann die ersten Diesellokomotiven und Triebwagen aufkamen. 1958 kamen dann vier ehemalige „Fliegende Hamburger" ins Depot, Deutschlands erste Dieselschnellzüge, die vor dem Zweiten Weltkrieg zwischen Berlin und Hamburg den damals schnellsten Passagierverkehr weltweit ermöglichten.

Heute gibt das Eisenbahndepot für das Museum eine perfekte Kulisse für die Sammlung von Lokomotiven und anderen Schienenfahrzeugen ab. Einige wurden in Kölns eigenen Deutz-Werken hergestellt, andere anderswo in Nordrhein-Westfalen (zum Beispiel Hohenzollern in Düsseldorf und Arnold Jung in Kirchen (Sieg)). Auch Lokomotiven anderer Herstellerfirmen in Deutschland sind ausgestellt, unter anderem von Henschel in Kassel und von Orenstein & Koppel in Berlin. Im Zentrum der Anlage befindet sich eine riesige Schiebebühne, mit deren Hilfe man die Lokomotiven für Reparaturzwecke hineinbewegen konnte.

Die Sammlung enthält auch viele Raritäten, wie die Schmalspurlokomotive (Feldbahn Lok) aus dem Jahr 1937, die während des Zweiten Weltkriegs dazu diente, Schutt rund um den Kölner Dom wegzuräumen, oder den militärischen Lazarettwagen mit 45 Betten aus der selben Zeit, weiterhin zwei sogenannte feuerlose Lokomotiven (Dampfspeicherloks), die nur mit Dampf betrieben wurden, und den letzten noch vorhandenen Elektrotriebwagen der Köln-Bonner Eisenbahn, die 1992 aufgelassen wurde. Man findet dort auch noch einige Beispiele der 123 000 Waggons, die vor dem Ersten Weltkrieg gebaut und in den folgenden Jahrzehnten nicht nur zum Transport von Frachtgut, sondern auch als Soldatentransporter und nicht zuletzt zur Deportation von Nazi-Opfern benutzt wurden. Eine normalspurige Henschel DH440 Lokomotive bringt die im Museum ankommenden Besucher in die Lok-Schuppen.

Alle angehenden Lokführer und Eisenbahnfans sind eingeladen, dem Museumsverein beizutreten, um eine aktive Rolle bei der Erhaltung, Restaurierung und Ausstellung dieser faszinierenden Sammlung zu spielen.

Die Ruinen in der Mitte eines künstlichen Sees im MediaPark am Hansaring (Neustadt-Nord), die man fälschlicherweise für einen römischen Aquädukt halten könnte, sind in Wirklichkeit die Reste des Güterbahnhofs Gereon, der 1859 erbaut wurde.

60. Die Welt der Bunker

Nippes (Stadtbezirk 5), Tour durch Luftschutzbunker aus dem Zweiten Weltkrieg, beginnend mit dem Winkelturm in der Neusser Landstraße 2 Stadtbahn 12, 15 Wilhelm-Sollmann-Straße, dann Bus 120 oder zu Fuß

Im September 1940 versuchte Hitlers Luftwaffe, die Moral der Briten durch Angriffe auf zivile Ziele in London und Coventry zu brechen. Dies war eine gravierende Verletzung der Haager Luftkriegskonvention von 1922, und das britische Bomberkommando reagierte entsprechend. 262 Luftangriffe wurden gegen den wichtigen Industriestandort Köln geflogen, der überdies von der Wehrmacht zum Militärbereichshauptkommandoquartier für den Wehrkreis VI in Münster (s. Nr. 28) bestimmt worden war.

Der Beginn des Luftkrieges auf Nazideutschland löste ein Eilprogramm zur Errichtung von Luftschutzbunkern aus. Diese sollten die Zivilbevölkerung schützen und das Vertrauen in die Fähigkeit Deutschlands, den Krieg zu gewinnen, stärken. Geplant war nichts weniger als das größte Bauprojekt der Geschichte, für das an die 200 Millionen Kubikmeter Stahlbeton verarbeitet werden sollten. Als nach Kriegsende die deutschen Städte in Schutt und Asche lagen, waren nur noch die Luftschutzbunker intakt. Diese Tour durch die noch bestehenden Luftschutzbunker Kölns soll zum einen ihre verschiedenartigen Bauformen illustrieren und zum anderen ihre Grenzen aufzeigen, zumal während der Luftangriffe auf Köln 20 000 Menschen ums Leben kamen.

Der inmitten eines Industriegeländes stehende Luftschutzbunker in der Neusser Landstraße 2 (Nippes) wird Winkelturm genannt. Er hat die Form eines schmalen, sich nach unten zu einem verstärkten Sockel ausweitenden Kegels und sieht eher wie eine Rakete aus einem Science-Fiction-Film aus den 1950er Jahren aus. Der Entwurf stammt vom deutschen Ingenieur Leo Winkel (1885–1981), der ihn 1934 zum Patent anmeldete. Nach 1936 wurden von diesem Modell in Deutschland fast 100 Stück errichtet. Ihrer speziellen Form verdanken sie die Spitznamen „Betonzigarre" und „Zuckerhut". Sie sind bis zu zehn Meter breit und 29 Meter hoch, die Wandstärke beträgt eineinhalb Meter. Als ihr größter baulicher Vorteil galt ihre kleine Standfläche. Der 1940 erbaute Kölner Winkelturm hatte Platz für mehr als 600 Industriearbeiter der nahen Glanzstoff-Courtaulds-Werke, eines für die Nazis außerordentlich kriegswichtigen Rayon-Reifen-Produzenten. Das Innere des Turms kann jeden dritten Samstagnachmittag im Monat besichtigt werden.

Der Winkelturm wird als Hochbunker bezeichnet, da er sich über der Erde befindet, im Gegensatz zum unterirdischen Tiefbunker. Normalerweise sind die Hochbunker einfache, quadratisch oder rechteckig geformte Stahlbetonblöcke mit zahlreichen zellenartigen Räumen und einer Panzertür. Ein Beispiel eines solchen Bunkers steht noch in der Elsaßstraße 42–46 (Neustadt-Süd). Mit ihren zweieinhalb Meter dicken Wänden wurden diese Bunker von den deutschen Behörden als bombensicher bezeichnet und dienten der Zivilbevölkerung in dicht besiedelten Gegenden als Schutz. Im Jahr 1942 wurde in der Herthastraße 43–47 (Rodenkirchen) ein fünfstöckiger Hochbunker mit 210 Räumen errichtet. Er bot 2700 Menschen Platz (etwa so viele wie im zivilen Luftschutzkeller der U-Bahn Station Kalk-Post Platz fanden, der zu Zeiten des Kalten Kriegs eingerichtet wurde).

Ein Winkelturm-Luftschutzbunker an der Neusser Landstraße in Nippes

Der Bunker war raffiniert in eine Reihe bestehender Häuser integriert. Mit seinem Satteldach und den Dachfenstern war er von oben kaum als Bunker auszumachen (noch besser getarnt waren die wie Kirchen aussehenden Bunker, s. Nr. 41). Bis 1954 wurde der Bau als Notunterkunft für Obdachlose verwendet, danach wurde er mit einem halben Dutzend schicker, moderner Appartements ausgestattet. Auch ein anderer großer, ehemaliger Hochbunker an der Ecke Siegburgerstraße und Rolshoverstraße (Porz) wurde auf ähnliche Weise adaptiert, während der ehemalige Bunker an der Körnerstraße 93 (Ehrenfeld) gelegentlich für Kunstveranstaltungen benutzt wird.

In einem Hochbunker an der Herthastraße in Rodenkirchen

Ein bekanntes Beispiel für einen Tiefbunker ist der sogenannte Dombunker, der 1941 unter dem Roncalliplatz (Altstadt-Nord) gebaut wurde, um die Kirchenschätze in Sicherheit zu bringen. Bei Ausgrabungen fand man ein prächtiges römisches Dionysus-Mosaik. Es kann heute zusammen mit den nicht wirklich damit harmonierenden Betonwänden des Bunkers im Erdgeschoss des Römisch-Germanischen Museums besichtigt werden. Vergleichsweise wenig bekannt ist der jüngst eröffnete Museumsbunker Reichsbahn Ausbesserungswerk an der Werkstattstraße 106 (Nippes), der 1941 errichtet wurde, um den Arbeitern der nahen Eisenbahnwerkstätten Schutz zu gewähren. In diesem Bunker sind noch die originalen Belüftungs- und Telefonsysteme, gasdichte Türen, das Krankenzimmer und einige andere Originalgegenstände der damaligen Zeit zu sehen. Eine kleinere Variante eines Tiefbunkers sind Röhrenbunker. Ein Beispiel dieser Bunkerart mit einem noch existierenden, handbetriebenen Ventilator findet man unter dem Reichenspergerplatz (Neustadt-Nord).

Weitere Sehenswürdigkeiten in der Nähe: 61

61. Der vierzigmillionste Ford ist ein Fiesta

Nippes (Stadtbezirk 5), Ford-Werke GmbH in der Henry-Ford-Straße 1
Stadtbahn 12 Geestemünder Straße

Auf dem Dach des Kölnischen Stadtmuseums in der Zeughausstraße 1–3 (Altstadt-Nord) thront ein goldlackierter Ford Fiesta mit Flügeln. Dieses als Flügelauto bekannte Kunstwerk, das dort seit 1991 steht, stammt vom deutschen Konzeptkünstler H. A. Schult (geb. 1939). Es war ursprünglich Teil seiner Ausstellung mit dem Titel „Fetisch Auto" anlässlich des 60-jährigen Gründungsjubiläums der Ford-Werke GmbH in Köln. Schult wollte nach eigenem Bekunden zeigen, dass die Menschheit durch das Auto im 20. Jahrhundert an Freiheit dazu gewonnen, aber gleichzeitig auch eingebüßt hat. Die anfänglichen Diskussionen über die Tatsache, dass man ein so ausgefallenes Kunstwerk auf das Dach eines denkmalgeschützten, im 17. Jahrhundert als Arsenal dienenden Gebäudes gestellt hat, sind verstummt, wenngleich der Anblick noch immer nachdrücklich an die markante Präsenz des Ford-Werks in der Stadt Köln erinnert.

Die Ford Motor Company wurde 1903 von Henry Ford (1863–1947) in einem umgebauten Fabrikgebäude in Detroit, Michigan, gegründet. Er hatte damals nur 28 000 $ Bargeld, das von zwölf Investoren stammte. Das Unternehmen wuchs zu einem der größten und profitabelsten der Welt und zählt noch immer weltweit zu den vier wichtigsten Autoherstellern. Wesentlich zum Erfolg beigetragen haben die von Ford für die Massenproduktion von Autos eingeführten Fließbänder.

Es war Kölns innovationsfreudiger Bürgermeister Konrad Adenauer (1876–1967), der sich für die Errichtung einer Zweigniederlassung von Ford Deutschland in Köln stark machte. Er argumentiere mit der Lage Kölns am Rhein, die reibungslosen Transporten zur Anlieferung der Materialien und zur Auslieferung der fertigen Fahrzeuge überaus förderlich sei. Am 2. Oktober 1930 legte Henry Ford persönlich den Grundstein des neuen Werks am Rheinufer im Bezirk Niehl (Nippes), und am 4. Mai des darauffolgenden Jahres verließ das erste Auto, ein Ford Modell A, das Fließband. Die offizielle Eröffnung der Ford-Werke AG am 12. Mai 1931 lockte 10 000 Besucher aus ganz Deutschland an.

Seit 1933 bekamen alle in Deutschland hergestellten Ford-Modelle deutsche Namen, um auf diese Weise die heimischen Verkaufszahlen

Das Flügelauto des Künstlers H. A. Schult auf dem Dach des Kölnischen Stadtmuseums

zu steigern. So wurde aus dem Ford Modell Y der Ford Köln, ein kleines Familienauto, das speziell für den europäischen Markt entwickelt worden war. Bis 1936 lief die Produktion dieses Fahrzeugs, das mit einem Vierzylindermotor eine Spitzengeschwindigkeit von 85 km/h schaffte.

Im Zuge von Hitlers Kriegsvorbereitungen wurde Ford Deutschland für militärische Zwecke umstrukturiert. In Köln wurden damals Lastwagen gebaut, in anderen Ford-Niederlassungen Jeeps, Flugzeuge und Schiffe – und allen kann der Vorwurf nicht erspart werden, dass sie zwischen 1941 und 1945 Zwangsarbeiter beschäftigten. Fürsprecher des Unternehmens wenden ein, dass alle deutschen Fabriken damals unter dem Kommando der Nazi-Regierung standen und daher nicht mehr von Ford kontrolliert wurden. Anderseits gibt es auch dokumentierte Hinweise auf eine möglicherweise antisemitische Einstellung Henry Fords. Mit Sicherheit jedenfalls engagierte sich die Ford Motor Company stark für die alliierten Kriegsanstrengungen der Vereinigten Staaten.

Im Jahr 1948 wurde in Köln wieder die heimische Fahrzeugproduktion aufgenommen, und als erstes Modell lief der Ford Taunus vom Band. Er war das erste in Europa gebaute Auto mit einer gebogenen Windschutzscheibe und ovalen Scheinwerfern. Aufgrund seines revolutionären, stromlinienförmigen Äußeren verpassten ihm die Deutschen den Kosenamen „Badewanne". Zwischen 1960 und 1964 wurden fast 670 000 Exemplare dieses Typs produziert, von dem ein wunder-

Ford Taunus der Ford-Werke GmbH in Nippes

schönes, rot lackiertes Exemplar im Kölnischen Stadtmuseum zu besichtigen ist.

Die Ford-Werke in Köln haben die Höhen und Tiefen des 20. Jahrhunderts überlebt. Mit über 20 000 Beschäftigten sind sie heute nach wie vor einer der größten Arbeitgeber der Region. Tatsächlich rollte am 5. Februar 2010 der vierzigmillionste in Deutschland gebaute Ford, ein Ford Fiesta, in Köln vom Band.

Nach Vereinbarung (Tel. +49 (0) 221-901 99 91, www.ford.de) kann man eine zweistündige Führung durch Kölns Ford-Werke unternehmen. Wer dazu keine Gelegenheit hat, kann in Google Earth ein Gefühl für die Größe des Unternehmens bekommen. Da sind gut die vier Stadtbahnstationen zur Versorgung des Werksgeländes erkennbar, und auch die Niehl-II-Docks, von wo aus tausende fertige Fords über den Fluss abtransportiert werden.

Weitere Sehenswürdigkeiten in der Nähe: 60

62. Ein ungewöhnlicher See

Chorweiler (Stadtbezirk 6), Fühlinger See am Stallagsbergweg
Stadtbahn 15 Heimersdorf, dann Bus 122

Kölns größter See ist der Fühlinger See in Chorweiler, der ganz zu Recht bei Badenden, Tauchern, Anglern, Kanufahrern, Seglern und Surfern hohe Beliebtheit genießt. An heißen Sommerwochenenden kommen bis zu 80 000 Besucher zum See. Bei so viel Freizeitaktivität übersieht man allzu leicht die merkwürdige Entstehung des Fühlinger Sees und die Geschichte der Umgebung.

1912 begann man in der Fühlinger Heide, dort wo sich jetzt der See befindet, mit dem Kiesabbau. Man brauchte den Kies damals als Beschotterung für die neuen Eisenbahnschienen, die zwischen Köln, Aachen und Krefeld gebaut wurden. Geschätzte 30 Millionen Kubikmeter Material wurden aus unterschiedlichen Gruben mit einer Tiefe von bis zu 14 Metern abgebaut. Aufgrund ihrer Nähe zum Rhein und der Existenz eines unterirdischen Rhein-Nebenflusses füllten sich die Kiesgruben bald mit Grundwasser, und in der Folge entstanden sieben miteinander verbundene Seen. Der Fühlinger See ist also ein zufälliges Nebenprodukt, das allerdings schon in den 1930er Jahren die ersten Badegäste anlockte. Interessant ist auch, dass der Wasserspiegel des neu entstandenen Sees nie unter den des Rheins fällt und mit diesem um bis zu zwei Meter schwankt.

1967 wurde der Fühlinger See offiziell als Erholungsgebiet anerkannt, und jeder der sieben einzelnen Seen wurde einer bestimmten Freizeitaktivität gewidmet. Es gibt einen See für sportliche Schwimmer, einer für Angler, einen dritten für Surfer, drei Seen für Badegäste (insbesondere das Naturfreibad Fühlinger See am Stallagsbergweg) und einen weiteren für Kanufahrer und Segler. Dieser See ist mit einer eigens dazu gebauten, 2300 Meter langen Regattastrecke verbunden.

Auch die Umgebung des Fühlinger Sees hat eine interessante Geschichte. Zunächst einmal ist der Name Fühlinger Heide eigentlich eine Fehlbezeichnung, denn bevor in der Gegend Kies abgebaut wurde, war hier eigentlich Waldgebiet, unterbrochen von ein paar Ackerflächen. Die Ruine einer Windmühle auf dem Stallagsberg zeugt von der landwirtschaftlichen Vergangenheit der Gegend. Lange vor dieser Zeit hatten die Römer hier Ziegeleien gebaut, und es gibt archäologische Belege, dass prähistorische Menschen in dieser Gegend während der Steinzeit (s. Nr. 54) trockene Anhöhen gesucht haben. Während des

Der Fühlinger See in Chorweiler ist nicht älter als 100 Jahre.

Mittelalters wurde hier Landwirtschaft getrieben, und im 19. Jahrhundert errichtete die wohlhabende Bankiersfamilie Oppenheim in Fühlingen eine Pferderennbahn und ein Gestüt. Aus deren Erlös wurden eine Schule und eine Kirche finanziert. Der Gemeindepfarrer, Joseph Frings, wurde Erzbischof von Köln und ist in Erinnerung geblieben, weil er nach dem Zweiten Weltkrieg den Diebstahl von Kohle duldete.

1922 wurden Fühlingen und die nördlich angrenzende Siedlung Worringen nach Köln eingemeindet. Ungefähr dort, wo die beiden Gemeinden aneinandergrenzen, auf dem Hügel mit dem vielsagenden Namen Blutberg, fand 1288 die Schlacht von Worringen statt. Die Armee von Kölns Erzbischof Siegfried II. (1275–1297) kämpfte gegen die Truppen von Fürst Adolf V. vom Herzogtum Berg um das wirtschaftlich bedeutende Herzogtum Limburg. Sowohl das Herzogtum als auch das Erzbistum gehörten zum Heiligen Römischen Reich, mit dem Unterschied, dass das Erzbistum ein mächtiger, unabhängiger Kirchenstaat war. Diese Tatsache führte zum Konflikt mit den benachbarten deutschen Herzogtümern und den Bürgern von Köln, die an der Seite der Soldaten von Berg versuchten, sich vom Joch Siegfrieds zu befreien. Adolf ging als Sieger hervor, was den Bürgern Kölns die Unabhängigkeit vom Erzbistum und – zunächst zusammen mit reichen Patrizierfamilien – die Herrschaft über ihre Stadt brachte (ein Denkmal in der St.-Tönnis-Straße 33 in Worringen erinnert an die Schlacht). Mit dem

Das baumbestandene Ufer des Fühlinger Sees

Verbundbrief (einer Art städtischer, demokratischer Verfassung) ging 1396 die Macht von den Patriziern schließlich auf die Zünfte über.

Beim Mittelalterlichen Phantasie Spectaculum, dem größten reisenden Mittelalter-Kulturfestival der Welt, das jedes Jahr für ein Wochenende an den Ufern des Fühlinger Sees Station macht, bekommt man eine Vorstellung von den Uniformen und Waffen zur Zeit der Schlacht von Worringen.

Trotz der Nähe zu den Chemiefabriken in Leverkusen und Dormagen und einer Luftabwehrbatterie ist Fühlingen im Zweiten Weltkrieg relativ unversehrt davon gekommen. In den 1950er Jahren baute man hier eine Teststrecke für die sogenannte Alwegbahn, eine einspurige Hochbahn, die aber nie ausgeführt wurde, so dass man die Strecke 1967 wieder abbaute. Ungefähr zur selben Zeit wurde der höchst umstrittene Vorschlag lanciert, Fühlingen zu einem grünen Niemandsland zwischen einer neuen Eisenbahn entlang des Rheins und einer Wohnanlage weiter westlich umzugestalten. Ein Projekt, das an den heftigen Protesten der alteingesessenen Bewohner scheiterte. Stattdessen ist Fühlingen zusammen mit dem See erhalten geblieben, auf dem 1998 sogar die Ruderweltmeisterschaften stattfanden. Am See finden immer wieder auch Triathlon-Wettkämpfe und Open-Air-Konzerte statt, und im Jahr 2006 wurde hier vor 135 000 begeisterten Zuschauern der Red-Bull-Flugtag veranstaltet.

63. Eine Prise Landleben

Chorweiler (Stadtbezirk 6), Auweiler Dorfanger zwischen Doktorshof, Pohlhofstraße und Auweilerstraße
Stadtbahn 15 Chorweiler, dann Bus 126

Es ist heute schwer vorstellbar, dass es in Kölns Altstadt, die heute dort vom Kölner Ring eingegrenzt wird, wo ursprünglich mittelalterliche Mauern standen, jemals grüne Felder gab. Ein Besuch im Kölnischen Stadtmuseum in der Zeughausstraße 1–3 beweist, dass es so war. Auf Modellen und Stichen sind Bauernfelder, Marktgärten und sogar drei Windmühlen zu sehen, die auf den Mauern selbst standen (s. Nr. 35). Mit der schnellen Industrialisierung in der zweiten Hälfte des 19. Jahrhunderts verschwanden diese Felder allerdings rasch, und während der frühen 1880er Jahre wurden auch die Mauern abgerissen, um Platz für die wachsende Stadt zu schaffen. Eine der wenigen Erinnerungen an diese Zeit ist ein kleines Fachwerkhaus in der Kettengasse 6 (Altstadt-Nord), einst ein freistehendes Gärtnerhäuschen. Heute ist es rundherum von modernen Gebäuden umgeben.

Um heute in Köln eine Vorstellung von ländlicher Idylle zu bekommen, muss man weit weg von der Altstadt in die Vororte hinaus fahren, die erst im 20. Jahrhundert eingemeindet wurden. Von den zahlreichen Dörfern in dieser fruchtbaren landwirtschaftlichen Region haben einige wenige ihren ursprünglichen Charakter und Charme beibehalten. Eine solche Ausnahme ist das Dorf Auweiler, ganz im Nordwesten des Stadtteils Chorweiler. Es liegt wie eine Insel in einem Meer von Feldern. Statt mehrstöckiger Appartementblocks und lärmender Straßenkreuzungen sind hier ein paar ein- und zweistöckige Backsteinbauernhäuser rund um einen Dorfanger versammelt, der laut Historikern durch das Auffüllen eines Sees entstanden ist. Jedes Bauernhaus hat seinen eigenen kleinen Hof, wobei der Name eines dieser Höfe, des „Pohlhofs", angeblich an schmutziges, stehendes Gewässer gemahnt – vielleicht ein Hinweis auf den früheren See. Heute beherbergt der Pohlhof im charmanten, kopfsteingepflasterten Innenhof ein Restaurant. Zur Erinnerung an alte Zeiten sind eine alte Pumpe und einige altertümliche Landmaschinen ausgestellt. In einem anderen Hof in der Auweilerstraße 10 sind die Wände mit einer Sammlung alter landwirtschaftlicher Geräte behängt. Die Eisenstangen, von denen das alte Gemäuer zusammengehalten wird, stellen die Jahreszahl 1844 dar (eine Praxis, die auch in den mittelalterlichen Gebäuden der Kölner Altstadt häufig angewendet wurde).

Ein altes Bauernhaus im dörflichen Auweiler

Das malerische Dorfbild der Gemeinde Auweiler wird durch einen Pavillon vollendet, in dem gelegentlich Veranstaltungen stattfinden, und durch die 200 Jahre alte Kapelle Maria Virgo, die gerade einmal für ein Dutzend Kirchgänger Platz hat. Im Mittelalter gehörte Auweiler zum Herzogtum Berg, in den 1790er Jahren wurde es von den Franzosen in deren Verwaltungsbezirk Dormagen eingemeindet, damals Teil des Arrondissements Köln. Seit 1975 gehört Auweiler zur Stadtgemeinde Köln.

Eindrücke vom Landleben lassen sich auch auf der anderen Rheinseite im Stadtteil Dellbrück (Mülheim) gewinnen. In der Mielenforster Straße 1 steht an den Ufern des Strunder Bachs der Thurner Hof, ein großes Fachwerkhaus aus dem 16. Jahrhundert. Er wurde nach einem Ritter benannt, der das Gebäude als Wachturm nutzte. Wie Auweiler, war auch Dellbrück im Eigentum des Herzogtums Berg, dessen adelige Gesellschaft sich in seinen Wäldern und Feldern an der Jagd ergötzte. Später ging es durch die Hände Napoleons und der Preußen, bis es schließlich 1914 ebenfalls in Köln eingemeindet wurde. Das Gebäude wurde vor kurzem durch den Anbau eines prächtigen Bio-Bauerngartens erweitert, der altmodische Blumen, Obstbäume, Gemüse und mittelalterliche Heilpflanzen produziert (der Garten ist während der Sommermonate für Besucher geöffnet).

64. Wo der Rote Baron das Fliegen lernte

Ehrenfeld (Stadtbezirk 4), ehemaliger Flugplatz Köln-Butzweilerhof
in der Butzweilerstraße 35–39
Stadtbahn 5 Ossendorf

Eine Fahrt mit der Stadtbahn-Linie 5 in den Bezirk Ossendorf (Ehrenfeld) bietet Luftfahrtenthusiasten die Möglichkeit, die Reste eines der historisch bedeutsamsten Flugplätze Deutschlands zu begutachten. Die Geschichte des Flugplatzes Köln-Butzweilerhof beginnt in den späten 1900er Jahren, als der preußische Kaiser Wilhelm II. (1988–1918) der Stadt Köln den Titel „Reichsluftschiffhafen Coeln" verlieh und hier ein 30 Meter hoher Luftschiffhangar gebaut wurde. Die Ankunft des Zeppelins LZ5 im Hangar am 5. August 1909 lockte tausende Zuschauer an. Ende des Ersten Weltkriegs wurde die Halle jedoch abgerissen, und als Erinnerung blieb nur ein einsamer Beton-Luftschiffanker in der Mathias-Brüggen-Straße 68 übrig.

Neben den Luftschiffen gab es aber auch schon Flugzeuge, und so wurden 1911 in Butzweilerhof eine Graslandepiste und verschiedene Flugzeughangars gebaut. Auch eine Flugschule wurde eingerichtet, und in dieser Schule schloss der berühmte Pilot Manfred von Richthofen (1892–1918) seine Flugausbildung ab. Er wurde aufgrund seines aristokratischen Backgrounds und seines Markenzeichens, eines roten Fokker Dr. 1 Dreideckers, „der Rote Baron" genannt. Richthofen war im Ersten Weltkrieg mit 80 abgeschossenen feindlichen Flugzeugen das erfolgreichste Fliegerass.

Im Vertrag von Versailles wurde der Unterhalt einer deutschen Luftwaffe mit einem Verbot belegt, das bis 1926 aufrecht blieb. Im selben Jahr kam es zur Gründung der Deutschen Lufthansa, und Butzweilerhof wurde zu Kölns größtem Zivilflughafen. Köln hatte eine Schlüsselrolle in Deutschlands „Luftkreuz des Westens", und 1930 landeten hier bereits mehr als 50 Flugzeuge pro Tag. Neue Gebäude waren vonnöten, doch die entsprechenden Pläne wurden aufgrund der herrschenden Wirtschaftskrise verschoben. Alles änderte sich jedoch mit dem Machtantritt der Nazis, die 1935 arbeitslose Männer heranzogen, um einen neuen Terminal in reduziertem Bauhausstil zu errichten. Butzweilerhof wurde sehr bald – an Bedeutung nur von Berlin-Tempelhof übertroffen – zu einem der bedeutendsten Hubs für den nationalen und internationalen Luftverkehr in Nazi-Deutschland.

Die Ära der zivilen Luftfahrt am Butzweilerhof-Flughafen endete

Die Ankunftshalle des ehemaligen Flughafens Köln-Butzweilerhof

abrupt, als die Flughafeneinrichtungen 1939 der Luftwaffe überlassen wurden. Aufgrund seiner eher geringen strategischen Bedeutung überlebte der Flugplatz den Krieg unbeschädigt und kam 1951 erneut unter das Kommando der Royal Air Force, genau wie nach dem Ersten Weltkrieg. Die Engländer blieben bis 1965, und im Jahr 1967 wurde der Flughafen an die Deutsche Bundeswehr übergeben. Die benutzte einen kleinen Teil des Flughafens weiter, bevor er 2007 endgültig stillgelegt wurde. Kurz danach wurde der nördliche Teil des Geländes geräumt, um Platz für den Bau von Geschäften, Firmen, Büros und Wohnungen zu schaffen, die mehr als zehntausend neue Jobs hierher brachten.

Aber was ist aus dem alten Flughafenterminal geworden? Zum Glück steht in der Butzweilerstraße 35–39 noch die elegante, mit Marmor ausgekleidete Ankunftshalle, flankiert von Kontrollturm, Hangars, Fluglinienbüros und einem ehemals noblen Restaurant. Neben Berlin-Tempelhof ist dies der einzige noch erhaltene deutsche Flughafen aus den 1930er Jahren, weshalb er seit 1988 auch unter Denkmalschutz steht.

Die 1999 gegründete Stiftung Butzweilerhof Köln kümmert sich um die Erhaltung der übriggebliebenen Gebäude und macht gleichzeitig die Besucher auf die große Bedeutung des Flughafens in den 1920er und 30er Jahren aufmerksam, und zwar anhand der Luftfahrtausstellung Butzweilerhof, einer faszinierenden historischen Sammlung,

Ein Flugzeug in der Butzweilerhof Luftfahrt-Ausstellung

die 1986 eröffnet wurde. Sie illustriert die Geschichte der Luftfahrt in Köln anhand von mehr als 500 Artefakten sowie alten Photographien, Postern und Modellen. Führungen durch die Sammlung und die Flughafengebäude sind nur nach Vereinbarung möglich (www.butzweilerhof.de).

> Wer einen Blick hinter die Kulissen eines modernen Flughafenbetriebs werfen will, kann eine Tour durch den Konrad-Adenauer-Flughafen Köln/Bonn in der Waldstraße 147 (Porz) unternehmen. Die Führungen beginnen am Flughafen-Besucherzentrum von Montag bis Freitag um 10.00, 11.45, 13.30 und 15.15 Uhr nach Voranmeldung (www.koeln-bonn-airport.de/ma).

65. Sprechende Steine der Juden

Ehrenfeld (Stadtbezirk 4), Jüdischer Friedhof Bocklemünd in der
Venloer Straße 1152; bitte beachten: Männer müssen beim Besuch
des Friedhofs eine Kopfbedeckung tragen
Stadtbahn 3, 4 Bocklemünd; Bus 143

Obwohl Köln die Heimat der ältesten jüdischen Gemeinde Deutschlands ist, war bis vor kurzem wenig davon zu sehen. Erst in den letzten Jahren haben Archäologen die Grundmauern der mittelalterlichen Synagoge unter dem Rathausplatz entdeckt, in der die jüdische Bevölkerung Kölns bis zu ihrer Vertreibung 1423 betete (s. Nr. 5). Von den wenigen in den 1930er Jahren noch bestehenden Synagogen der Stadt wurden fast alle 1938 während des Pogroms in der „Reichskristallnacht" geschändet. Mit Ausnahme jener in der Roonstraße 50 (Altstadt-Süd), die nach dem Krieg auf Initiative Konrad Adenauers wieder aufgebaut wurde, erinnern nur noch Wandtafeln an die Orte, wo sich die Synagogen befunden hatten (zum Beispiel in der Glockengasse 7 (Altstadt-Nord), wo heute die Kölner Oper steht, in der der Vater des Komponisten Jacques Offenbach Kantor war).

Am greifbarsten wird der Verlust, den Köln durch den Antisemitismus erlitten hat, auf den sechs übrig gebliebenen jüdischen Friedhöfen (Bocklemünd, Deutz, Mülheim, Ehrenfeld, Deckstein und Zündorf). Die Reste von Kölns ältestem jüdischen Friedhof an der Bonner Straße (Rodenkirchen) wurden erst 1922 anlässlich einer Straßenverbreiterung entdeckt. Er wurde 1143 gegründet und blieb bis 1685 in Verwendung, obwohl er 1349, als die Suche nach Schuldigen für den Ausbruch der Pest in ein Pogrom mündete, geschändet worden war. 1936, als das Gelände wegen des Baus der Großmarkthalle in der Marktstraße 10 geräumt wurde, überführte man die Überreste zum größten jüdischen Friedhof Kölns in Bocklemünd (Ehrenfeld) (s. Nr. 79).

Vor einem Besuch Bocklemünds wäre aber vielleicht eine Besichtigung des zweitgrößten jüdischen Friedhofs angebracht, des Jüdischen Friedhofs Deutz am Judenkirchhofsweg in Deutz. Nach Deutz am Ostufer des Rheins wurden die Juden 1423 vertrieben, nachdem sie jahrelang unter Vorurteilen zu leiden gehabt hatten. Von dieser relativ sicheren Position aus betrieben sie weiter Handel mit den Kaufleuten von Köln. Der älteste noch existierende Grabstein des Friedhofs stammt aus dem Jahr 1699, die Mehrzahl aus dem 18. und 19. Jahrhundert. Der Friedhof wurde 1918 geschlossen, abgesehen von einem Be-

Grabsteine im Jüdischen Friedhof Bocklemünd

gräbnis im Jahr 1941. Zu den berühmteren Gräbern gehören jene des Kantors Isaac Offenbach (1779–1850), des Philosophen Moses Hess (1812–1875), des prominenten Zionisten David Wolffsohn (1856–1914) und von Mitgliedern der Familie Oppenheim. Wie den meisten jüdischen Friedhöfen haftet auch diesem etwas Verwildertes an. Das rührt zum einen daher, dass Bäume erst dann gefällt werden, wenn sie eine Gefahr darstellen, und zum anderen daher, dass viele derjenigen, die normalerweise die Gräber pflegen würden, von den Nazis ermordet oder deportiert wurden. Die heutigen Besucher bringen oft eher Steine statt Blumen, einer alten Tradition der Beduinen gehorchend, mit Steinen die Gräber im Sand zu markieren. Anders als auf christlichen Friedhöfen, wo vernachlässigte Gräber irgendwann aufgelassen und wiederverwendet werden, behalten jüdische Familien ihre Grabparzellen für immer und erneuern sie alle 15 Jahre.

Am 17. November 1797 bekamen Juden und Protestanten von ihren französischen Besatzern dieselben Rechte zugesprochen wie die Katholiken, und alle hatten das Recht, unabhängig von Herkunft und Religion, Waren zu produzieren oder Handel zu treiben. Bis zur Eröffnung des Jüdischen Friedhofs Bocklemünd in der Venloer Straße 1152 (Ehrenfeld) fanden jüdische Begräbnisse in den existierenden Friedhöfen der Gemeinde statt. Der heute noch in Verwendung stehende

Detail eines Grabsteins im Jüdischen Friedhof Bocklemünd

Jüdische Friedhof Bocklemünd ist sowohl historisch als auch künstlerisch bedeutend, zumal sich in ihm die unterschiedlichsten Aspekte der jüdischen Gesellschaft widerspiegeln. Im mittleren Bereich dominieren bescheidene Gräber mit Inschriften in Deutsch und Hebräisch. An Motiven sieht man betende Hände als Symbol für den Priesterberuf (das Kohen-Symbol) oder die Wasserkrüge als Symbol für jene, die die Hände des Priesters wuschen (Leviten).

Entlang der Außenmauern des Friedhofs befinden sich die aufwändig gestalteten Mausoleen der Wohlhabenden, unter anderem das des Kaufhauskönigs Leonhard Tietz (1849–1914), dessen Geschäft in der Höhe Straße 41–53 von den Nazis arisiert und in Westdeutsche Kaufhof AG umbenannt wurde (der Name ist bis heute geblieben). Auf dem Friedhof sind auch drei beeindruckende Denkmäler aufgestellt, deren imposantestes wohl das vom Architekten Robert Stern gestaltete, pyramidenförmige Denkmal für die jüdischen Frontsoldaten des Ersten Weltkriegs ist. Ganz in der Nähe ist eine Skulptur, die aus sechs Davidsternen besteht. Sie markiert die Stelle, an der wertvolle Gegenstände aus Kölns zerstörten Synagogen 1939 eingegraben wurden. Eine hohe Säule erinnert an die mehr als 11 000 Kölner Juden, die während des Holocaust ermordet wurden. Angesichts solcher Gedenkstätten kann man leicht das kleine Steinhaus übersehen, in dem die armseligen Fragmente des alten mittelalterlichen Friedhofs an der Bonner Straße heute ausgestellt sind.

66. Auf der Suche nach dem echten Köln

Ehrenfeld (Stadtbezirk 4), Tour durch typische Bars, Cafés und Restaurants, beginnend mit dem Café Franck an der Eichendorffstraße 30
Stadtbahn 5, 13 Nußbaumerstraße

Wo soll man hingehen, wenn man das echte Köln sucht? Eine Frage, auf die wahrscheinlich jeder eine andere Antwort bekommt. Natürlich hängt alles davon ab, was man unter dem „echten Köln" versteht. Oft hört man, Köln sei – für eine deutsche Stadt – ausgesprochen „human". Die Einwohner pflegten, so heißt es, eine spezifisch rheinländische Toleranz, die gerne auf die Tatsache zurückgeführt wird, dass ihre Stadt die größte deutsche Handelsmetropole des Mittelalters gewesen ist. Da dies besonders für die Vororte der Stadt gilt, kann vermutet werden, dass hier auch das echte Köln zu finden ist.

Keine Frage, die Vororte haben alle ihren ganz eigenen Charme und eine Atmosphäre, die sich kaum an die offiziellen Bezirksgrenzen hält. Ergebnis: die Entstehung einer Reihe sehr eigenständiger Stadtviertel. So unterscheiden sich die modebewussten Leute, die die Boutiquen des Belgischen Viertels zwischen Aachener Straße und Hohenzollernring (Neustadt-Nord) frequentieren, ganz entschieden von den unbekümmerten Barbesuchern des Studentenviertels (auf Kölsch: „Kwartier Lateng") um den Zülpicher Platz (Neustadt-Süd). Und die smarten Kauflustigen entlang der baumgesäumten Neusser Straße im Agnesviertel, zwischen Ebertplatz und Kanalstraße (Neustadt-Nord), unterscheiden sich wiederum auf subtile Art von den eher bodenständig-unprätentiösen Shoppern an der Severinsstraße im Vringsveedel.

Der offizielle Bezirk Neu-Ehrenfeld ist wieder anders, mit seiner schon etwas älteren, alteingesessenen Bevölkerung, die zusieht, wie es zunehmend eine gut betuchte Mittelklasse auf der Suche nach begrünten Häusern aus dem 19. Jahrhundert in ihre Gegend zieht, um hier ihre Kinder großzuziehen. Gleich über der Bezirksgrenze, im eigentlichen Ehrenfeld, herrscht eine ungleich buntere ethnische und gesellschaftliche Vielfalt aus Türken, Künstlern, Afrikanern und Arbeitern, die dem ehemaligen Industriegebiet neues Leben einhaucht.

Ein Spaziergang durch diese beiden Stadtviertel, unterbrochen von dem einen oder anderen Besuch in den so typischen Cafés, Bars und Restaurants entlang des Weges bringt dem Besucher und der Besucherin das echte Köln schon ein gutes Stück näher. Erste Einkehr nehmen wir im Café Franck an der Eichendorffstraße 30, einem feinen Café mit

Die Braustelle in Ehrenfeld ist die kleinste Brauerei Kölns.

Wohnzimmeratmosphäre, das bei allen Altersgruppen sehr beliebt ist und sich am Abend überraschenderweise in eine angesagte DJ-Lounge verwandelt. Das im Jahr 1938 gegründete Lokal stand bis vor kurzem unter der Führung eines der ursprünglichen Eigentümer, der neunzig Jahre alten „Susi" Franck. Das einige Straßen weiter stehende Früh im Haus Tutt an der Fridolinstraße 72 ist nicht nur ein Jahrzehnt älter, die hier servierten Drinks sind auch um einen Deut kräftiger: Wie schon der Name sagt, haben wir es mit einem offiziellen Lieferanten des vor Ort gebrauten Früh Kölsch zu tun, das hier selbstverständlich frisch vom Fass ausgeschenkt wird.

Ein flotter Spaziergang bzw. einige Stationen ostwärts mit der Stadtbahn bringen uns in die Kölnerstraße, eine traditionelle Wohnstraße, die in einem langsamen Wandlungsprozess begriffen ist und mit Cafés, Kunstateliers, Modeboutiquen und Antiquitätenläden allmählich zum Szeneviertel mutiert. Einige der alten Orte bleiben aber erhalten, etwa das *Em höttche – Beim Aggi* auf Nummer 41, eine typische Vorstadtkneipe, immer schummrig und verraucht, wo die Konversation ebenso flüssig strömt wie das Kölsch. Ganz anders das Café Sehnsucht auf Nummer 67: Luftig und trendy ist es da, das einzige, was hier raucht, ist der schicke Holzofen!

Am Ende der Körnerstraße kommen wir in die geschäftige Venloer Straße, und dort auf Nummer 236 zum soliden Restaurant Haus Scholzen. Die seit dem Jahr 1907 in Familienbesitz befindliche Wirtschaft kann mit einer ganz in Holz gehaltenen Bar aufwarten, wo die geschätzten Stammkunden sich in intimer Atmosphäre hinter einem undurchsichtigen Glasfenster ihrem geliebten *Kölsch* hingeben können. Das feine Restaurant im hinteren Teil hat sich auf herzhafte regionale

Gerichte spezialisiert, zum Beispiel auf den Ehrensenfrostbraten. Wer gerne weniger formell speist, geht besser die Venloer Straße zurück bis zur Kreuzung mit dem Ehrenfelder Gürtel, wo die Imbissstube Strohhut's Eck mit Currywurst und Reibekuchen wartet, das ist ein Kartoffelpuffer, der mit Apfelpüree serviert wird. Noch weiter draußen in der Christinastraße 2 ist die Braustelle zuhause, die kleinste Brauerei Kölns. An einem halben Dutzend Tischen und Stühlen genießen die Kunden ihr Helios-Weizenbier und das Ehrenfelder Alt, ein Dunkelbier, die beide weiter hinten im Haus gebraut werden.

Die 1950er Jahre leben weiter – im Weißen Holunder an der Gladbacherstraße.

Unsere Tour endet aber nicht in Ehrenfeld, sondern an der Gladbacherstraße 48, gleich über der Grenze in Neustadt-Nord. Hier findet sich der Weiße Holunder, eine ebenso ungewöhnliche wie einladende Gastwirtschaft, die nach einem Film dieses Namens aus den 1950er Jahren benannt ist. Da überrascht es nicht, dass das ganze Haus im typischen Stil jener Zeit dekoriert und eingerichtet ist, einschließlich der Tische, Stühle, Beleuchtungskörper und einer Rockola-Jukebox aus dem Jahr 1957, die gratis bespielt wird. Karl Schieberg hat den Weißen Holunder im Jahr 1991 gegründet, in einer Zeit, die für derlei Nostalgie wenig übrig hatte. Schieberg führt die Kneipe bis zum heutigen Tag als sein ganz persönliches Statement gegen das Establishment. „Anything goes", lautet die Devise, für Einheimische genauso wie für Touristen – von einer Partie Billard bis zu einer Schallplatte von Edith Piaf oder einfach einem fröhlichen Sonntagabendsingen. Oder eine Partie Skat gefällig? Oder ein Teller vom traditionellen *Halvehahn*, der mit Geflügel nichts zu tun hat, sondern vielmehr aus *Röggelche* (Roggenbrot) mit Gouda und Senf besteht?!

Weitere Sehenswürdigkeiten in der Nähe: 67, 68

67. Gedenkstätten menschlichen Leides

Ehrenfeld (Stadtbezirk 4), Mahnmal für einen Exekutionsplatz des Zweiten Weltkriegs an der Kreuzung Schönsteinstraße und Bartholomäus-Schink-Straße
Stadtbahn 13 Venloer Straße/Gürtel; Bus 141, 142, 143

Dieses Wandgemälde in Ehrenfeld erinnert an den Ort, wo die Edelweißpiraten gehängt wurden.

Wie alle Städte, die dem mörderischen Naziterror zwischen 1933 und 1945 ausgesetzt waren, hat auch Köln an den Orten, wo es zu besonderen Grausamkeiten gekommen ist, Gedenkstätten errichtet. So zahlreich sind sie – nach letzter Zählung allein in Köln 75 –, dass darüber eigene Führer verfasst wurden (zuletzt der *Mahnmalführer Köln* von Hans Hesse und Elke Purpus, 2010).

Die Denkmäler haben die unterschiedlichsten Erscheinungsformen, von einfachen Wandtafeln und beschrifteten, ins Straßenpflaster eingebetteten Steinen bis zu kleineren Mahnmalen und ambitionierten skulpturalen Installationen. Wer schon viele gesehen hat, dem bleiben wahrscheinlich die ganz neuen Denkmäler am ehesten in Erinnerung. Dazu gehören der offene Pavillon am Appellhofplatz (Altstadt-Nord), in dessen Dach eine lange Reihe von Namen zu Ehren von Deserteuren und Friedensaktivisten eingeschrieben ist, die von den Nazigerichten zu Tode verurteilt wurden; ferner eine ergreifende Bronzeskulptur zweier trauernder Eltern im Gremberger Wäldchen (Porz), wo angesichts der heranrückenden US-Armee 74 russische Zwangsarbeiter von deutschen Soldaten massakriert wurden.

Ein ungewöhnliches Denkmal befindet sich unter einem Eisenbahnbogen an der Kreuzung Schönsteinstraße und Bartholomäus-

Schink-Straße (Ehrenfeld). Es erinnert an eine Reihe öffentlicher Exekutionen, die die Gestapo und die SS zur Abschreckung vor Opposition gegen ihr brutales Vorgehen durchführten. Am 25. Oktober 1944 wurden an dieser Stelle elf polnische und russische Zwangsarbeiter an eigens aufgestellten Galgen aufgehängt. Die Leichen wurden bis zur Dämmerung hängen gelassen und dann im Westfriedhof verscharrt. Am 10. November fanden 13 weitere Erhängungen statt, darunter auch von Mitgliedern der sogenannten Edelweißpiraten, einer Ehrenfelder Gruppe junger Widerstandskämpfer, die sich den Idealen der Hitlerjugend entgegensetzten. Der grausamen Ereignisse wird mit einer Serie auffälliger Wandbilder gedacht, auf denen die hängenden Männer dargestellt sind.

Ähnlich außergewöhnliche Mahnmale sind auch auf den beiden wichtigsten Kölner Bahnhöfen zu entdecken. Mit ihnen wird der Millionen unschuldiger Männer, Frauen und Kinder gedacht, die von ähnlichen Bahnhöfen in ganz Nazideutschland zu den Vernichtungslagern transportiert wurden. Eines dieser Denkmäler, an der Frontseite des Kölner Hauptbahnhofs aufgestellt, besteht aus einer alten, hölzernen Eisenbahnschwelle, an der mehrere beschriftete Plaketten befestigt sind, die nicht nur an die Opfer erinnern, sondern auch an die unselige Verstrickung der Deutschen Reichsbahn in die Durchführung der Deportationen.

Vergleichsweise unscheinbar ist die konventionelle Sandsteintafel vor dem Bahnhof Köln-Messe/Deutz am Auenweg, auf der daran erinnert wird, dass die SS von dieser Stelle aus im Jahr 1940 über 1500 Roma und Sinti deportiert hat, denen zwischen 1941 und 1944 11 000 Juden folgten. Davor befindet sich einer von vielen Metallstreifen im Kölner Straßenasphalt, die den Weg der Roma und Sinti von einem Versammlungspunkt in Bickendorf zum Bahnhof nachzeichnen (s. Nr. 4); daneben ein einfacher Stein mit den eingravierten Worten „Nie Wieder".

Gleich neben dem Bahnhof Deutz findet die riesige „Kölnmesse" statt, deren Ursprünge auf die 1920er Jahre zurückgehen. Die Hallen wurden von der SS als Internierungslager für Kriegsgefangene und als Versammlungsort für die zur Deportation per Eisenbahn vorgesehenen Menschen benutzt. Im Jahr 1942 wurden sie zu einer Außenstelle des Konzentrationslagers Buchenwald adaptiert – eine Tatsache, die in einem etwas verloren dastehenden Backsteindenkmal vor dem Messeturm Köln am Messeplatz vermerkt ist. Das Mahnmal, das außerdem noch an Kriegsgefangenenlager, Zwangsarbeiter und ein Gestapo-Sonderlager für deutsche und ausländische politische Häftlinge erinnert, wirkt inmitten des allgegenwärtigen Frohsinns und des zur Schau ge-

Andenken an Kriegsopfer im Friedhof Sürther Straße

stellten Optimismus der Messeveranstaltungen und der hier stattfindenden Show-Events ein wenig deplatziert.

Köln besitzt auch an die 65 Gedenkstätten, die an die militärischen und zivilen Opfer beider Weltkriege erinnern, darunter Einzelgräber, Gräberfelder und Denkmäler, die besonders zahlreich in den Friedhöfen am westlichen Flussufer zu finden sind: am Südfriedhof (Rodenkirchen), am Nordfriedhof (Nippes) und am Westfriedhof (Ehrenfeld). Auf eine besonders berührende Erinnerung an den Zweiten Weltkrieg treffen wir im Friedhof Sürther Straße (Rodenkirchen). Links neben der Kapelle am Haupteingang, im permanenten Schatten einiger Bäume gelegen, steht eine Gruppe aus fünf lebensgroßen Steinfiguren, genannt *Die Opfer*: ein Soldat, eine Mutter mit Kind, ein Jugendlicher mit Trommel, ein gefesselter Gefangener und ein verhüllter Verhungerter. Die Botschaft ist eindeutig: Der moderne Krieg kennt keine Grenzen. Die Skulpturengruppe ist insofern ganz besonders interessant, als sie das Werk des Kölner Bildhauers Willy Meller (1887–1974) ist, der in den 1930er Jahren ganz hoch im Kurs war und etliche neoklassische Figuren für Prestigeprojekte des „Dritten Reiches" anfertigte, etwa auch für das Olympiastadion in Berlin.

Weitere Sehenswürdigkeiten in der Nähe: 66, 68, 69, 70

68. Ein Leuchtturm fern vom Meer

Ehrenfeld (Stadtbezirk 4), Helios-Leuchtturm in der Heliosstraße
Stadtbahn 13 Venloer Straße/Gürtel; Bus 141, 142, 143

Der Kölner Stadtbezirk Ehrenfeld, der 1888 in die Stadt eingemeindet wurde, ist sehr weit vom nächstgelegenen Ozean entfernt, ja nicht einmal der Rhein ist von hier aus zu sehen. Umso mehr zeigt sich der Besucher überrascht, ausgerechnet an diesem Ort einen 40 Meter hohen Leuchtturm zu entdecken!

Hoch aufragend über der Heliosstraße (passenderweise nach dem griechischen Sonnengott Helios benannt) wurde der Leuchtturm als Wahrzeichen für die Helios AG für elektrisches Licht und Telegraphenanlagenbau errichtet, die an dieser Stelle im Jahre 1882 gegründet wurde. Der Standort war wegen seiner Nähe zur damals bereits bestehenden Eisenbahnstrecke Köln-Aachen sowie zur Pferdetrambahn Ehrenfeld-Köln ausgewählt worden. Heute bildet der Leuchtturm den Brennpunkt eines der wichtigsten erhaltenen Kölner Ensembles aus der Zeit der Industrialisierung.

Das Unternehmen beschäftigte an die 2000 Mitarbeiter, die Stromgeneratoren produzierten, aber auch die deutschlandweit ersten Transformatoren und Dynamos. Im Werk war der erste elektrisch betriebene Kran Deutschlands in Verwendung, und man betrieb eine Teststrecke für elektrische Tramwägen. Die Gehäuse und die Gussteile wurden in einer werkseigenen Gießerei selbst hergestellt, Strom lieferten zwei Helios-Generatoren mit je 250 PS. Nicht weniger als 23 vollständige Kraftwerke wurden hier gebaut, außerdem sämtliche Komponenten für sechs deutsche Straßenbahnnetze. Damit hat die Helios AG einen erheblichen Beitrag nicht nur zur Entwicklung der Kraftwerkstechnologie in Deutschland, sondern auch zur europaweiten Elektrifizierung der Industrie, des öffentlichen Verkehrs und der öffentlichen Beleuchtungssysteme geleistet.

Im Jahr 1891 stellte das Unternehmen an der prestigeträchtigen Internationalen Elektrotechnischen Ausstellung in Frankfurt aus. Zum Produktsortiment gehörten auch Navigationsleuchten zum Einsatz in der Nordsee und im Nord-Ostsee-Kanal. 1895 lieferte das Unternehmen 20 Leuchtfeuer für den Kaiser-Wilhelm-Kanal (heute: Nord-Ostsee-Kanal). Trotz dieser vielen Erfolge musste das Unternehmen wegen rückläufiger Auftragszahlen und eines erfolglosen Ausflugs ins Bankwesen zunächst im Jahr 1905 von Siemens und AEG übernommen wer-

Dieser Leuchtturm in Ehrenfeld diente einst als Wahrzeichen einer Fabrik für Navigationsleuchten.

den, um 1930 schließlich die Pforten für immer zu schließen.

Der Helios-Leuchtturm hat sich seit seiner Errichtung kaum verändert. Das in der nordwestlichen Ecke der alten Fabrik stehende Bauwerk ruht auf einem mächtigen quadratischen Sockel, aus dem der sich verjüngende Ziegelturm hochragt, ganz oben das Lampenhaus in einer Eisen-/Glaskonstruktion. Zwar ist des Nachts noch eine Dauerbeleuchtung eingeschaltet, jedoch ohne Optik.

Neben dem Leuchtturm, dem 1996 ein neues Lampenhaus spendiert wurde, besteht auch das Helios-Haus, das imponierende ehemalige Verwaltungsgebäude, noch an der Venloer Straße 389. Beeindruckend ist vor allem sein grandioses Treppenhaus mit gusseisernen Geländern und Galerien, das durch ein Glasdach mit Licht geflutet wird. Heute befinden sich etliche Arztpraxen in dem Gebäude, gelegentlich wird es auch von TV-Gesellschaften als Drehort genutzt. Der Schriftzug *Cölner Industrie Welt* an der Fassade erinnert an die GmbH, die das Fabrikgelände ab dem Jahr 1907 an verschiedene Unternehmen vermietet hatte.

Auch die beiden Werkshallen der Fabrik stehen nach wie vor. In diesen wurden einst große Maschinen montiert. Im Jahr 1911 wurden in einer der Hallen, der sogenannten Rheinlandhalle, Automotoren gefertigt. Das Unternehmen ging pleite, und 1928 wurde die Halle in eine Radrennbahn umgebaut. Eine Wandtafel erinnert an den Rad-Champion Albert Richter (1912–1940), der wegen seiner Gegnerschaft zu Hitler von der Gestapo ermordet wurde. Auf dieser Bahn fanden die Sechstage-Radrennen von Köln statt, aber auch Boxkämpfe und sogar Wahlkampfveranstaltungen der Nazipartei; eine Weile lang war sie denn auch nach Adolf Hitler benannt. Die im Zweiten Weltkrieg schwer beschädigte Halle wurde 1957 zur Heimstatt des ersten Kölner Supermarkts. Seither haben sich hier unterschiedliche Einzelhandelsfirmen eingemietet.

Weitere Sehenswürdigkeiten in der Nähe: 66, 67, 69, 70

69. Urbane Kletterei

Ehrenfeld (Stadtbezirk 4), Kletterfabrik an der Lichtstraße 25
Stadtbahn 13 Venloer Straße/Gürtel; Bus 141, 142, 143

Die Stadt Köln erstreckt sich zu beiden Seiten des Rheins so flach wie der sprichwörtliche Pfannkuchen! Geografisch betrachtet, liegt die Stadt am östlichen Ende der sogenannten Kölner Bucht, die den südlichen Abschluss des Rheinischen Tieflands bildet und ins Rheinische Schiefergebirge übergeht. Das bedeutet zweierlei: Köln ist außerordentlich überschwemmungsgefährdet (angeblich mehr als alle anderen großen Städte in Europa) und bietet zweitens all jenen rein gar nichts, die an Berg- oder Felskletterei interessiert sind. Oder vielleicht doch? Die Kletter-Freaks der Stadt haben sich nämlich vom Mangel an Bergen nicht entmutigen lassen und eine reiche Auswahl künstlicher Klettergelegenheiten geschaffen. Auch wenn Sie mit der Kletterei wenig am Hut haben, lohnt es sich, eine dieser *Kletterhallen* zu besuchen, und wenn es nur darum geht, die ungewöhnlichen Konstruktionen zu bestaunen und einige wirklich beeindruckende Klettertechniken im urbanen Raum zu erleben.

Kölns erste Kletterhalle eröffnete 2004 an der Lichtstraße 25 im Stadtteil Ehrenfeld. Diese sogenannte „Kletterfabrik" hat sich in einer höhlenartigen ehemaligen Maschinenhalle der Ostermann Werke eingerichtet, wo einst riesige Schiffspropeller mit bis zu 15 Meter Durchmesser produziert wurden. Nach dem Fall der Berliner Mauer und der damit verbundenen Öffnung billiger Märkte im Osten konnten die Werke im Wettbewerb nicht mehr mithalten und mussten 1991 geschlossen werden (rundherum stehen zahlreiche ehemalige Fabrikgebäude, die zum Teil für andere Zwecke adaptiert wurden, zum anderen Teil leer stehen; s. Nr. 68). Die Halle mit der Kletterfabrik bietet 1200 Quadratmeter Kletterwand mit über 180 unterschiedlichen Routen diverser Schwierigkeitsgrade. Die längste ist immerhin 90 Meter lang! Für die Neulinge gibt's Anfängerkurse, für die Erfahreneren stellen Profi-Coaches individuelle Routen zusammen. Auch Schülergruppen sind willkommen, und sogar Kindergeburtstage werden betreut.

Die zweite Kletterhalle in Köln, der Canyon Chorweiler am Weichselring 6a (Chorweiler), ist seit 2006 in Betrieb. Diese erste nicht gewinnorientierte Kletterhalle Deutschlands hält zusätzlich Räumlichkeiten für Tanz, Theater und Musikveranstaltungen bereit. Die Kletterwand erstreckt sich über 1100 Quadratmeter, dazu kommen zwei

Die Kletterfabrik ist in einer aufgelassenen Maschinenhalle an der Lichtstraße einquartiert.

Klettertürme (12 und 16,5 Meter hoch), ein fünf Meter breiter Felsüberhang und eine eigene Zone für freies Klettern. An die 50 verschiedene Kletterrouten stehen bereit. Auch hier wird Unterweisung auf allen Niveaus geboten, Kinder sind sehr willkommen, vor allem während der Sommerferien, da wartet ein eigens installiertes Abenteuer-Camp auf den Kletternachwuchs.

Kölns dritte und kleinste Kletterhalle ist in die AbenteuerhallenKalk integriert, ebenfalls ein höhlenartiges ehemaliges Fabrikgebäude, in diesem Fall an der Christian-Sunner-Straße (Kalk), das mit Skateboardern, Rollerbladern, BMX-Fahrern, Basketball- und Fußballspielern geteilt wird. Zu bestimmten Zeiten ist die Kletterwand für Kinder reserviert, zu anderen Zeiten für Familien. Wer will, bekommt Hilfestellung von Betreuern, das Gebäude kann außerdem auch für Konferenzen und Seminare gemietet werden.

> Der höchstgelegene natürliche Punkt Kölns ist ein Hügel am Wolfsweg im Königsforst (Kalk), an der östlichen Stadtgrenze. Dieser Ort auf 118,04 Metern Höhe ist als Monte Troodelöh bekannt. Die seltsame Bezeichnung leitet sich von den Namen dreier Mitarbeiter der Stadtverwaltung ab, die den „Berg" 1999 erwanderten und ein Gipfelkreuz installierten.

Weitere Sehenswürdigkeiten in der Nähe: 67, 68, 70

70. Ein Badetempel im Jugendstil

Ehrenfeld (Stadtbezirk 4), Neptunbad am Neptunplatz 1
Stadtbahn 3, 4 Körnerstraße; Bus 141, 142, 143

An der Wende zum 20. Jahrhundert setzten deutsche Künstler dem erfolgreichen *Art nouveau* der Franzosen ein eigenes Statement in Form des Jugendstils entgegen. Wie ihre französischen Kollegen schwelgten sie in der neu entdeckten Freiheit des künstlerischen Ausdrucks und wandten sich entschieden gegen die biederen historistischen Trends, die in der Kunst und Architektur der vorangehenden Jahrzehnte dominiert hatten. Das Zentrum des Jugendstils war zweifellos München, die Stilrichtung war aber auch in anderen deutschen Städten vertreten, darunter auch in Köln, etwa in Form der schönen Jugendstilfassade an der Neusser Straße 27–29 (Neustadt-Nord). Ein ungewöhnliches Beispiel für Jugendstilarchitektur sehen wir an der Ecke Ostheimer Straße und Frankfurter Straße (Kalk), wo im Jahr 1904 ein Jugendstil-Kraftwerk gebaut wurde.

Eine Neptunstatue schmückt noch heute das ehemalige Neptunbad.

Das beste Beispiel des Jugendstils in Köln ist aber mit Sicherheit das Neptunbad am Neptunplatz 1 (Ehrenfeld) – ein absolutes Muss für Architekturstudenten und Fitnessfanatiker gleichermaßen. Diese erste moderne öffentliche Badeanstalt in den Kölner Vororten öffnete

1912 ihre Pforten. Geplant wurde sie vom preußischen Architekten Johannes Baptist Kleefisch (1862–1932). Das Haus wurde bis 1994 als öffentliches Schwimmbad geführt, bis die Betriebskosten nicht mehr tragbar waren. Ein privater Käufer übernahm die Anlage und startete den Betrieb nach sorgfältiger und liebevoller Renovierung im Jahr 2002 als Health Club und Wellnesszentrum aufs Neue. Der Haupteingang, über dem noch immer die Inschrift „Städtische Badeanstalt" zu lesen ist, ist mit wunderschönen Skulpturen von Meeresgeschöpfen und Putten geschmückt. In der Eingangshalle finden sich zahlreiche Jugendstil-Verzierungen: geschwungene Stuckelemente, elegante Beleuchtungskörper, seegrüne Wandkacheln von Villeroy & Boch usw. Im Herzen des Gebäudes öffnet sich eine 13 Meter hohe Halle mit Bögen und Galerien, der eine Statue des Neptun noch einen zusätzlichen Akzent verleiht. Wo sich früher das Schwimmbecken befand, ist heute ein Fitnesscenter installiert (das Sprungbrett ist noch immer vorhanden!). An anderer Stelle – namentlich im Saunabereich – wurden in das alte Gebäude erfolgreich asiatische Elemente integriert, etwa ein japanischer Garten und ein türkisches Hamam. Auch dies ist eine Demonstration der eklektischen und flexiblen Natur der Jugendstil-Architektur.

Köln hatte früher auch ein zweites Jugendstilbad, das Deutz-Kalker-Bad an der Deutz-Kalker-Straße 52 (Deutz). Diese im Jahr 1913 als Kaiser-Wilhelm-Bad eröffnete Anstalt wurde bis zum Ersten Weltkrieg vom Militär benutzt. In der Zwischenkriegszeit war es für die Öffentlichkeit zugänglich, wurde aber im Zweiten Weltkrieg schwer beschädigt. Das Hauptbecken wurde später vom Schutt befreit und mit Wasser angefüllt, das man von einer Mineralwasserquelle im nahe gelegenen Rheinpark holte. Im Jahr 1996 wurde schließlich die Claudiustherme an der Sachsenbergstraße 1 (Deutz) unmittelbar über dieser Quelle eröffnet, weshalb das Deutz-Kalker-Bad schließen musste. Im Jahr 2008 wurde die stillgelegte Badanlage, die dem Neptunbad stark ähnelt, auf raffinierte Weise in das neu erbaute Günnewig Hotel Stadtpalais integriert.

Die Claudiustherme mag für den Architektur-Historiker wenig hergeben, doch darf sie sich mit Recht als eines der schönsten Thermalbäder in ganz Europa bezeichnen. Zur einen Hälfte drinnen, zur anderen im Freien bietet sie den Besuchern eine finnische Sauna, ein Kräuterdampfbad und ein heißes Schlammbad. Von der Panoramasauna aus hat man einen herrlichen Blick auf den Rheinpark, dahinter ist der Dom zu sehen.

Ein weiteres historisches Bad kann Köln mit dem Agrippabad an

Das Neptunbad wurde zu einem Gesundheits- und Wellness-Center umgebaut.

der Kämmergasse 1 (Altstadt-Süd) bieten, das immer schon für die Öffentlichkeit zugänglich war. Das ganz dem Freizeitvergnügen verschriebene Bad erfreut seine Besucher mit einem 25 Meter langen Wellenbecken, einer 127 Meter langen Rutsche und einem Dachgarten mit Sauna und Panoramarestaurant.

Eine ganz andere Angelegenheit sind die Freibäder der Stadt Köln, die in den heißen Sommermonaten zu Recht äußerst beliebt sind. Zu den attraktivsten gehört das Vingster Freibad am Vingster Ring (Kalk), ein ehemaliger Steinbruch, der noch zusätzlich von den umliegenden Wiesen und einem eigenen Strand profitiert, der zum Volleyballspielen, Grillen und Relaxen genutzt wird. In den Kölner Außenbezirken sind solche wassergefüllten ehemaligen Steinbrüche nicht selten, so etwa auch am Südrand von Rodenkirchen. Die Kiesgrube Meschenich war beispielsweise einmal eine Kiesgrube zwischen der Kerkrader Straße und Am Engeldorfer Berg. Heute hat sich der Ort zu einem Paradies für Flora und Fauna entwickelt. Ganz anders wieder ein früherer Basaltsteinbruch an der Luxemburger Straße, der jetzt einen ungewöhnlichen Hintergrund für den Klettenbergpark abgibt, eine vom Gartenarchitekten Fritz Encke (1861–1931) im Jahr 1907 geplante Anlage.

Wen es ganz und gar in die Natur hinauszieht, versucht vielleicht das Dünnwalder Freibad am Peter-Baum-Weg 20 (Mülheim), das in einem Wäldchen am nördlichen Stadtrand von Köln eingebettet liegt. Dieses Paradies für alle Naturliebhaber ist ganzjährig geöffnet und bietet jede Menge Frischluft und Grün. Gleich in der Nähe befindet sich der Dünnwalder Wildpark am Dünnwalder Mauspfad.

Weitere Sehenswürdigkeiten in der Nähe: 67, 68, 69, 77

71. Die europäische Hauptstadt des Karnevals

Ehrenfeld (Stadtbezirk 4), Karnevalsmuseum am Maarweg 134–136
Stadtbahn 1 Maarweg, dann zu Fuß; Bus 140, 141, 143

Die Karnevalsfeier in Köln ist wahrscheinlich so alt wie die Stadt selbst, scheinen doch ihre Ursprünge auf die Römern zurückgehen, die sich auf die Ernte und das kommende Frühjahr vorbereiteten, indem sie ihre Götter Bacchus und Saturn hochleben ließen. Die germanischen Stämme wiederum feierten die Wintersonnenwende mit einer Vertreibung übler Winterdämonen, und die Christen übernahmen derlei heidnische Gebräuche in ihre eigene, dem Osterfest vorangehende Fastenzeit, die mit dem Karneval angekündigt wird. Das Wort Karneval ist vom Lateinische *Carne Vale* abgeleitet, was so viel heißt wie „Adieu dem Fleische"; von da ist es nicht weit zum anderen deutschen Wort für den Karneval, der „Fastnacht" ...

Seit 1341 wird der Karneval in Köln in Form einer lebendigen und ausgelassenen Straßenparade gefeiert, die im Laufe des 18. Jahrhunderts mit Maskeraden im venezianischen Stil, den sogenannten Redouten, bereichert wurde, die ursprünglich ein Vorrecht der Adeligen und wohlhabenden Patrizier blieben. Der Karneval ließ sich auch von der französischen Besatzung und der preußischen Herrschaft nicht unterkriegen, und im Jahr 1823 kam es zur Gründung eines eigenen Festkomitees des Kölner Karnevals. Das Komitee organisiert den Karneval noch immer vom Hauptsitz am Maarweg 134–136 (Ehrenfeld) aus, wo auch das Kölner Karnevalsmuseum zuhause ist. Das 2005 eröffnete Museum ist das größte und modernste seiner Art in der deutschsprachigen Welt und einen Besuch wert, wenn man mehr über die Ursprünge und Traditionen eines der größten jährlichen Straßenfeste Europas erfahren möchte.

Das Museum wird über ein großes Foyer betreten, das seine frühere Funktion als Maschinenhalle nicht zu verleugnen vermag. Mittendrin steht in voller Größe ein Karnevals-Umzugswagen, auf dem die Besucher gerne rumklettern dürfen, um auch außerhalb der Saison ein wenig Karnevalsluft schnuppern zu können. Der Karneval beginnt übrigens seit dem Jahr 1823 offiziell „am elften elften um elf Uhr elf" mit der Proklamation der neuen Saison und dauert bis zum Aschermittwoch. Während der Adventszeit und zu Weihnachten bleiben die Vorbereitungsarbeiten im Hintergrund. So richtig los geht's dann während der „Tollen Tage", die am Donnerstag vor dem Aschermittwoch, bekannt als „Weiberfastnacht", beginnen. Zum Auftakt der Feierlichkeiten tummeln sich etwa eine Million Menschen in den Straßen, bis der Straßenkarneval schließlich am Rosenmontag seinen Höhepunkt erreicht.

Im Foyer des Museums sind noch zahlreiche Schaufensterpuppen versammelt, die in den farbenprächtigen Uniformen und Kostümen der Hunderten oder mehr von Gesellschaften gekleidet sind, die am Kölner Karneval teilnehmen. Darunter auch ein Mitglied der „Roten Funken", der rot uniformierten Bürgerwehr, die sich Köln während seiner Zeit als Freie Reichsstadt zwischen 1475 und 1794

Das „Dreigestirn" im Kölner Karnevalsmuseum

halten durfte. Die Roten Funken waren eine der allerersten Karnevalsgesellschaften, die 1823 gegründet wurden.

Im eigentlichen Museum zieht eine kleine Vitrine mit einer hübschen Clownfigur aus Meissner Porzellan unsere Aufmerksamkeit auf sich. Es handelt sich um einen „Lappenclown", der diesen Namen wegen der bunten Lumpen trägt, in die er gekleidet ist. Für die einfachen Menschen repräsentiert er den Karneval ganz ähnlich wie der Harlekin den Maskenball für die feine Gesellschaft. Diese Unterscheidung ist in Köln noch immer gut spürbar, ist doch der Karneval ein demokratisches Fest, von dem die ganze Stadt erfasst ist, von der bescheidensten Kneipe oder Vorstadtschule bis nach Gürzenich zur eleganten gotischen Festhalle an der Martinstraße 29 (Altstadt-Nord).

In den dahinter liegenden Galerien begibt sich der Besucher auf eine Reise durch die Zeiten, die in der klassischen Antike beginnt – und dies im wörtlichen Sinne, sind doch viele Ausstellungseinheiten als Karnevalwägen ausgeführt. Die Themen umfassen Rosenmon-

Farbenprächtige Uniformen für den Kölner Karneval

tag und Faschingsdienstag, Fastenzeit und die Rolle des Narren, das Barockzeitalter in Europa und den Einfluss der italienischen *Commedia dell' Arte*, den Karneval im „Dritten Reich" und während der Zeit des Wirtschaftswunders. Dazu Medaillen, Musik und Fastnachtsitzungen.

Auch einige Proben der 140 Tonnen an Süßigkeiten („Kamellen"), die während der sechseinhalb Kilometer langen Rosenmontagsprozession in die Menge geworfen werden, stehen zur Verfügung. Zum Schluss werden die Zuschauer mit dem Anblick der drei Stars des Umzugs belohnt, dem Prinz, der Jungfrau und dem Bauern, die auch die Veranstaltungen am Alten Markt eröffnen. Als sogenanntes „Dreigestirn" sind sie seit den 1820er Jahren die drei wichtigsten Figuren des Karnevals. Ihnen ist folglich auch ein eigener Ausstellungskasten gewidmet. Mit Schild, Schlüsseln und einer Zinnenkrone stehen sie für die anhaltende Stärke und Unabhängigkeit der Stadt Köln.

> Eine Statue in einer Nische der südlichen Wand der Eigelsteintorburg aus dem Jahr 1891 stellt den sogenannten *Köllsche Boor* dar, der die Schlüssel der Stadt Köln in einer Hand und in der anderen einen Schild mit dem Wappen des Deutschen Reichs hält. Diese Figur symbolisiert den beständigen Schutz der Stadt und die Loyalität gegenüber dem Wilhelminischen Reich. Mit dem Prinzen und der Jungfrau bildet der *Boor* (der Bauer) das Dreigestirn des Kölner Karnevals (s. Nr. 24).

72. Eine verborgene römische Grabkammer

Lindenthal (Stadtbezirk 3), Römische Grabkammer in Weiden,
Aachener Straße 1328
Stadtbahn 1 Weiden Schulstraße; Bus 141

So wie sich das moderne Köln an seinen Rändern in alle Richtungen ins umgebende Land ausbreitet, war auch das römische Köln (Colonia Agrippinensis) von Vororten und Stadtrandsiedlungen umgeben (s. Nr. 1). Jenseits der römischen Stadtmauern waren zudem zahlreiche Friedhöfe angesiedelt, deren monumentale Überreste allerdings heute zum größten Teil in Museen ausgestellt sind. Eine besonders attraktive Ausnahme bildet ein großartiges römisches Grabmal, das sich, abseits der touristischen Pfade an der Aachener Straße 1328 im Stadtbezirk Weiden, im Originalzustand erhalten hat. Nach dem als Sensation geltenden Fund im Jahr 1843 wurde die „Römisch Grabkammer in Weiden" bereits zwei Jahre später der Öffentlichkeit zugänglich gemacht. Das in den 1970er Jahren restaurierte Monument ist zweifellos einer der faszinierendsten Überreste aus der Römerzeit in Köln.

Das Grabmal liegt gleich neben einem ganz normalen Vorstadthaus, zwei Straßen westlich der Stadtbahnstation Weiden Schulstraße. Der Eingang verbirgt sich hinter einem massiven modernen Aufbau mit der Inschrift „Römergrab". Der Hausmeister führt Besucher eine Treppe hinunter in eine kühle Außenkammer aus Ziegelgewölbe, wo eine Handvoll römischer Artefakte und Pläne der Grabkammer ausgestellt sind. Eine weitere Treppe führt an einem Fallgatter vorbei in die eigentliche Grabkammer, die die letzten 2000 Jahre unversehrt überstanden zu haben scheint.

Die Grabkammer hat eine Grundfläche von zwölf Quadratmetern, liegt fünfeinhalb Meter unter dem Bodenniveau und ist mit einem Boden aus Steinplatten ausgelegt (deren Anhebelöcher noch immer zu sehen sind). Das Hauptinteresse gilt einem beschädigten weißen Marmorsarkophag, der einst auf dem inzwischen eingestürzten Gewölbebogen der Kammer gestanden hatte. Er ist mit wunderschönen Reliefs geflügelter Göttinnen verziert, die ein Portrait-Medaillon flankieren, das vermutlich den Verstorbenen darstellt. Historiker vermuten, dass das Grabmal in römischer Zeit auf dem Privatanwesen einer wohlhabenden Familie lag, die in mehreren Generationen hier ihre letzte Ruhestätte fand.

In der Römischen Grabkammer in Weiden

Nach den Daten der im Grab gefundenen Münzen zu schließen, wurde dieses irgendwann um die Mitte des 2. Jahrhunderts errichtet, ursprünglich als Ort zur Aufbewahrung von Urnen. Diese waren offenbar in den 28 großen und kleinen Nischen in den Kammerwänden abgestellt. In zwei der größeren Nischen stehen heute Porträtbüsten, die ebenfalls hier begrabene Personen darstellen dürften, darunter einen Mann mit auffälligem Schnurrbart und eine Frau mit einem über die Schulter geworfenen Kleidungsstück. Das Grab blieb bis in die Mitte des 4. Jahrhunderts in Verwendung; in dieser späteren Zeit fanden dann auch Beisetzungen in der Grabkammer statt.

Zu beiden Seiten des Eingangs in die Kammer stehen Sessel aus Kalkstein, die wie geflochten aussehen. Vermutlich wurden sie von Frauen während Begräbnisfeierlichkeiten zu Ehren der Toten benutzt. Die Männer waren wohl auf tragbaren Couchen gelagert, vielleicht auch auf den bettartigen Steinarrangements in den großen Nischen.

Die Grabkammer wird heute vom Römisch-Germanischen Museum am Roncalliplatz 4 (Altstadt-Nord) verwaltet, in dessen Kellergeschoss noch mehr Details über die römischen Begräbnispraktiken zu erfahren sind. Auch wenn die Namen der in der Kammer Begrabenen längst vergessen sind – ihr Andenken wird unter der Erde des vorstädtischen Weiden bewahrt.

73. Historische Wohnsiedlungen

Lindenthal (Stadtbezirk 3), Gartenstadt Stadion an Stadthalterhofallee, Frankenstraße und Paul-Finger-Straße
Stadtbahn 1 Junkersdorf; Bus 143

Während der 1920er und 30er Jahre geriet der Grüngürtel jenseits der Kölner Militärringstraße, der früher einmal den von den Preußen erbauten Äußeren Festungsgürtel bildete, in den Blickpunkt der Stadtplaner. Teilweise zur Bekämpfung der Wohnungsnot im Nachkriegsdeutschland und teilweise im Sinne einer Erfüllung von Artikel 155 der Weimarer Verfassung von 1919 (der allen Deutschen das Recht auf „eine gesunde Wohnung" zuspricht) wurden auf den Feldern der heutigen Stadtbezirke Lindenthal und Rodenkirchen Einfamilienhäuser und Wohnsiedlungen gebaut. Indessen wurde diesem asketischen, modernistischen Architekturstil der sogenannten Neuen Sachlichkeit, kaum hatte er begonnen, das Weichbild von Städten wie Köln zu verändern, von den Nazis, die traditionellere Formen bevorzugten, gewaltsam der Garaus gemacht.

Ein besonders interessantes Beispiel einer Siedlung im Stil der Neuen Sachlichkeit wurde zwischen 1930 und 1936 auf einer Landparzelle im Stadtteil Junkersdorf (Lindenthal) realisiert. Diese sogenannte Gartenstadt Stadion (nach dem Müngersdorfer Stadion, dem Vorläufer des heutigen RheinEnergieStadions) sollte ursprünglich 250 Gebäude umfassen. Bis 1933 konnten allerdings, beeinträchtigt durch die Wirtschaftskrise und die Machtergreifung der Nazis, nicht mehr als 30 Gebäude fertiggestellt werden. Diese sind heute an der Frankenstraße, der Paul-Finger-Straße und der Stadthalterhofallee zu besichtigen. Die Einfamilienhäuser, miteinander verbundene Würfel mit einfachen weißen Fassaden und Flachdächern, sind das Werk einer Architektengruppe mit Ulrich Pohl, Heinrich Reinhardt, Edmund Bolten und H. Walter Reitz. Direkt Bezug nehmend auf die Weimarer Verfassung, titelte eine Kölner Zeitung 1931: „Gartenstadt Stadion – Erholungsurlaub im eigenen Haus". In dem Artikel wurden die Vorteile der modernen Architektur an einem vorstädtischen Standort erörtert, wo an Sonnenlicht und Frischluft kein Mangel herrschte.

Solcher offensichtlicher Vorteile zum Trotz fürchteten die konservativeren Teile der deutschen Gesellschaft die mit der Neuen Sachlichkeit einhergehende Meinungsfreiheit, und die Bewegung wurde unterdrückt. Das Ergebnis lässt sich anhand der zweiten Bauphase der Gar-

Ein Flachdachhaus in der Gartenstadt Stadion in Lindenthal.

tenstadt Stadion illustrieren, die 1935 unter Wilhelm Wucherpfennig begann. An der Frankenstraße 54 baute er ein Wohnhaus mit einem traditionellen Schrägdach – ganz im Kontrast zu den modern aussehenden, flachbedachten Häusern der ersten Phase.

Es folgte eine tragikomische Episode, in der die Eigentümer der Flachdachhäuser sich beschwerten, dass die neuen Schrägdachhäuser das einheitliche Erscheinungsbild der Siedlung störten und als Folge die Immobilienpreise fallen könnten. In typischer Nazimanier wurde der Fall an die Reichskammer der Bildenden Künste herangetragen, die – wenig überraschend – zugunsten der Häuser mit den Schrägdächern entschied, die sich denn auch rasch vermehren sollten. Am besten lassen sich die beiden Baustile an der Paul-Finger-Straße vergleichen, wo sie einander auf beiden Straßenseiten gegenüber stehen.

Es versteht sich von selbst, dass die Propagandamaschine der Nazis die Situation zu ihren Gunsten auslegte, indem man die Eigentümer der Flachdachhäuser als „undeutsch" brandmarkte. Den Gipfel der Lächerlichkeit leistete sich das NSDAP-Wochenmagazin *Westdeutscher Beobachter* mit der die Verhältnisse nach ihrer Sicht der Dinge zusammenfassenden Überschrift: „Häuser ohne Dach – Menschen ohne Kopf"! Die Fackel der modernen Architektur wanderte nach dem frühen Hinscheiden der Neuen Sachlichkeit in die USA weiter, wo aus ihr der erfolgreiche *International Style* entstehen sollte.

Dieser Haustyp mit Schrägdach gefiel den Nationalsozialisten.

Eine Wohnsiedlung mit einer ganz anderen Geschichte findet sich nicht weit entfernt an der Kreuzung von Salzburger Weg und Dürener Straße. Es handelt sich um die Wohnanlage Stadtwaldviertel, die 1936 als Etzelkaserne der Wehrmacht entstand („Etzel" ist die deutsche Form von Attila, dem Hunnenkönig). Nach dem Zweiten Weltkrieg wurden die Gebäude zur Unterbringung von bis zu 2500 Polinnen und Polen benutzt, die auf ihre Rückführung in die Heimat warteten. Die meisten waren ehemalige Kriegsgefangene und Zwangsarbeiter. Trotz der krassen Überbelegung sorgten die britischen Lagerbehörden dafür, dass den Insassen eine zufriedenstellende medizinische und psychische Betreuung zuteilwurde. Zwischen 1949 und 1996 benutzten belgische Truppen die Kaserne als ihr *Kwartier Haelen*, benannt nach einer Gemeinde im Südosten der Niederlande. Nach dem Abzug dieser Einheiten wurden die Gebäude zur Wohnanlage Stadtwaldviertel umgebaut.

Weitere Sehenswürdigkeiten in der Nähe: 74

74. Die Entführung in Lindenthal

Lindenthal (Stadtbezirk 3), Hanns-Martin Schleyer-Memorial an der
Kreuzung Friedrich-Schmidt-Straße und Vincenz-Statz-Straße
Stadtbahn 1 Eupener Straße

Der Film „Deutschland im Herbst" aus dem Jahr 1978 versucht mit einer Mischung aus dokumentarischen Aufnahmen und Spielfilmszenen, die politische und soziale Stimmung in Deutschland in den späten 1970er Jahren zu vermitteln. Der Film spielt während zweier Monate im Jahr 1977, als der prominente Unternehmer Hanns-Martin Schleyer (1915–1977) von der Rote Armee Fraktion (RAF, auch bekannt als Baader-Meinhof-Bande) entführt und später ermordet wurde. Das Kidnapping fand an der Kreuzung Friedrich-Schmidt-Straße und Vincenz-Statz-Straße statt, im Kölner Stadtteil Braunsfeld (Lindenthal). Ein bescheidenes Holzkreuz erinnert heute an das Verbrechen. Die Besucher des Tatorts werden an den Höhepunkt des blutigen Feldzugs der RAF erinnert, an eine Zeit, die als „Deutscher Herbst" in die Geschichtsbücher eingegangen ist.

Hans-Martin Schleyer war im Zweiten Weltkrieg als eifriger SS-Offizier tätig, was ihm nach dem Krieg eine dreijährige Gefängnishaft einbrachte. Nachdem er 1948 zurückkehrte, avancierte er schnell in den Vorstand bei Daimler-Benz, wo er den Vorsitz nur knapp verpasste. Gleichzeitig engagierte er sich in Unternehmerverbänden und amtierte als Präsident der Bundesvereinigung der Deutschen Arbeitgeberverbände und als Präsident des Bundesverbandes der Deutschen Industrie. Sein kompromissloses Verhalten in Arbeitskämpfen, seine Nazi-Vergangenheit und sein aggressives Auftreten im Fernsehen machten ihn bald zum idealen konservativen Ziel für die linke Studentenbewegung der ausgehenden 1960er Jahre.

Der „Deutsche Herbst" begann am 30. Juli 1977 mit der stümperhaft ausgeführten Entführung und Ermordung des Bankiers Jürgen Ponto. Schleyer wurde am 5. September 1977 entführt, nachdem RAF-Mitglieder seinen Mercedes angehalten und sofort mit halbautomatischen Waffen auf das Auto und die Polizeibegleitung gefeuert hatten. Der Fahrer Schleyers und drei Polizeibeamte verloren im Schusswechsel ihr Leben. Schleyer selbst, der unverletzt blieb, wurde von den Entführern in eine anonym gemietete Wohnung in Erftstadt gebracht, 25 Kilometer südwestlich von Köln. Schleyer wurde gezwungen, aus der Gefangenschaft eine Botschaft an die westdeutsche Mitte-Links-

Regierung unter Helmut Schmidt zu richten: Sein Leben könne nur gerettet werden, wenn die eingesperrten RAF-Mitglieder freigelassen würden. Schmidt verweigerte jegliche Verhandlungen mit der unmissverständlichen Begründung, Deutschland lasse sich von Terroristen nicht erpressen. Es folgte eine 43 Tage währende Pattsituation, während der Schleyer über die Grenze nach Brüssel gebracht wurde.

Die Situation nahm eine dramatische Wende, als am 18. Oktober deutsche Spezialeinheiten die gemeinsam von RAF und Palästinensischer Befreiungsfront durchgeführte Entführung des Lufthansa-Fluges 181 auf dem Flughafen Mogadischu gewaltsam beendeten. Erneut hatten die Entführer die Freilassung der inhaftierten RAF-Mitglieder gefordert, außerdem die Freilassung zweier in der Türkei einsitzender Palästinenser und 15 Millionen US-Dollar in bar. Wenige Stunden nach der Befreiung der Geiseln in Mogadischu wurden die drei prominentesten RAF Häftlinge (Andreas Baader, Gudrun Ensslin und Jan-Carl Raspe) tot in ihren Gefängniszellen aufgefunden. Offiziell galten diese Todesfälle als Selbstmorde, in linken Kreisen bildete sich freilich unvermeidlich das Dogma heraus, es habe sich um getarnte Tötungen von staatlicher Seite gehandelt.

Das Hanns-Martin-Schleyer-Denkmal in Lindenthal

Nachdem die Entführer von den Todesfällen der RAF-Kameraden erfuhren, brachten sie Schleyer aus Brüssel weg und erschossen ihn am am selben Tag an der Straße nach Mulhouse in Frankreich, wo seine Leiche nächstentags im Kofferraum eines Autos aufgefunden wurde. Der Standort des Fahrzeugs war dem Büro der Deutschen Presseagentur in Stuttgart mitgeteilt worden. Schleyer wurde am Stuttgarter Ostfilderfriedhof begraben. Am Begräbnis nahm auch seine Witwe Waltrude teil, die sich den Rest ihres Lebens leidenschaftlich gegen jegliche Gnade für ehemalige RAF-Mitglieder einsetzte. Neben dem Kreuz ist heute eine Steinsäule zum Gedenken an alle Opfer des Terrorismus aufgestellt.

Weitere Sehenswürdigkeiten in der Nähe: 71, 73, 75, 76, 77

75. Adenauer, der große Erneuerer

Lindenthal (Stadtbezirk 3), ehemalige Wohnung Konrad Adenauers
an der Max-Bruch-Straße 4–6
Stadtbahn 7 Brahmsstraße; Bus 136

Das Lindenthaler Zuhause Konrad Adenauers

Der aus Köln gebürtige Konrad Hermann Joseph Adenauer (1876–1967) ist hauptsächlich in seiner Rolle als erster Kanzler der Bundesrepublik Deutschland im allgemeinen Gedächtnis verankert, als der Mann, der sein Land zwischen 1949 und 1963 aus den Ruinen des Zweiten Weltkriegs herausführte und in eines der mächtigsten Länder Europas verwandelte. Als Gründer und Vorsitzender der Christlich Demokratischen Union, einer Koalition aus Katholiken und Protestanten, die seit 1946 die deutsche Politik zu großen Teilen dominiert hat, hielt er klug und unerschütterlich an seiner breit angelegten Vision fest, die auf den Säulen der westlichen Demokratie, des Kapitalismus, der europäischen Integration und des Antikommunismus ruhte. Er trieb den Wiederaufbau der westdeutschen Wirtschaft bis hin zu ihrer europäischen Vormachtstellung voran, förderte die Neugründung der Armee, die Aussöhnung mit Frankreich und den Wachstumsprozess zu einer stärkeren europäischen Einheit. Kompromisslos bekämpfte er die Kommunisten Ostdeutschlands und machte sein Land zu einer Säule der NATO und zu einem treuen Alliierten der Vereinigten Staaten. Auch den schwierigen Prozess einer Aussöhnung mit den Juden und Israel nach dem Holocaust brachte er auf den Weg. Kurz, Adenauer hat Deutschland zwar nicht wieder vereinigt, aber er schaffte für sein Land Wohlstand, Demokratie, Stabilität und Respekt.

Seine ersten politischen Sporen verdiente sich Adenauer indessen als Bürgermeister von Köln. Von 1917 bis ins Jahr 1933, in dem er von den Nazis abgesetzt und im Deutzer Konzentrationslager Kölnmesse interniert wurde, lebte er in einem komfortablen Haus an der Max-Bruch-Straße 4-6 (Lindenthal). Das Haus steht noch immer da, mit seinen weiß gekalkten Wänden und den grün gestrichenen Fensterläden, und über dem Eingang ist ein Relief zu sehen, das drei Eulen darstellt, ein von Adenauer selbst gewähltes Emblem. Eulen gelten im Westen seit jeher als Symbole für Weisheit, eine Tradition, die mindestens bis in die griechische Antike zurückreicht, als sowohl Athen (die Stadt der Künste und Gelehrsamkeit) wie auch Athena (Stadtpatronin und Göttin der Weisheit) durch die Eule symbolisiert wurden.

Weisheit ist eine Eigenschaft, die Adenauer in seinen Jahren als Bürgermeister mehr als einmal an den Tag legte, und schon als Kölner Vizebürgermeister zwischen 1909 und 1917 konnte er sich auf die ihm eigene Klugheit und seine mannigfachen Talente verlassen. Wer weiß heute noch, dass er in der entbehrungsreichen Zeit des Ersten Weltkriegs in Arbeiterbezirken öffentliche Küchen einrichten ließ, die pro Tag 200 000 Essensrationen verteilten?! Auch sorgte er für die Einrichtung riesiger Lebensmittellager, dank derer die Mehrzahl der Menschen über die schlimmste Not hinwegkamen, außerdem meldete er Patente für ein Schwarzbrot aus Roggenschrot (das „Kölner Brot") und sogar für eine Sojawurst an.

Als Bürgermeister Kölns hat Adenauer viel zur Verbesserung der kommunalen Infrastruktur geleistet. Die Ergebnisse seiner Bemühungen sind, trotz der Verwüstungen des Zweiten Weltkriegs, bis heute sichtbar. So war es Adenauer, der am 19. Mai 1919 die Urkunde zur Wiedereröffnung der Universität zu Köln unterzeichnete, nachdem der Kölner Stadtrat diese bei der preußischen Regierung erfolgreich durchgesetzt hatte. Die bereits 1388 gegründete Universität war von den Franzosen 1798 geschlossen worden, nachdem ihre Professoren, um die Unabhängigkeit der Universität besorgt, sich geweigert hatten, einen Treueeid auf die französische Republik zu schwören. Adenauer war auch für die Wiederherstellung der Kölnmesse im Jahr 1924 verantwortlich, er förderte die Entwicklung des Flughafens Butzweiler 1926 und konnte Henry Ford für die Idee gewinnen, im Jahr 1931 in der Stadt eine Autofabrik zu bauen (s. Nr. 61 u. 64).

Andere Innovationen hatten eher praktischen Charakter. Nach dem Ersten Weltkrieg beauftragte Adenauer beispielsweise den Stadtplaner Fritz Schumacher (1869-1947) und den Gartenarchitekten Fritz Encke (1861-1931) mit der Umgestaltung des Landes, das durch Schleifungen

Diese Statue Konrad Adenauers steht an der Apostelnstraße.

der Kölner Festungsanlagen frei geworden war. So entstanden die allseits beliebten Grüngürtel (s. Nr. 82). Und auch der Bau des Müngersdorfer Stadions an der Aachener Straße im Jahr 1923 (heute: RheinEnergieStadion) sowie der Mülheimer Brücke 1929 (Wiederaufbau 1951) gehen auf Initiativen Adenauers zurück. Ende 1945 regte er die Wiedererrichtung des Volkstheaters Millowitsch an der Aachener Straße 5 (Altstadt-Süd) an, da er der Meinung war, den Menschen würde in diesen Zeiten ein wenig Lachen wohl gut tun. Begeisterungsstürme löste schließlich die Moskaureise Adenauers im Jahr 1955 aus, im Zuge derer er die Rückkehr der letzten deutschen Kriegsgefangenen einfädeln konnte.

Eine unbeabsichtigte Innovation in den 1920er Jahren kam zustande, nachdem Adenauers Chauffeur in eine Straßenbahn gekracht war, wobei Adenauer im Gesicht verletzt wurde. In der Folge veranlasste er die Umfärbung der Straßenbahnwägen in ein helles Beige, um auf diese Weise die Wahrscheinlichkeit derartiger Unfälle in Zukunft zu verringern. Ganz gut nachdenken über diesen faszinierenden Mann, ob über seine Weisheit oder seine Narben im Gesicht, lässt sich übrigens vor der bescheidenen Bronzestatue, die ihm die dankbaren Bürger Kölns geschenkt haben. Sie steht seit 1995 in der Apostelnstraße, in der Nähe seiner Wohnung als junger Mann.

Weitere Sehenswürdigkeiten in der Nähe: 74, 76

76. Hitlers Weg zur Kanzlerschaft

Lindenthal (Stadtbezirk 3), Villa Schröder am Stadtwaldgürtel 35
(die Villa kann nur von außen besichtigt werden)
Stadtbahn 7, 13 Wüllnerstraße

Am 4. Januar 1933 lud der Kölner Bankier und NSDAP-Anhänger Baron Kurt von Schröder (1889–1966) Adolf Hitler (1889–1945) und den vormaligen deutschen Kanzler Franz von Papen (1879–1969) zu einem zweistündigen Geheimtreffen in seine klassizistische Villa am Stadtwaldgürtel 35 (Lindenthal). Man diskutierte Möglichkeiten, wie die Nazipartei die Macht ergreifen und Hitler Kanzler werden könnte, den Vorbehalten des kränkelnden Präsidenten Paul von Hindenburg (1847–1934) zum Trotz. Eine Metalltafel am Haus erinnert an dieses Treffen und an die Tatsache, dass Hitler nur wenige Wochen später, am 30. Januar, tatsächlich Kanzler wurde. Der deutsche Historiker Karl Dietrich Bracher (geb. 1922) nannte dieses verhängnisvolle Treffen „die Geburtsstunde des Dritten Reichs".

Die Ereignisse rund um dieses Treffen liefern eine gute Illustration der disparaten politischen Kräfte, die die letzten Jahre der Weimarer Republik dominierten. Am 1. Juni 1932 ernannte Hindenburg den katholischen Adeligen, Monarchisten und Diplomaten von Papen zum Kanzler. Sein Kabinett, das er mit Hilfe des Generals Kurt von Schleicher (1882–1934) bildete, hatte wenig Unterstützung im Reichstag, ausgenommen von Seiten der Deutschnationalen Volkspartei, der wichtigsten nationalistischen Partei im Weimarer Deutschland. Trotzdem versuchte von Papen, seinen autoritären Stil durchzusetzen und das in der Weimarer Verfassung verankerte demokratische Prinzip auszuhebeln. In diesem Sinne bearbeitete er den zunehmend senilen Hindenburg, ihm Notstandsvollmachten zu gewähren, die es ihm erlauben sollten, das Kabinett des Freistaats Preußen zu entlassen, die letzte verbliebene republikanische Bastion in Deutschland. Zudem hob er das von seinem Vorgänger verhängte Verbot der SA auf, des paramilitärischen Flügels der jungen NSDAP. Damit verband er die Hoffnung, dass Hitler die neue Regierung unterstützen würde.

Papen setzte für Juli 1932 Wahlen an, konnte aber im Reichstag nicht die erhoffte Mehrheit gewinnen. Ganz im Gegenteil: Die Nazis holten so viele Sitze, dass sie zur größten Partei anwuchsen. Papen wandte sich erneut an Hindenburg. Diesmal wollte er die Befugnis, den neuen Reichstag sogleich nach dessen Konstituierung wieder aufzulö-

Die Schröder-Villa am Stadtwaldgürtel, wo Hitler im Januar 1933 an einer Sitzung teilnahm

sen. Seine Pläne wurden indessen durchkreuzt, als die Nazis unter dem neu gewählten Reichstagspräsidenten Hermann Göring (1893–1946) einen kommunistischen Misstrauensantrag unterstützten, wodurch Neuwahlen im November nötig wurden. Diesmal verloren die Nazis zwar Sitze, doch Papen konnte wieder keine Mehrheit sicherstellen, was Schleicher zum Anlass nahm, ihn zum Rücktritt zu drängen.

Hindenburg ernannte nun Schleicher zum Kanzler, dem er zutraute, eine breit abgestützte Koalition unter Mitwirkung der Nationalsozialisten und der Sozialdemokraten zustande zu bringen. Papen wollte sich damit nicht abfinden und traf Anfang Januar mit Hitler in der Villa in Lindenthal zusammen, um Pläne zur Ausschaltung Schleichers zugunsten einer Rechtskoalition zwischen Hitler, Papen und Alfred Hugenberg (1865–1951) von der Deutschnationalen Volkspartei zu beraten. Papen war der Meinung, Hindenburg würde seine preußischen Skrupel zugunsten Hitlers hintanstellen, wenn er ihn überzeugen könnte, dass Hitler in einem nicht unter Nazidominanz stehenden Kabinett unter Kontrolle gehalten werden könne. Seine Einschätzung erwies sich als richtig, was Hindenburg betraf, aber als falsch in Bezug auf Hitler. Kaum war Hitler Kanzler, drängte er Papen kurzerhand an den Rand, bis dieser die Regierung im August 1934 verließ. Unmittelbarer Anlass war die als „Röhm-Putsch" bekannt gewordene Säuberungsaktion der Nazis, im Zuge derer Schleicher in seinem eigenen Haus niedergeschossen wurde.

Was wurde aber aus Kurt von Schröder, dessen luxuriöses Zuhause den Schauplatz für das so verhängnisvolle Treffen abgab? Im Vergleich mit Papen blieb dieser auch während des Dritten Reiches auf der Sonnenseite des Lebens. Seine rechtsradikalen Ansichten veranlassten ihn zur Mitgliedschaft im Keppler-Kreis, einem Thinktank aus Ökonomen und Industriellen, dessen Mitglieder in den 1930er Jahren große Summen zur Unterstützung Hitlers und seiner Partei spendeten. Damit wollten sie einen Beitrag zur Entstehung eines politisch und wirtschaftlich stabilen Deutschlands leisten, in dem der Handel gedeihen konnte. Nach Hitlers Machtübernahme wurde Schröder mit zahlreichen Posten in Aufsichtsräten deutscher Großunternehmen belohnt, außerdem mit der Präsidentschaft der Wirtschaftskammer Rheinland. Als SS-Mitglied, Kölner Stadtrat und Kuratoriumsmitglied der Universität zu Köln war Schröder auch aktiv an der „Arisierung" des Privatbankensystems in Deutschland beteiligt. Nach Ende des Krieges wurde er in einem französischen Kriegsgefangenenlager entdeckt und wegen Verbrechen gegen die Menschlichkeit vor Gericht gestellt. Er kam mit einer Geldstrafe und drei Monaten Gefängnis sehr glimpflich davon. Schwer vorstellbar, dass er nicht das eine oder andere Geheimnis mit ins Grab genommen hat.

Weitere Sehenswürdigkeiten in der Nähe: 74, 75, 77

77. Napoleons Friedhof

Lindenthal (Stadtbezirk 3), Friedhof Melaten an der Aachener Straße
Stadtbahn 1, 7 Melaten

Im Jahr 1804, das Rheinland war von französischen Truppen besetzt, ordnete Kaiser Napoleon I. (1769–1821) an, künftig hätten alle Begräbnisse in Köln außerhalb der Stadtmauern stattzufinden. Er begründete sein Edikt mit hygienischen Rücksichten in der Tradition der alten Römer. Auch wenn die Stadtmauern längst geschliffen sind, ist der Friedhof Melaten an der Aachener Straße, der am 29. Juni 1810 eröffnet wurde, Kölns wichtigste Begräbnisstätte geblieben.

Der Name „Melaten" ist vom französischen Wort für „krank" (*malade*) abgeleitet, zumal sich der Friedhof auf dem Grundstück eines ehemaligen Leprösen-Hospizes befindet, das seit dem 12. Jahrhundert hier gestanden hatte. Der Standort des Hospizes außerhalb der Stadttore sollte das Risiko von Ansteckungen verringern (in einer Wandnische ist die Statue eines Mannes mit einer Ratsche in Händen zu sehen; mit dieser warnte er Passanten, wenn Leprakranke außerhalb des Hospizes unterwegs waren). Bis in die 1790er Jahre wurden hier auch Exekutionen und Hexenverbrennungen durchgeführt (s. Nr. 17).

Statue am Eingang zum Friedhof Melaten in Lindenthal

Der Friedhof Melaten wurde in Form eines Gitterrasters nach dem Vorbild des berühmten Friedhofs *Père Lachaise* in Paris angelegt, dessen Anlage Napoleon einige Jahre zuvor aus gleichem Grunde in Auftrag gegeben hatte. In beiden Friedhöfen sind die Hauptwege von den beeindruckenden Grabmälern und Mausoleen der Wohlhabenden gesäumt, während die Gräber der weniger Begüterten in die zweite Reihe und jene der Ärmsten in die hintersten Ränder des Friedhofs verbannt sind, wo sie oftmals schon nach 15 Jahren einer Wiederverwendung zugeführt wurden. Zu bestaunen gibt es hier jede Art von Grab-Architektur, von klassizistischen über neogotische und neobarocke bis hin zu Jugendstil-Gräbern und modernen Formen. Ob reich oder arm –

die zahlreichen und vielfältigen Grabmonumente lohnen allemal den Besuch, und dies natürlich ganz besonders am Vorabend von Allerheiligen (31. Oktober), an dem der Friedhof ein wenig länger geöffnet bleibt und die Gräber in einem Meer leuchtender Kerzen erstrahlen. Bis 1829 war der Friedhof Katholiken vorbehalten, Protestanten wurden auf dem sogenannten Geusenfriedhof hinter dem Weyertor begraben; Juden hatten bis 1918 ihren eigenen Friedhof in Deutz (s. Nr. 48 u. 65).

Auf dem Friedhof Melaten fanden zahlreiche Kölner Berühmtheiten ihre letzte Ruhestätte, unter ihnen der Erfinder des Viertaktmotors Nicolaus August Otto (1832–1891) (Gruppe C), der Vater des *Eau de Cologne* Johann Maria Farina (1658–1766) (Reihe 60) und der Radchampion Albert Richter (1912–1940) (Gruppe E8), der wegen seiner Opposition zu Hitler ermordet wurde. Neuere Zugänge sind Heinz G. Konsalik (1921–1999) (Reihe 69a), der Bestsellerautor des *Arzt von Stalingrad* und erfolgreichste deutsche Romanautor nach dem Zweiten Weltkrieg, sowie der unerhört beliebte Bühnen- und TV-Schauspieler Willy Millowitsch (1909–1999) (Reihe 72a), der mit seinen Vorstellungen im Kölner Dialekt vor ein gesamtdeutsches Publikum trat.

Ein Besuch des Friedhofs Melaten ist gerade im Frühjahr ein besonderes Erlebnis, wenn die zwischen den bis zu 200 Jahre alten Grüften, Grabsteinen und Engelsfiguren wachsenden Bäume und Sträucher zum Leben erwachen. Dann fühlt man sich auf dem Friedhof eher wie in einem Park als an einem Ort der Trauer, wozu die hier hausenden mehr als 40 Vogel- und Säugetierarten ebenfalls ihren Beitrag leisten. Neben Eichhörnchen, Fledermäusen und Füchsen sind hier seit einigen Jahrzehnten sogar wilde Papageien zuhause. Die vielleicht ungewöhnlichsten Friedhofsbewohner waren allerdings jene (lebenden!) Kölnerinnen und Kölner, die die größeren Mausoleen als provisorische Unterkünfte benutzten, nachdem ihre Häuser im Zweiten Weltkrieg zerstört worden waren.

Bei einem Spaziergang durch den Friedhof Melaten fällt auf, dass viele der älteren Gräber heute nicht mehr betreut werden. Um sie vor der Verwahrlosung zu bewahren, wurde im Jahr 1981 eine Patenschafts-Initiative ins Leben gerufen, die interessierten Personen die Gelegenheit gibt, ein bestimmtes Grab gleichsam zu adoptieren und sich – auf eigene Kosten – um dessen Restaurierung und Bewahrung zu kümmern. Dafür bekommen sie eine Patenschaftsurkunde und das Recht, das Grab auf Wunsch dereinst selber zu benutzen. Auf diese Weise konnten über 500 historische Gräber für die Nachwelt erhalten werden.

Weitere Sehenswürdigkeiten in der Nähe: 38, 70, 76

78. Die akademische Kohlengrube

Lindenthal (Stadtbezirk 3), Schaubergwerk Barbarastollen unter dem
Hauptgebäude der Universität zu Köln am Albertus-Magnus-Platz
Stadtbahn 9 Universität

Die Universität zu Köln wurde im Jahr 1388 als vierte Universität des Hl. Römischen Reiches gegründet. Nachdem die Franzosen sie 1798 geschlossen hatten, wurde sie 1919 von Preußen wieder eröffnet. Heute gehört sie zu den größten Universitäten Deutschlands. Mit den verschiedenen Fakultäten der Universität sind einige der weniger bekannten Museen der Stadt verbunden. Zu diesen nur auf Anmeldung zugänglichen Spezialsammlungen gehören die Ägyptische Sammlung in der Meister-Ekkehart-Straße 7, die Prähistorische Sammlung in Weyertal 125, das GeoMuseum an der Zülpicher Straße 49 und die Musikinstrumentensammlung sowie die Papyrussammlung, beide im Hauptgebäude in der Universitätsstraße.

Das ausgefallenste Universitätsmuseum ist jedoch den Blicken zunächst gänzlich entzogen. Wenige Meter von der Studenten-Cafeteria im Hauptgebäude entfernt öffnet sich eine Tür in ein Treppenhaus, das über mehrere Treppen in den sogenannten Barbarastollen hinab führt. Dieser 40 Meter lange, künstlich angelegte Bergwerksstollen kann nur nach Voranmeldung besucht werden (Tel. +49 (0) 221-478 44 51). Namensgeberin ist Barbara, die Patronin der Bergleute.

Der Barbarastollen wurde 1932 zu Ausbildungszwecken gebaut und gehörte zum Institut für Wirtschafts- und Sozialwissenschaften. Der im Zweiten Weltkrieg in Vergessenheit geratene Stollen wurde erst in den 1980er Jahren wieder geöffnet, da der Zugang hinter einem Bücherregal versteckt war. Seit 1984 wird das „Bergwerk" vom Institut für Arbeitsmedizin, Sozialmedizin und Sozialhygiene betreut, das zusammen mit der Ruhrkohle AG für eine Renovierung gesorgt hat und jetzt für die Führungen verantwortlich ist.

Der Barbarastollen im Übungsbergwerk unter der Universität zu Köln

Nach dem Eintreten bekommen die Besucher einen Helm verpasst. Die Decke ist auch nicht höher als in einer echten Mine.

Die Wände des Stollens bestehen aus Stein und Holzstützen, die von Stahlträgern getragen werden. Die Kohle, die von einem echten Bergwerk in Aachen angeliefert wurde, ist mit Teer an der Wand befestigt. Die Maschinen, darunter ein Grubenlift, ein Flaschenzug, ein Druckluftbohrer und ein Katzenaugensignal, wurden von verschiedenen Unternehmen aus ganz Deutschland zur Verfügung gestellt. Das Gleiche gilt für die Gleise in der Tunnelmitte, entlang denen eine Zugmaschine mit Kohle gefüllte Waggons zieht. Die Rekonstruktion ist in der Tat perfekt – man könnte glatt vergessen, dass man eigentlich direkt unter der Uni steht!

Als Teil des Instituts für Arbeitsmedizin erfüllt der Barbarastollen eine wichtige Bildungsfunktion, indem er Besucher wie Studenten gleichermaßen daran erinnert, unter welch schweren und gefährlichen Bedingungen in den Kohlegruben der 1920er und 1930er Jahre gearbeitet wurde. Trotz der heutzutage wesentlich verbesserten Maschinen sind Bergleute (darunter in einigen Ländern auch Kinder) nach wie vor den Risiken des Kohlestaubs und Lärms ausgesetzt – Aspekte, die im Zuge der Bergwerksführung veranschaulicht werden. Nach Verlassen der Mine bekommen die Besucher gelegentlich ein Gläschen Schnaps. Gegen diese Wohltat hätten echte Kumpel nach einer anstrengenden Schicht unter Tag gewiss auch nichts einzuwenden ...

Die Wände des Übungsbergwerks sind mit echter Kohle ausgekleidet.

> Interessant ist in diesem Zusammenhang die Tatsache, dass im Kölner Stadtbezirk Kalk in der Mitte des 19. Jahrhunderts ein echtes Kohlenflöz entdeckt wurde. 1856 erhielt ein Wilhelm Eckardt eine Bergwerkskonzession. Man hob einen über 30 Meter tiefen Schacht aus, scheiterte jedoch letztlich am eindringenden Grundwasser. Im Jahr 1858 wurde das Grundstück an die Sünner Brauerei verkauft, die hier an der Kalker Hauptstraße 260 ihren Hauptsitz errichtete (s. Nr. 49).

Weitere Sehenswürdigkeiten in der Nähe: 36, 37, 38, 77

79. Vom Friedhof zur Markthalle

Rodenkirchen (Stadtbezirk 2), Großmarkthalle (Großmarkthalle) in der Marktstraße 10
Bus 132, 133 Mannsfeld (ab 2015: Nord-Süd-Stadtbahn Marktstraße)

Schwer vorstellbar, dass das heute von der Großmarkthalle an der Marktstraße 10 (Rodenkirchen) eingenommene Gebiet im 12. Jahrhundert ein jüdischer Friedhof gewesen sein soll. Im Jahr 1348 fegte der Schwarze Tod durch Europa und zog eine Spur des Verderbens mit geschätzten 35 Millionen Toten hinter sich her. Da sie nicht wussten, dass die Ausbreitung der Krankheit durch schlechte Hygiene und mangelhafte sanitäre Einrichtungen begünstigt wurde, glaubten viele Europäer, astrologische Konstellationen, Erdbeben oder Brunnenvergiftungen von jüdischer Seite als Erklärung heranziehen zu müssen. Entsprechend zahlreich waren die Angriffe gegen jüdische Gemeinden, beispielsweise in Mainz und Straßburg. Im August 1349 wurde auch der jüdische Friedhof in Köln an der Bonner Straße (Rodenkirchen) geschändet. Erst im Jahr 1922 wurden Teile des Friedhofs wiederentdeckt, und als man das Land im Jahr 1936 für die Errichtung der neuen Markthalle aufbereitete, wurden die menschlichen Überreste zum jüdischen Friedhof in Bocklemünd übergeführt (s. Nr. 65).

Ursprünglich stand die Markthalle von Köln am Heumarkt, wo sie 1904 errichtet worden war. Nachdem sie den modernen Anforderungen nicht mehr genügte, beauftragte man den Architekten Theodor Teichen (1896–1963) mit einem Neubau außerhalb des Stadtzentrums im Bezirk Raderberg (Rodenkirchen). Der neue Großhandelsmarkt ist aus mehreren Gebäuden zusammengesetzt, deren imposantestes zweifellos die Großmarkthalle ist. Der in den Jahren 1937 bis 1940 errichtete Bau besteht aus einem kolossalen Gewölbekeller für die Kühllagerhaltung, über dem sich eine 132 Meter lange Halle erstreckt. Diese trägt ihrerseits ein Parabolbogendach aus Stahlbeton, das eine Höhe von 57 Metern erreicht. Dieses Design erwies sich als derart erfolgreich, robust und geräumig, dass es die deutsche Luftwaffe alsbald für ihre Flugzeughangars kopierte! Zwar entging auch die Großmarkthalle im Zweiten Weltkrieg nicht der Zerstörung, doch wurde sie wieder aufgebaut und ist bis zum heutigen Tag in ihrer ursprünglichen Funktion in Verwendung. Mehr als 1,2 Millionen Tonnen an Erzeugnissen werden hier jährlich umgeschlagen.

Großmarkthalle in Rodenkirchen

Heute ist ein Besuch in der Großmarkthalle ein ungewöhnliches Erlebnis. Der Haupteingang gegenüber dem Parkplatz, wo ein ständiges Kommen und Gehen von LKWs und Lieferwägen herrscht, ist durch eine riesige Uhr gekennzeichnet. Hinter den Schwingtüren sind zahlreiche versperrbare Kioske aufgereiht, die den einzelnen Händlern gehören. Hier werden Obst, Gemüse, Fisch und Fleisch verkauft. Die Geschäftszeiten sind von Montag bis Freitag zwischen 2 Uhr morgens und 13 Uhr, an Samstagen bis 8 Uhr. Außerhalb der Geschäftszeiten ist die Halle praktisch leer.

Das geschäftige Treiben täuscht freilich auch ein wenig; in Wahrheit ist nicht alles, wie es scheint. Gleich hinter dem Haupteingang ist ein Balkon zu sehen, wo eine Cafeteria einst gute Geschäfte mit den Händlern machte. Heute ist der Laden zugenagelt und modert langsam vor sich hin. Auch der gigantische Gewölbekeller, der über eine seitliche Rampe zugänglich ist, liegt großenteils brach. Für seine gespenstische Akustik und die unzähligen dunklen Ecken interessieren sich heute höchstens noch ab und zu Filmemacher.

Es scheint, dass sich der Markthandel in den letzten Jahren verändert hat. Kein Wunder, dass man neuerdings wieder eine Verlegung des Marktes diskutiert, diesmal an die Stadtgrenze nach Marsdorf, wo die Verkehrsanbindung vorteilhafter ist. Als Termin wird das Jahr 2020 an-

Unterhalb der Großmarkthalle befindet sich ein Labyrinth von Gewölbelagerräumen.

gepeilt, die alte Großmarkthalle soll dann leer bleiben. Allerdings ist das Gebäude aufgrund seiner spektakulären Architektur denkmalgeschützt, weshalb zu hoffen ist, dass der alten Halle als Wohnbauprojekt der ganz anderen Art neues Leben eingehaucht wird.

Neben der Großmarkthalle steht ein wesentlich kleineres Bauwerk, das ebenfalls seinen Platz im Original-Architekturplan des Marktes einnimmt: Die alte Versteigerungshalle ist ein Gebäude im Bauhausstil, das einen beinahe zerbrechlich wirkenden Kontrapunkt zur gewaltigen Markthalle darstellt. Das ebenfalls geschützte Haus hat seine ursprüngliche Funktion inzwischen eingebüßt und wurde zu einer Veranstaltungshalle adaptiert.

> Auch die Liebhaber geschäftiger und farbenfroher Straßenmärkte im traditionellen Stil kommen in Köln auf ihre Kosten. Einer von ihnen, der Markt Altstadt-Nord, findet seit 1947 jede Woche am Sudermanplatz statt. Damit ist er der älteste in Köln. Er zeichnet sich durch eine urige Atmosphäre aus, in der sich alteingesessene Kölner mit Türken und Auswärtigen Seite an Seite umschauen und einkaufen.

Weitere Sehenswürdigkeiten in der Nähe: 39

80. Kontroverse am Martin-Luther-Haus

Rodenkirchen (Stadtbezirk 2), Martin-Luther-Haus in der Mehlemer Straße 27
Stadtbahn 16 Bayenthalgürtel; Bus 106, 130 (ab 2015: Nord-Süd-Stadtbahn Bonner Straße Gürtel)

„Hier stehe ich, ich kann nicht anders", steht neben dem Eingang zum Martin-Luther-Haus, einem Pfarrgemeindezentrum an der Mehlemer Straße 27 (Rodenkirchen). Dieser Ausspruch wird dem deutschen Pfarrer und Theologen Martin Luther (1483–1546) zugeschrieben, der sich auf dem Reichstag zu Worms 1521 weigerte, eine lange Liste mit katholischen Häresien zu widerrufen, die er ans Wittenberger Kirchentor genagelt hatte – die Geburtsstunde der Protestantischen Reformation. Die Inschrift wird von einem Luther-Relief begleitet, das der aus Köln gebürtige Bildhauer Willy Meller (1887–1974) angefertigt hat.

Gegenüber der Inschrift, auf der anderen Seite des Eingangs, befindet sich ein zweites Relief. Dieses nach dem Zweiten Weltkrieg zum Teil eingeebnete Relief stellt ein Mitglied der SA (Sturmabteilung) dar, der paramilitärischen Organisation, die Hitlers Machtergreifung tatkräftig unterstützt hatte; dazu ein Reichsadler mit Kranz und Hakenkreuz. Neben dem Relief ein angebliches Zitat des „Führers": „Wenn so die Welt gegen uns steht, dann müssen wir umso mehr zu einer Einheit werden".

Diese kuriose Mischung aus Bildern und Worten kann dem Betrachter viel über das Deutschland der 1930er Jahre erzählen. Das Gebäude wurde 1933/34 nach einem Plan des Kölners Clemens Klotz (1886–1969) errichtet, eines in der Gunst des Naziregimes stehenden Architekten, der viel mit Willy Meller zusammenarbeitete (s. Nr. 21). Die Reliefs wurden von dem einflussreichen deutschen Bankier und Politiker Robert Pferdmenges (1880–1962) in seiner Eigenschaft als kommunale Führungspersönlichkeit approbiert. Sie sollten die unerschütterliche Loyalität der deutschen Christen gegenüber dem „Dritten Reich" demonstrieren. Freilich hatten es die Nationalsozialisten eher darauf abgesehen, den christlichen Glauben durch die Unterwerfung unter den „Führer" und das Reich zu ersetzen.

Heißt das nun, dass Pferdmenges ein Nazi war? In seinem früheren Haus, gleich um die Ecke an der (zu seinen Ehren später so genannten) Pferdmengesstraße 52 fand nach dem Ersten Weltkrieg ein Treffen mit seinem Kollegen und Freund Konrad Adenauer (1876–1967)

Das teilweise abgeschlagene Relief im Martin-Luther-Haus in Rodenkirchen

statt, in dem es um die Zusammensetzung des ersten Bundestags ging. Dieser Umstand deutet, ebenso wie die Tatsache, dass er nach dem Zweiten Weltkrieg in der neu gegründeten Christlich Demokratischen Union aktiv war, eindeutig in eine andere Richtung. Allerdings musste er, wenn er seinen Status und seine Freiheit unter dem Naziregime bewahren wollte, vorsichtig agieren und sich dem Regime gegenüber gelegentlich gefügig erweisen. So würde sich auch die Zustimmung zu den Reliefs erklären, ebenso wie die „freiwillige Arisierung" der Kölner Bank von Salomon Oppenheim Junior im Jahr 1936, an der Pferdmenges beteiligt war, um das Vermögen des jüdischen Haupteigentümers zu schützen. Pferdmenges' Mitgliedschaft im „Freundeskreis Heinrich Himmler" und sein Engagement für die deutsche AEG, die Hitlers Kriegsmaschine aktiv unterstützte, sind zwei andere Aspekte aus dem Leben dieses hochpolitischen, von vielen geschätzten, aber auch umstrittenen Geschäftsmannes.

Aber was hat es eigentlich mit der unterstellten Verbindung zwischen den Worten Martin Luthers und den Aktionen der SA auf sich, die nicht nur die Straßengewalt gegen Juden, Kommunisten und Sozialisten anstachelte, sondern auch eifrig darüber wachte, dass die Boykotte jüdischer Geschäfte eingehalten wurden? Die Verknüpfung basiert auf einer gewissen antijüdischen Rhetorik in den Spätschriften Luthers, denen einige Historiker eine nicht unerhebliche Bedeutung für die Entwicklung des Antisemitismus in Deutschland zuschreiben. Andere Historiker widersprechen dem und betrachten Luthers Aussagen als zwar fehlgeleitet, aber nicht in einem rassistischen Sinne gemeint. Sicher ist, dass Luthers Worte von den Nazis dazu missbraucht wurden, die Angriffe gegen Juden zu rechtfertigen.

Heutige Besucher des Martin-Luther-Hauses finden gleich beim Eingang eine Informationstafel, auf der erklärt wird, wie die von den Nazis kontrollierte Protestantische Kirche eine bewusste Verschmelzung christlicher und nationalsozialistischer Ideologien billigte. Damit hat die Kirche ihre Gemeinde in die Irre geführt, worauf auch ein 1984 neben dem SA-Relief angebrachtes Bibelzitat Bezug nimmt: „Gerechtigkeit erhöht ein Volk; aber die Sünde ist der Leute Verderben" (Sprüche 14:34).

Weitere Sehenswürdigkeiten in der Nähe: 81

81. Türme für Bismarck

Rodenkirchen (Stadtbezirk 2), Bismarckturm am Bayenthalgürtel
Stadtbahn 16 Bayenthalgürtel; Bus 130

Was wurde nicht alles benannt nach Otto Eduard Leopold von Bismarck (1815–1898), dem Ministerpräsidenten des Königreichs Preußen (1862–1890), Bundeskanzler des Norddeutschen Bundes (1867–1871) und erstem Kanzler des neugegründeten Deutschen Reichs (1871–1890): Schulen, Städte, Berge, Schiffe, ein Kohlebergwerk und sogar ein marinierter Hering tragen seinen Namen! Ein Beweis für die überaus hohe Wertschätzung, die dem Mann zuteilwurde, der den ersten Nationalstaat der Deutschen auf den Weg brachte.

Das am weitesten verbreitete und vielleicht seltsamste Symbol der Bismarck-Begeisterung, die damals in der jungen deutschen Nation herrschte, war der Bismarckturm, ein pathetisches Denkmal, das einzig zu dem Zweck errichtet wurde, den Namen des Mannes zu ehren und die Betrachter an ihre Pflicht zur Loyalität mit Deutschland zu erinnern, wo immer sie auch leben mochten. Zwischen 1869 und 1934 wurden in zehn Ländern auf vier Kontinenten an die 240 solcher Monumente errichtet. Weitere 170 Bismarcktürme waren geplant, wurden aber nie realisiert. Der heute von mächtigen Platanen beinahe völlig verdeckte Bismarckturm in Köln blickt vom Ende des Bayenthalgürtels (Rodenkirchen) auf den Rhein.

Ehe der allgemeine Hype um den Bau von Bismarcktürmen ausbrach, ließ sich die Sache zunächst eher bescheiden an. Die loyalen Anhänger favorisierten herkömmliche Wandtafeln, Statuen und Obelisken. Erst nach Bismarcks Rücktritt als Kanzler begann sich, tatkräftig unterstützt von Kaiser Wilhelm II., die Bismarck-Hysterie im Land voll zu entfalten. In eigenen Komitees wurde beraten, wie der „Eiserne Kanzler" wohl am besten zu ehren sei. Dabei wurden zahlreiche geplante Statuen im traditionellen Stil zugunsten eines ganz neuen Typs verworfen – des Bismarckturms. 15 solcher Türme wurden noch zu Bismarcks Lebenszeit errichtet, einige in Stein, andere in Holz, und fast alle wurden an auffälligen und privilegierten Orten aufgestellt.

So richtig in Schwung gekommen ist der Turmbau für Bismarck dann nach dem Ableben des Verehrten im Jahr 1898. Im Dezember desselben Jahres schrieb die national-demokratische Deutsche Studentenschaft einen Wettbewerb für die Gestaltung von Bismarcktürmen unter dem Motto „Flammen über ganz Deutschland zu Ehren Bismarcks" aus.

Der Bismarckturm am Bayenthalgürtel in Rodenkirchen

Nach den Vorgaben mussten die Türme aus dauerhaftem deutschem Granit sein, aufgestellt an einer erhöhten Stelle in einer Mindestentfernung von anderen Gebäuden. An der Turmspitze sollte jeweils eine Feuerschale installiert sein, in der ein ewiges Licht entzündet werden konnte.

Stichtag der mit einem Budget von 20 000 Mark dotierten Ausschreibung war der 1. April 1899. Einige Entwürfe des hart umkämpften Wettbewerbs trugen Titel, die in modernen Ohren einigermaßen ominös klingen, wie *Deutsch bis ins Mark* oder *Dem deutschesten Deutschen*. Jede deutsche Kommune mit mehr als 5000 Einwohnern wurde schriftlich zur Errichtung eines Bismarckturms ermuntert, und innerhalb von nur sechs Wochen hatten sich sämtliche Universitätsstädte dem Projekt angeschlossen. Schließlich konnte der Architekt Wilhelm Kreis die Konkurrenz für sich entscheiden. Sein Entwurf *Götterdämmerung* hatte die Form einer überdimensionierten Säule auf einem quadratischen Sockel; eine Aussichtsplattform obenauf sollte Besucher anlocken.

Die deutsche Reichsregierung war an der Errichtung der Türme höchstens auf kommunaler Ebene beteiligt. Die Mittel kamen nicht aus Steuern, sondern vielmehr von Spenden der Bevölkerung, die mit dem Bau ihres Turms auch die Identität ihrer Heimatstadt zu schärfen trachtete. Deshalb waren die Türme auch recht unterschiedlich, obwohl sie auf einem gemeinsamen Ideal fußten. Der Kölner Turm gefällt sich in der Darstellung der kolossalen Bismarck'schen Monumentalität. Auch die Zeiten, zu denen die Schale entzündet wurde, unterschieden sich – an Bismarcks Geburtstag, am Todestag, am Jahrestag der Schlacht von Sedan oder einfach an einem städtischen Feiertag. Auch wenn sich das Entzünden der Schalenfeuer in der Zeit der Inflation in den 1920er Jahren weitgehend aufhörte, existieren bis heute noch 172 Bismarcktürme, die trotz – oder geraden wegen – ihres anachronistischen Charakters als Dokument eines wichtigen Kapitels deutscher Geschichte ihre Bedeutung haben.

Weitere Sehenswürdigkeiten in der Nähe: 80

82. Die einstmals größte deutsche Festung

Rodenkirchen (Stadtbezirk 2), Kölner Festungsmuseum an der
Militärringstraße 10
Stadtbahn 16 Heinrich-Lübke-Ufer; Bus 130

Auch wenn Köln die Reformation und die Gegenreformation weitgehend unversehrt überstanden hatte, war seine Zeit als boomende mittelalterliche Hansestadt im ausgehenden 17. Jahrhundert längst vorbei. Dies belegt schon allein die Tatsache, dass die Arbeiten am grandiosen gotischen Dom bereits 1560 aus Geldmangel eingestellt werden mussten. Im Jahr 1815 kam Köln unter preußische Verwaltung, und schließlich erlaubte König Friedrich Wilhelm IV. (1840–1861) im Jahr 1842 die Wiederaufnahme der Bauarbeiten am Dom. Dies kann durchaus als Zeichen einer ökonomischen Wiederbelebung der Stadt betrachtet werden, die schon einige Jahre zuvor während der französischen Besatzung Kölns ausgelöst wurde (s. Nr. 17).

Unter preußischer Verwaltung wurde das Rheinland zu einer Bastion deutscher Freiheit und Unabhängigkeit, und Köln wurde zur größten Festung des Landes ausgebaut. Das neue preußische Befestigungswerk bestand aus zwei konzentrischen Festungsringen mit selbständigen Festungseinheiten mit je eigener Garnison. Zwischen 1816 und 1863 wurde zunächst der Innere Festungsgürtel gebaut, und zwar unmittelbar außerhalb des Verlaufs der mittelalterlichen Stadtmauer (s. Nr. 35). Er war aus elf Forts zusammengesetzt. Als sich im Laufe des 19. Jahrhunderts jedoch der Zuzug nach Köln im Zuge der industriellen Revolution intensivierte, kam es zur Demolierung der mittelalterlichen Mauer, und die Forts III, IV, V, VI und VII des Inneren Festungsgürtels wurden aufgelassen, um Platz für neue Häuser und Parks zu schaffen. Reste sind jedoch bis heute zu sehen, etwa das Fort IV an der Eifelstraße (Neustadt-Süd), das heute den Mittelpunkt

Das Kölner Festungsmuseum an der Militärringstraße

Rodenkirchen | **219**

des reizenden Volksgartens bildet (eine benachbarte Lünette wurde zur Orangerie umfunktioniert), und das Fort V zwischen Zülpicher Straße und Otto-Fischer-Straße, in dem die Fakultäten für Geografie und Nuklearchemie der Universität Köln Unterkunft gefunden haben.

Die preußischen Militärs hätten einer Auflassung der Forts wohl niemals zugestimmt, hätten sie nicht auf die Zuverlässigkeit ihres Äußeren Festungsgürtels vertraut, der zwischen 1873 und 1881 errichtet wurde. Dieser bestand aus zwölf Forts, ergänzt durch 23 kleinere Forts, die als *Zwischenwerke* bekannt sind. Wie sein Name schon sagt, lag der Äußere Festungsring weit außerhalb des Inneren Festungsrings – eine logische Reaktion auf die stark verbesserten Reichweiten moderner Kanonen. Die Forts waren von stacheldrahtbewehrten Gräben umgeben und wurden von fast 200 Nebengebäuden versorgt, von denen viele als Pulvermagazine dienten. Die Bewegung zwischen den Forts fand auf dem sogenannten Militärring statt, einer Straße, an die ein einen Kilometer breites Niemandsland anschloss, das in seiner Kahlheit den Feind der Deckung berauben sollte. Der Äußere Festungsring blieb bis zum Ende des Ersten Weltkriegs voll funktionsfähig, ehe dann das Rheinland gemäß dem Vertrag von Versailles entmilitarisiert wurde und die Forts endgültig ihre militärische Funktion verloren.

Auch von diesen Anlagen sind noch Reste zu sehen, am besten und umfangreichsten am jährlichen „Tag der Forts" (www.tag-der-forts.de). Besonders interessant: Zwischenwerk VIIIb an der Militärringstraße 10 (Rodenkirchen), in dem heute das Kölner Festungsmuseum untergebracht ist. In einer Reihe authentischer Kasematten mit Ziegelgewölben sind faszinierende Pläne, Photographien und Artefakte ausgestellt, die die preußischen Verteidigungsstellungen zu neuem Leben erwecken. Nach dem Zweiten Weltkrieg wurde die Festung eine Weile von obdachlos gewordenen Personen in Beschlag genommen.

Wieder einmal war es Bürgermeister Konrad Adenauer (1876–1967), der in den 1920er Jahren dafür sorgte, dass die noch übrigen Forts mit ihrem Niemandsland nach Möglichkeit als Grüngürtel zu Erholungszwecken erhalten blieben. Daraus lassen sich drei Besonderheiten in Rodenkirchen erklären: Der Pavillon im Raderthaler Volkspark an der Ecke Kardorfer Straße und Pingsdorfer Straße, der ursprünglich ein Pulvermagazin gewesen war; die großen Betonschuttblöcke von Fort VI in den Wäldern beim Decksteiner Weiher; und ähnliche Trümmer, mit denen im Forstbotanischen Garten an der Schillingsrotter Straße 100 ein Rhododendron-Steingarten errichtet wurde.

Weitere Sehenswürdigkeiten in der Nähe: 83

83. Die Legende von Bischof Maternus

Rodenkirchen (Stadtbezirk 2), Kirche Alt St. Maternus an der Steinstraße
Stadtbahn 16 Rodenkirchen Bahnhof; Bus 130, 131

Am linken Rheinufer, an der Steinstraße im Stadtteil Rodenkirchen, steht ein kleines, weiß getünchtes Kirchlein, das dem Heiligen Maternus (?–328) geweiht ist, dem ersten bekannten Bischof von Köln. Maternus war es, der am Ort eines römischen Tempels in Köln eine Basilika gründete, aus der später der Kölner Dom hervorgehen sollte (s. Nr. 11). Ein Besuch der Kirche, die sich von der mächtigen Kathedrale nicht stärker unterscheiden könnte, bietet die Gelegenheit, sich ein wenig näher mit der Geschichte einer der bedeutendsten historischen Persönlichkeiten Kölns auseinander zu setzen.

Zum Leben des Maternus liegen leider wenige überprüfbare Fakten vor. Die Wahrheit kann deshalb nur aus einigen alten Legenden, die sein Leben betreffen, abgeleitet werden. Es ist sehr wahrscheinlich, dass er als Subdiakon den Diakon Valerius und den Hl. Eucharias nach Gallien begleitete, wohin der Hl. Petrus sie angeblich mit dem Auftrag gesendet hatte, das Wort Gottes zu predigen. Nach ihrer Ankunft im elsässischen Ehl (das gallo-romanische Ellelum) verstarb Maternus unerwartet. Gemäß der Legende eilten Valerius und Eucharias flugs zurück nach Rom, wo sie Petrus anflehten, ihren verstorbenen Kameraden wieder zum Leben zu erwecken. Petrus erklärte sich einverstanden und übergab Eucharias seinen Bischofsstab. Er solle, so der Auftrag, Maternus mit diesem berühren, dann würde der Tote ins

Die Kirche Alt St. Maternus steht am Ufer des Rheins.

Leben zurückkehren (der Stab wird heute in der Domschatzkammer aufbewahrt). Nach diesem Wunder setzten sie ihr Bekehrungswerk eifrig fort, nicht ohne unterwegs etliche Kirchen zu gründen.

Der Legende nach soll sich Eucharius für Trier als seinen Sitz entschieden haben, wo er in der Folge 25 Jahre lang als Bischof amtierte, gefolgt von Valerius und schließlich von Maternus, der zwischenzeitlich die Bistümer Köln und Tongeren (die älteste Stadt Belgiens) gegründet haben soll. Die ältesten dokumentierten Hinweise auf Maternus datieren ins Jahr 313, als er von Kaiser Konstantin I. (272–337) in seiner Eigenschaft als Kölner Bischof zu einer Synode nach Rom gerufen wurde, auf der über das in Nordafrika schwelende Donatistische Schisma entschieden werden sollte. Alles in allem amtete Maternus 40 Jahre lang als Bischof, bis zu seinem Tod im Jahr 328.

Sehr der Legende verpflichtet ist auch die Geschichte, wie Trier, Köln und Tongeren angeblich darüber stritten, wo der verblichene Maternus begraben werden sollte – schließlich war er in allen drei Städten Bischof gewesen! Nach einigem Hin und Her beschloss man, die Entscheidung dem Willen Gottes anheim zu stellen, und Maternus' Leichnam wurde auf einem Bestattungsboot am Rhein ausgesetzt. Die Bürger von Trier nahmen an, der Kahn werde zwangsweise von der Strömung an ihr Ufer getrieben. Doch siehe da, das Schifflein widersetzte sich dem Naturgesetz und legte stattdessen stromaufwärts in Rodenkirchen an, wo man die Leiche an Land holte und beisetzte. Die wundersame Anlegestelle wurde mit einer Kapelle markiert.

Die Erzählung, welche Bischof Maternus mit der kleinen Kirche in Rodenkirchen verknüpft, die zu den 13 romanischen Kirchen außerhalb der Stadtmauer gehört, ist nie verifiziert worden. Man könne, sagen die Vertreter dieser These, den Namen „Rodenkirchen" von „Ruenkirchen" herleiten, das wiederum mit dem Wort „Rauen" zu tun habe, einem Dialektausdruck für „trauern". Gegen eine derartige Verbindung spricht allerdings die Tatsache, dass die ältesten Bauelemente des Gebäudes aus dem 10. Jahrhundert stammen. Anderseits wurden im Jahr 1925 bei Renovierungsarbeiten einige datierbare Steine entdeckt, die eine Gründung in frühchristlicher Zeit nahelegen. Demnach wäre es nicht unmöglich, dass das heutige Kirchlein seine Ursprünge in der Begräbniskapelle der Legende hat. Trotzdem gehen die meisten Historiker davon aus, dass Maternus letztlich doch in Trier begraben wurde.

Das Bevölkerungswachstum in Rodenkirchen und eine Reihe schwerer Überschwemmungen – die Kirche trägt Überschwemmungsmarkierungen aus den Jahren 1882, 1925/26 und 1993 – waren der Grund dafür, dass im Jahr 1867 der Bau einer neuen Kirche St. Maternus an einem höheren Ort an der Hauptstraße 19 begonnen wurde. Maternus wurde nie vergessen, eine Statue des Heiligen in der alten Kirche blickt noch immer zum Rhein hinunter.

Die Straßen um die Kirche herum, namentlich Steinweg und Auf dem Brand, bilden das sogenannte Fischerdorf. Einen Besuch wert ist die aus der Mitte des 16. Jahrhunderts stammende Gaststätte zum Treppchen an der Kirchstraße 15, benannt nach den zum Ufer hinunter führenden Treppen, und der Fachwerkbau des Restaurants Fährhaus aus dem 18. Jahrhundert, das früher einmal eine Fährenanlegestelle war.

Ein Fenster der Kirche erinnert an die Legende von Bischof Maternus.

Auf der gegenüber liegenden Rheinseite befindet sich die ebenfalls romanische Nikolauskapelle am Pfarrer-Nikolaus-Vogt-Weg (Porz). Sie ist älter als der Kölner Dom, wurde sie doch bereits im 12. Jahrhundert für die Einwohner von Westhoven gebaut, die zuvor nach Deutz hinauf reisen mussten, um die katholische Messe zu feiern. Die Kapelle könnte auch von Händlern benutzt worden sein, die hier entlang reisten, um das Kölner Stapelrecht zu umgehen, das die Handelstreibenden dazu verpflichtete, alle Waren, mit denen sie die Stadt Köln auf der Straße oder auf dem Fluss durchquerten, mindestens drei Tage lang auf den städtischen Märkten feilzubieten, ehe sie weiterreisten (s. Nr. 45).

Weitere Sehenswürdigkeiten in der Nähe: 82

84. Schießpulver, Kerzen und Kunst

Rodenkirchen (Stadtbezirk 2), Kunstzentrum Wachsfabrik
in der Industriestraße 170
U16 Michaelshoven, dann zu Fuß

Die Landschaft des vorstädtischen Köln ist wie so viele europäische Vorstädte während des 19. Jahrhunderts industrialisiert worden und entsprechend von Schloten und Wassertürmen durchsetzt, von denen nicht wenige eine Geschichte zu erzählen haben. Am Parkplatz des Einkaufszentrums KölnArkaden in Kalk steht beispielsweise ein hoher Wasserturm – der einzige Überrest der einst gewaltigen Chemischen Fabrik Kalk (CFK), einer im Jahr 1858 gegründeten Chemiefabrik. Bis zu ihrer Schließung im Jahr 1993 war die Fabrik eine der größten deutschen Produzentinnen von Soda (= Natriumcarbonat, das in der Herstellung von Glas und Waschpulver verwendet wird) und eine der größten Arbeitgeberinnen der Stadt. Andere Aufgaben hatten die beiden nicht weniger interessanten Ziegelschlote in Ehrenfeld zu erfüllen, einer an der Hospeltstraße 32, der zu einer Brauerei-Mälzerei gehörte, die 1899 eröffnet wurde (heute Büros), und ein anderer an der Hauptstraße 14 in Widdersdorf, der 1904 für eine inzwischen auch nicht mehr bestehende Schnapsbrennerei errichtet wurde (heute Wohnungen).

Besonders interessant ist die Geschichte eines Backsteinkamins im Süden Kölns an der Industriestraße 170 (Rodenkirchen). Die um den Schlot angesiedelten alten Werkshallen dienen heute als Studios des sogenannten Kunstzentrums Wachsfabrik, einer sehr aktiven und hoch profilierten Künstlerkolonie.

Der Ursprung dieses ehemaligen Industriebetriebs verrät sich natürlich schon im Namen, zumal das Gebäude im Jahr 1930 einer Wachsfabrik gehörte, der Rheinischen Wachsindustrie Otto Josef Menden und Peter Pazen GmbH. Und noch früher werkten hier eine Brennerei und eine Schießpulver- und Munitionsfabrik. Zuerst wurde der Standort allerdings im Jahr 1812 von der Firma Henkel zur Produktion von Bleich- und Waschmitteln entwickelt. Im Jahr 1935 – der Zweite Weltkrieg zeichnete sich schon ab – erfolgte eine Rückkehr zur Munitionsproduktion, und nach dem Krieg wurde die Wachsproduktion wieder aufgenommen. Die Kerzenproduktion wurde bis in die 1970er Jahre hinein aufrechterhalten, ehe das Unternehmen seine Tore für immer schloss.

Im März 1979 mietete der Künstler und Lehrer Michael teReh einen Teil der stillgelegten Kerzenfabrik und lud andere Künstler ein, sich ihm anzuschließen. Acht gleichgesinnte Künstler sagten kurzentschlossen zu, und im September desselben Jahres stellten sie ihre Arbeiten an der offiziellen Eröffnung ihres Kunstzentrums Wachsfabrik aus. Seither findet dort ein vielfältiges Kulturprogramm mit Ausstellungen, Konzerten und Theateraufführungen statt, unterstützt vom Verein der Freunde des Kunstzentrum Wachsfabrik e.V. Auch die Stadt Köln hat von den Aktivitäten in der alten Fabrik Notiz genommen und Räumlichkeiten für ein eigenes Kulturbüro gemietet.

Das Kunstzentrum Wachsfabrik an der Industriestraße in Rodenkirchen

In der Folge wurden weitere Gebäudeteile adaptiert und Nachwuchskünstlern zur Verfügung gestellt. Im Jahr 1982 wurde das Café in der Wachsfabrik eröffnet, in dem Künstler und Besucher gleichermaßen verkehren (nachmittags zwischen Montag und Samstag), und ein Teil der alten Fabrik wurde sogar zu sehr geschmackvollen Lofts ausgebaut, die vermietet werden.

In den 30 Jahren seit der Gründung des Zentrums sind dort unzählige Künstler sowie Vertreter und Angehörige unterschiedlichster Organisationen und Kunstinitiativen ein und aus gegangen, darunter Tanztruppen, Jugendtheater und TV-Gesellschaften. Die heute dort lebenden Künstler decken ein breites Spektrum von Aktivitäten ab. Zu ihnen gehören etwa die Photographinnen Sabine Burghardt und Nicole Ditges, die Malerinnen Josta Stapper und Jeannette de Payrebrune sowie die Bildhauer Wolfgang Heckmann und Sebastian Probst. Simone Neveling im Atelier 3 bietet unter dem Motto „Die Kunst ist frei" regelmäßige Kunst-Workshops für Kinder an, gleich nebenan hat sich die Choreographiegruppe Barnes Crossing niedergelassen.

Auf die Besucher warten im Kunstzentrum einige Überraschungen.

Am interessantesten für den Gelegenheitsbesucher ist vielleicht das Atelier 4, in dem Rudolf Büngener und Peter Müller zugange sind. Der Skulpturenpark vor dem Studio umfasst eine Sammlung ihrer neuen Arbeiten, darunter ein in einen Holzstoß integriertes Auto, ein Bücherstapel in einer Betonsäule und eine Gruppe bekleideter, kopfloser, tanzender Figuren, die als *Hohle Gest* (2009) bezeichnet wird.

Nähere Informationen über die Öffnungszeiten und Besuchsmöglichkeiten in den circa 20 Studios findet man unter: www.wachsfabrik-koeln.de.

***

Hier im Skulpturenpark der Wachsfabrik in Rodenkirchen beenden wir diese Odyssee durch Köln, auf der wir einige der eher ungewöhnlichen und seltener besprochenen Ecken der Stadt kennen gelernt haben. Zufrieden blickt der Stadterforscher auf die Stadt und nimmt noch einmal die Gelegenheit wahr, nachzudenken über die unzähligen einfachen Menschen, großen Persönlichkeiten, Mächte und Pilger, die dazu beigetragen haben, diese historisch so reiche, voller Geschichten steckende Stadt zu formen, wie es in Deutschland kaum eine zweite gibt.

Öffnungszeiten

Öffnungszeiten für Museen und andere interessante Orte (nach jedem Namen ist der Stadtbezirk angegeben, für die Innenstadt zusätzlich die Stadtteilbezeichnungen in Klammern).
Die Angaben wurden zum Zeitpunkt der Drucklegung (März 2011) überprüft und gelten vorbehaltlich Änderungen.
Gesetzliche Ladenöffnungszeiten in Köln: Mo–Fr 6–20, Sa 9–16 Uhr, Sonntag geschlossen (ausgenommen Bäckereien und Konditoreien).

Abenteuerhallen Kalk, Kalk (Stadtbezirk 8), Christian-Sunner-Straße, Mo 18.30–20 (Kinder 16–18), Do 18–20, Sa u. So 10–15 Uhr nur Familien
Agrippabad, Innenstadt (Altstadt-Süd) (Stadtbezirk 1), Kämmergasse 1, Mo–Fr 6.30–22.30, Sa u. So 9–21 Uhr
Alt St. Maternus, Rodenkirchen (Stadtbezirk 2), Steinstraße, täglich 9–17 Uhr
Alter Evangelischer Friedhof/Geusenfriedhof, Lindenthal (Stadtbezirk 3), Kerpenerstraße, Apr–Sep 9–19, Okt–März 10–17 Uhr
Antiquariat Stefan Kruger, Innenstadt (Altstadt-Nord) (Stadtbezirk 1), Auf dem Bereich 26, Mo–Fr 10.30–18.30, Sa 10–16 Uhr
Antoniterkirche, Innenstadt (Altstadt-Nord), Schildergasse 57, Mo–Fr 11–19.30, Sa 11–17, So 9.30–19 Uhr
Archäologische Zone/Jüdisches Museum, Innenstadt (Altstadt-Nord) (Stadtbezirk 1), Rathausplatz, geführte Besuche um 14 Uhr, nur nach Voranmeldung, Tel. +49 (0) 221-221 334 22
Barbarastollen, Lindenthal (Stadtbezirk 3), Hauptgebäude, Universität zu Köln, Albertus-Magnus-Platz, geführte Besuche nur nach Voranmeldung, Tel. +49 (0) 221-478 44 51
Brauerei zur Malzmühle, Innenstadt (Altstadt-Nord) (Stadtbezirk 1), Heumarkt 6, Mo–Sa 10–24, So 11–23 Uhr
Brauhaus Lommerzheim, Innenstadt (Deutz), Siegestraße 18, Mi–Mo 11–14, 16.30–24, So 10.30–14.30, 16.30–24 Uhr
Brauhaus Päffgen, Innenstadt (Altstadt–Nord), Friesenstraße 64–66, Mo–Do 10–24, Fr u. Sa 10–3 Uhr
Brauhaus Sünner im Walfisch, Innenstadt (Altstadt-Nord) (Stadtbezirk 1), Salzgasse 13, Mo–Do ab 17, Fr ab 15, Sa u. So ab 11 Uhr
Braustelle, Ehrenfeld (Stadtbezirk 4), Christianstraße 2, täglich 18–1 Uhr
Baumschule La Cava, Lindenthal (Stadtbezirk 3), Widdersdorfer Landstraße 103, Mo–Fr 8.30–18.30, Sa 9.30–16 Uhr
Butzweilerhof Luftfahrt-Ausstellung, Ehrenfeld (Stadtbezirk 4), Butzweilerstraße 35–39, geführte Besuche nur nach Voranmeldung, www.butzwilerhof.de
C&A, Innenstadt (Altstadt-Nord) (Stadtbezirk 1), Schildergasse 60–68, Mo–Do 9–21, Fr u. Sa 9–22 Uhr
Café Central, Innenstadt (Neustadt-Süd) (Stadtbezirk 1), Jülicher Straße 1, täglich 7–3 Uhr
Cafe Franck, Ehrenfeld (Stadtbezirk 4), Eichendorffstraße 30, Di–So 10–19 Uhr
Café Sehnsucht, Ehrenfeld (Stadtbezirk 4), Körnerstraße 67, Mo–Fr 8–1, Sa 9–1 Uhr
Canyon Chorweiler, Chorweiler (Stadtbezirk 6), Weichselring 6a, täglich 10–23 Uhr
CCAA-Glasgalerie Köln, Innenstadt (Altstadt-Nord) (Stadtbezirk 1), Auf dem Berlich 26, Di–Fr 10–13, 14–18, Sa 10–16 Uhr
Claudiustherme, Innenstadt (Deutz) (Stadtbezirk 1), Sachsenbergstraße 1, täglich 9–24 Uhr
Commonwealth-Ehrenfriedhof, Rodenkirchen (Stadtbezirk 2), Südfriedhof, Höningerplatz, Nov–Feb 8–17, Apr–Sep 7–20, Okt 7–19 Uhr
Duftmuseum im Farina-Haus, Innenstadt (Altstadt-Nord) (Stadtbezirk 1), Obenmarspforten 21, gegenüber Gülichplatz, Mo–Sa 10–18, So 11–16 Uhr; geführte Besuche auf Anfrage
Dünnwalder Freibad, Mülheim (Stadtbezirk 9), Peter-Baum-Weg 20, Sommer täglich 9–20 Uhr
Jürgen Eifler, Innenstadt (Altstadt-Nord) (Stadtbezirk 1), Friesenwall 102a, Mo–Fr 11–18, Sa 11–16 Uhr
Elendskirche St. Gregor, Innenstadt (Altstadt-Süd) (Stadtbezirk 1), An St. Katharinen 5, Freitagsmesse 19 Uhr; zu anderen Zeiten nur nach Voranmeldung, Tel. +49 (0) 221-31 42 75
Em höttche – Beim Aggi, Ehrenfeld (Stadtbezirk 4), Körnerstraße 41, täglich 11–24 Uhr
English Shop, Innenstadt (Altstadt-Nord) (Stadtbezirk 1), An St. Agatha 41, Mo–Sa 10–20 Uhr
Fernwärmetunnel, Innenstadt (Deutz) (Stadtbezirk 1), Ecke Messeplatz und Kennedyufer, geführte Besuche nur nach Voranmeldung, Tel. +49 (0) 221-17 46 60, www.rheinenergie.de
Feuerzeugmuseum, Porz (Stadtbezirk 7), Bergerstraße 136, Mo–Fr 10–18.30 Uhr
Filz Gnoss, Innenstadt (Altstadt-Nord) (Stadtbezirk 1), Apostelnstraße 21, Mo–Fr 9.30–18.30, Sa 10–16 Uhr
Finkens Garten, Rodenkirchen (Stadtbezirk 2), Friedrich-Ebert-Straße 49, Sa u. So 9–18 Uhr
Flora und Botanischer Garten, Nippes (Stadtbezirk 5), Am Botanischen Garten 19, täglich 8–21; Gewächshäuser Apr–Okt 10–18, Nov–März 10–16 Uhr
Flughafen Köln/Bonn „Konrad Adenauer", Porz (Stadtbezirk 7), Waldstraße 147, geführte Besuche nur nach Voranmeldung Mo–Fr 10, 11.45, 13.30 und 15.15 Uhr, www.koeln-bonn-airport.de/ma
Ford-Werke GmbH, Nippes (Stadtbezirk 5), Henry-Ford-Straße 1, geführte Besuche nur nach Voranmeldung 9.30 u. 13 Uhr, Tel. +49 (0) 221-901 99 91, www.ford.de
Forstbotanischer Garten, Rodenkirchen (Stadtbezirk 2), Schillingsrotter Straße 100, Nov–Feb 9–16, März, Sep u. Okt 9–18, Apr–Aug 9–20 Uhr
Friedhof Melaten, Lindenthal (Stadtbezirk 3), Aachener Straße, März 8–18, Apr–Sep 7–20, Okt 7–19, Nov–Feb 8–17 Uhr
Friedhof Sürther Straße, Rodenkirchen (Stadtbezirk 2), Sürther Straße, März 8–18, Apr–Sep 7–20, Okt 7–19, Nov–Feb 8–17 Uhr
Früh em Veedel, Innenstadt (Altstadt-Süd) (Stadtbezirk 1), Chlodwigplatz 28, Mo–Sa 11–1 Uhr
Früh im Haus Tutt, Ehrenfeld (Stadtbezirk 4), Fridolinstraße 72, Mo–Do 11–24, Fr u. Sa 11–1 Uhr
Geldgeschichtliches Museum, Innenstadt (Altstadt-Nord) (Stadtbezirk 1), Neumarkt 18–24, Di–Fr 9–18.30, Sa 10–14 Uhr
Glaub Besteckhaus, Innenstadt (Altstadt-Nord) (Stadtbezirk 1), Komödienstraße 101–113, Di–Fr 10–18, Sa 10–14 Uhr
Greifvogel-Schutzstation, Porz (Stadtbezirk 7), Gut Leidenhausen, zwischen Grengeler Mauspfad, Hirschgraben und A59, So Apr–Sep 10–18, Okt–März 10–17 Uhr

Groß St. Martin, Innenstadt (Altstadt-Nord) (Stadtbezirk 1), An Groß St. Martin 9, Di–Fr 10–12, 15–17, Sa 10–12.30, 13.30–17, So 14–16 Uhr
Großmarkthalle, Rodenkirchen (Stadtbezirk 2), Marktstraße 10, Mo–Fr 2–13, Sa 2–8 Uhr
Gustav Brock, Innenstadt (Altstadt-Nord) (Stadtbezirk 1), Apostelnstraße 44, Mo–Sa 9–17 Uhr
Hänneschen Puppenspiele, Innenstadt (Altstadt-Nord) (Stadtbezirk 1), Eisenmarkt 2–4, Vorführungen Mi–So, Kartenbüro 15–18 Uhr, www.haenneschen.de
Hari Om Mandir, Afghanischer Hindu-Tempel, Porz (Stadtbezirk 7), Wikinger Straße 62, Mo–Fr 8.30–18.30, Sa 9–17, So 9–18.30 Uhr
Restaurant Haus Scholzen, Ehrenfeld (Stadtbezirk 4), Venloer Straße 236, Mi–So 11.30–15, 17–24; Küche 12–14.15, 18–22 Uhr
Honig Müngersdorff, Innenstadt (Altstadt-Nord) (Stadtbezirk 1), An St. Agatha 37, Mo–Fr 8–13, 14–17, Sa 8–12 Uhr
Hoss an der Oper, Innenstadt (Altstadt-Nord) (Stadtbezirk 1), Breite Straße 25–27, Di u. Mi 9.30–18, Do u. Fr 9.30–19, Sa 9–16 Uhr
Imhoff-Schokoladenmuseum, Innenstadt (Altstadt-Süd) (Stadtbezirk 1), Am Schokoladenmuseum 1a, Di–Fr 10–18, Sa u. So 11–19 Uhr
Japanischer Garten, Mülheim (Stadtbezirk 9), Kaiser-Wilhelm-Allee, Mai–Sep 9–20 Uhr, Okt–Apr 9 bis Einbruch der Dämmerung
Jüdischer Friedhof Bocklemünd, Ehrenfeld (Stadtbezirk 4), Venloer Straße 1152, Apr–Okt Mo–Do 8.30–18, Fr 8.30–14, So 9–18, Nov–März Mo–Do 8.30–17, Fr 8.30–14, So 9–17 Uhr; Männer müssen beim Friedhofsbesuch eine Kopfbedeckung tragen
Jüdischer Friedhof Deutz, Deutz (Stadtbezirk 1), Judenkirchhofsweg, Apr–Okt Mo–Do 8.30–18, Fr 8.30–14, So 9–18, Nov–März Mo–Do 8.30–17, Fr 8.30–14, So 9–17 Uhr; Männer müssen beim Friedhofsbesuch eine Kopfbedeckung tragen
Käthe-Kollwitz-Museum, Innenstadt (Altstadt-Nord) (Stadtbezirk 1), Neumarkt 18–24, Di–Fr 10–18, Sa u. So 11–18 Uhr
Türkisches Restaurant Kervansaray, Mülheim (Stadtbezirk 9), Keupstraße 25, täglich 6–3 Uhr
Kletterfabrik, Ehrenfeld (Stadtbezirk 4), Lichtstraße 25, Mo–Fr 10–23, Sa u. So 10–21.30 Uhr

Kölner Dom, Innenstadt (Altstadt-Nord) (Stadtbezirk 1), Domkloster 4, täglich 6–21 Uhr; Domschatzkammer täglich 10–18 Uhr
Kölner Festungsmuseum, Rodenkirchen (Stadtbezirk 2), Militärringstraße 10, erster Sa im Monat geführte Besuche um 12, 14 u. 16 Uhr
Kölner Karnevalsmuseum, Ehrenfeld (Stadtbezirk 4), Maarweg 134–136, Do 10–20, Fr 10–17, Sa u. So 11–17 Uhr; August geschlossen
Kölner Münzkabinett, Innenstadt (Altstadt-Nord) (Stadtbezirk 1), Neven-DuMont-Straße 15, Di–Fr 10–13, 15–18, Sa 10–13 Uhr
Kölner Wein Depot Josef Wittling, Nippes (Stadtbezirk 5), Amsterdamer Straße 1, Di–Fr 8–19, Sa 8–14 Uhr
Kölner Zoo, Nippes (Stadtbezirk 5), Riehler Straße 173, März–Okt 9–18, Okt–März 9–17 (Aquarium bis 18 Uhr)
Kölnischer Kunstverein, Innenstadt (Altstadt-Nord) (Stadtbezirk 1), Hahnenstraße 6, Di–Fr 13–19, Sa u. So 11–18 Uhr
Kölnisches Stadtmuseum, Innenstadt (Altstadt-Nord) (Stadtbezirk 1), Zeughausstraße 1–3, Di 10–20, Mi–So 10–17, erster Do im Monat 10–22 Uhr
KölnTriangle-Aussichtsplattform, Innenstadt (Deutz) (Stadtbezirk 1), Ottoplatz 1, Okt–Apr Mo–Fr 12–18, Sa u. So 10–18, Mai–Sep Mo–Fr 11–22, Sa u. So 10–22 Uhr
Kolumbamuseum, Innenstadt (Altstadt-Nord) (Stadtbezirk 1), Kolumbastraße 4, Mi–Mo 12–17 Uhr
Fähre KroKoLino, Porz (Stadtbezirk 7), Zündorf, Groov am Kai, alle 20 Minuten, März bis Mitte Oktober Mo–Fr 11–19, Sa u. So 10–20 Uhr
Kronleuchtersaal, Innenstadt (Neustadt-Nord) (Stadtbezirk 1), Ecke Theodor-Heuss-Ring und Clever Straße, geführte Besuche Mär–Sep am letzten Sa des Monats, nur nach Voranmeldung, Tel. +49 (0) 221-221 268 45, www.stadtentwaesserung-koeln.de
KVB-Straßenbahn-Museum Thielenbruch, Mülheim (Stadtbezirk 9), Gemarkenstraße 139, März–Dez jeden zweiten So im Monat 11–17 Uhr
Restaurant La Vision, Innenstadt (Altstadt-Süd) (Stadtbezirk 1), Hotel im Wasserturm, Kaygasse 2, Di–Sa 12–14, 19–22 Uhr
Mikveh, Innenstadt (Altstadt-Nord) (Stadtbezirk 1), Rathausplatz, Di–So

10–17 Uhr; vorherige Anmeldung im Praetorium an der Kleinen Budengasse 2 erforderlich
Museum der Puppengeschichte, Innenstadt (Altstadt-Nord) (Stadtbezirk 1), Unter Goldschmied 3, Mo–Sa 9–17 Uhr
Museum für Ostasiatische Kunst, Innenstadt (Neustadt-Süd) (Stadtbezirk 1), Universitätsstraße 100, Di–So 11–17; erster Do im Monat 11–22 Uhr
Museum Schnütgen, Innenstadt (Altstadt-Süd) (Stadtbezirk 1), St. Cäcilienkirche, Cäcilienstraße 29, Di–Fr 10–17, Sa u. So 11–17 Uhr
Museumsbunker Reichsbahn Ausbesserungswerk, Nippes (Stadtbezirk 5), Werkstattstraße 106, jeden zweiten So im Monat 10–16 Uhr
Musikhaus Tonger, Innenstadt (Altstadt-Nord) (Stadtbezirk 1), Breite Straße 2–4, Mo–Fr 10–19, Sa 10–18 Uhr
Monika Nachbar Beauty Hair & Accessories, Innenstadt (Altstadt-Nord) (Stadtbezirk 1), Breite Straße 161, Di–So 9–18 Uhr
Naturfreibad Fühlinger See, Chorweiler (Stadtbezirk 6), Stallagsbergweg, Mo–Fr 10–18, Sa u. So 9–18 Uhr
NS-Dokumentationszentrum der Stadt Köln, Innenstadt (Altstadt-Nord) (Stadtbezirk 1), EL-DE-Haus, Appellhofplatz 23–25, Di–Fr 10–16, Sa u. So 11–16; erster Do im Monat 10–18 Uhr
Neptunbad, Ehrenfeld (Stadtbezirk 4), Neptunplatz 1, täglich 9–24 Uhr
Ossi-Laden, Innenstadt (Altstadt-Nord) (Stadtbezirk 1), WDR-Arkaden, Breite Straße 6–26, Mo–Fr 10–19, Sa 10–18 Uhr
Papa Joe's Klimperkasten, Innenstadt (Altstadt-Nord) (Stadtbezirk 1), Alter Markt 50–52, täglich 11–3 Uhr
Peter Heinrichs, Innenstadt (Altstadt-Nord) (Stadtbezirk 1), Hahnenstraße 2–4, Mo–Fr 6–20, Sa 7–18 Uhr
Praetorium/Römischer Abwasserkanal, Innenstadt (Altstadt-Nord) (Stadtbezirk 1), Kleine Budengasse 2, Di–So 10–17 Uhr
RadioMuseum Köln, Mülheim (Stadtbezirk 9), Waltherstraße 49–51 Haus 32, zweiter So im Monat 14–18 Uhr

Rautenstrauch-Joest-Museum – Kulturen der Welt, Innenstadt (Altstadt-Süd) (Stadtbezirk 1), Cäcilienstraße 29–33, Di–So 10–18, Do 10–20 Uhr

Restaurant Isenburg, Mülheim (Stadtbezirk 9), Johann-Bensberg-Straße 49, Di–Fr 12–15, 18.30–24, Sa 18.30–24 Uhr

Rheinseilbahn, Nippes (Stadtbezirk 5), Riehler Straße 180, 10–18 Uhr

Rheinisches Industriebahn-Museum, Nippes (Stadtbezirk 5), Longericher Straße 249, monatlich offene Tage zwischen Ostern und Oktober, www.rimkoeln.de

Römische Grabkammer in Weiden, Lindenthal (Stadtbezirk 3), Aachener Straße 1328, Di–Do 10–13, Fr 10–17, Sa u. So 13–17 Uhr; im Sommer und an den Weihnachtsfeiertagen geschlossen

Römisch-Germanisches Museum, Innenstadt (Altstadt-Nord) (Stadtbezirk 1), Roncalliplatz 4, Di–So 10–17, Do 10–20; jeden ersten Do im Monat 10–22 Uhr

Schirm Bursch, Innenstadt (Altstadt-Nord) (Stadtbezirk 1), Breite Straße 104, Mo–Fr 10–18.30, Sa 10–15 Uhr

Senfmuseum, Innenstadt (Altstadt-Süd) (Stadtbezirk 1), Holzmarkt 79–83, Mo–Fr 10–18, Sa u. So 11–19; Vorführungen täglich um 11.15, 12, 13, 14, 15, 16 Uhr

St. Andreaskirche, Innenstadt (Altstadt-Nord) (Stadtbezirk 1), Komödienstraße 6–8, Mo–Fr 7–19, Sa u. So 8–19 Uhr

St. Apostelnkirche, Innenstadt (Altstadt–Nord) (Stadtbezirk 1), Apostelnkloster 10, Di–So 10–12, 15–17 Uhr

St. Cäcilienkirche, Innenstadt (Altstadt–Süd) (Stadtbezirk 1), Cäcilienstraße 29, Di–Fr 10–17, Sa u. So 11–17 Uhr

St. Georgskirche, Innenstadt (Altstadt–Süd) (Stadtbezirk 1), Waidmarkt, täglich 8–18 Uhr

St. Gereonskirche, Innenstadt (Altstadt-Nord) (Stadtbezirk 1), Gereonskloster, Mo–Sa 10–18, So 12.30–18; Krypta Mi 15–17, Sa 10–12 Uhr

St. Heribertkirche, Innenstadt (Deutz) (Stadtbezirk 1), Tempelstraße 2, Di 9–12, Mi 16–17.30, Do 9–12 Uhr, Fr 9–11, 16–17.30 Uhr

St. Hubertuskirche, Mülheim (Stadtbezirk 9), Hubertusstraße 3, Sonntagsgottesdienst 11.30 Uhr

St. Kunibertkirche, Innenstadt (Altstadt-Nord) (Stadtbezirk 1), Kunibertskloster 6, Mo–Sa 10–13, 15–18, So 15–18 Uhr

St. Mariä Himmelfahrt, Innenstadt (Altstadt-Nord), Marzellenstraße 26, täglich 9–18 Uhr

St. Maria im Capitol, Innenstadt (Altstadt–Süd) (Stadtbezirk 1), Kasinostraße 6, täglich 9–18 Uhr

St. Maria in der Kupfergasse, Innenstadt (Altstadt-Nord) (Stadtbezirk 1), Schwalbengasse 1, täglich 6.30–19.30 Uhr

St. Maria in Lyskirchen, Innenstadt (Altstadt–Süd) (Stadtbezirk 1), An Lyskirchen 8, täglich 10–18 Uhr

St. Pantaleonskirche, Innenstadt (Altstadt–Süd) (Stadtbezirk 1), Am Pantaleonsberg 8, Mo–Fr 9–18, Sa 9–16, So 12–18 Uhr

St. Severinskirche, Innenstadt (Altstadt–Süd) (Stadtbezirk 1), Severinskirchplatz, Mo–Sa 9–18, So 9–12, 15–17.30; geführte Besuche der Krypta Fr 16 Uhr

St. Ursulakirche, Innenstadt (Altstadt–Nord) (Stadtbezirk 1), Ursulaplatz 24, Mo–Sa 9–12, 15–17, So 15–17 Uhr

Sterck Joh. Jos u. Zoon, Innenstadt (Altstadt-Nord) (Stadtbezirk 1), Neue Langgasse 4, Mo–Fr 9.30–18, Sa 10–18 Uhr

Strohhut's Eck, Ehrenfeld (Stadtbezirk 4), Venloer Straße/ Ehrenfelder Gürtel, Mo–Fr 11–19 Uhr

Sünner Brauerei, Kalk (Stadtbezirk 8), Kalker Hauptstraße 262, Brauerei- und Kellerführungen nur nach Voranmeldung Tel. +49 (0) 2137-103 786, www.suennerbrauerei.de; Biergarten Apr–Sep Mo–Sa 12–23, So 11–23 Uhr

Thurner Hof, Mülheim (Stadtbezirk 9), Mielenforster Straße 1, Garten in den Sommermonaten Sa ab 12, Mi ab 16 Uhr

Ubiermonument, Innenstadt (Altstadt–Süd) (Stadtbezirk 1), An der Malzmühle 1, geführte Besuche nur nach Voranmeldung, Tel. +49 (0) 221-221 223 94

Vingster Freibad, Kalk (Stadtbezirk 8), Vingster Ring, Sommer Mo–Do 10–19, Fr–So 9–19 Uhr

Violin Expo Cologne, Innenstadt (Altstadt-Nord) (Stadtbezirk 1), Lintgasse 18–20, Mo–Fr 10–18 Uhr

Wallraf-Richartz-Museum, Innenstadt (Altstadt-Nord), Obenmarspforten, Di, Mi u. Fr 10–18, Do 10–22, Sa u. So 11–18 Uhr

Wasserspeicher Severin, Innenstadt (Neustadt-Süd) (Stadtbezirk 1), Zugweg 29–31, geführte Besuche nur nach Voranmeldung, Tel. +49 (0) 221-178 46 60, www.rheinenergie.de

Wasserwerk Weiler, Chorweiler (Stadtbezirk 6), Blockstraße, geführte Besuche nur nach Voranmeldung, Tel. +49 (0) 221-178 4660, www.rheinenergie.de

Weißer Holunder, Innenstadt (Neustadt-Nord) (Stadtbezirk 1), Gladbacherstraße 48, Mo–Do 16–1, Fr 16–2, Sa 11–2, So 11–18 Uhr

Winkelturm, Nippes (Stadtbezirk 5), Neusser Landstraße 2, jeden dritten Sa im Monat 14–16 Uhr

Jugendstil-Dekoration am Neptunbad in Ehrenfeld (s. Nr. 70)

Zum Weiterlesen

REISEFÜHRER

Cologne Photo Guide. Monaco Books/Verlag Wolfgang Kunth, 2008

Köln Baedecker Allianz Reiseführer. Karl Baedecker, 2004

Marianne Bongartz, Stephanie Henseler: DuMont direkt Köln. DuMont Reiseverlag, 2009

Kirsten Kabasci: Köln City Guide. Reise Know-How Verlag, 2009

Kirsten Kabasci, Marcus Knupp: Cologne: A Practical Guide. Emons, 2005

Gregory Piatkowski: PastFinder ZikZak Köln. PastFinder Ltd, 2008

Jürgen Raap Marco Polo Köln. Mairdumont, 2010

Susanne Raupriche: Der Kölner Museumsführer: Faszinierende, große und kleine, weltberühmte und versteckte Museen in Köln. Emons, 2010

Werner Schäfke, DuMont Kunst Reiseführer Köln. DuMont Reiseverlag, 2005

KÖLN GEHEIM

Bernd Imgrund, Britta Schmitz: 111 Kölner Orte, die man gesehen haben muss. Band 1 Emons, 2008

Bernd Imgrund, Britta Schmitz 111 Kölner Orte, die man gesehen haben muss. Band 2, Emons, 2009

Franz Jungeblodt, Csaba Peter Rakoczy: Das unterirdische Köln: Spurensuche im Kölner Untergrund. Bachem, 2008

Franz Mathar: Kölner Oasen: Bekannte und unbekannte Orte und Plätze der Beschaulichkeit und Ruhe. Greven 2001

Martin Stankowski: Köln – Der andere Stadtführer. Kiepenheuer & Witsch, 2003

Karola Waldek: Geheime Gärten im Kölner Süden – Eine Reise durch die schönsten privaten Hausgärten. Bachem, 2010

BÜCHER MIT ABBILDUNGEN

Detlev Arens, Celia Cörber-Leupold: Köln – Eine große Stadt in Bildern. Greven, 2006

Elke Heidenreich, Stefan Worring: Köln – Bilder und Geschichte. Kiepenheuer & Witsch, 2004

Friedrich Riehl, Uwe Dettmar: Köln Bilder: Ein Fotoalbum. Greven, 2007

ARCHITEKTUR UND DENKMÄLER

Bernd von der Felsen: Festungsstadt Köln: Preußens Bollwerk im Westen. Emons, 2010

Werner Halmert: Romanische Kirchen in Köln. Kiepenheuer & Witsch, 2004

Hans Hesse, Elke Purpus: Mahnmalführer Köln: Ein Führer zu Kölner Denkmälern zur Erinnerung an Verfolgung und Widerstand im Nationalsozialismus. Klartext Verlag, 2010

Hiltrud Kier, Ute Chibidziura und Hans Georg Esch: Romanische Kirchen in Köln. Bachem, 2004

Clemens Kosch: Kölns Romanische Kirchen. Schnell & Steiner, 2005

Werner Schäfke: Kölns Romanische Kirchen: Architektur, Kunst, Geschichte. Emons, 2004

GESCHICHTE

Carl Dietmar: Das Mittelalterliche Köln: Der Historische Stadtführer. Bachem, 2003

Werner Jung: Das Moderne Köln: Der Historische Stadtführer. Bachem, 2005

Werner Jung: Das Neuzeitliche Köln: Der Historische Stadtführer. Bachem, 2002

Philip Parker: The Empire Stops Here – A Journey along the Frontiers of the Roman World. Jonathan Cape, 2009

Werner Schäfke: Mittelalter in Köln: Eine Auswahl aus den Beständen des Kölnischen Stadtmuseum. Emons, 2010

WEBSITES

www.koelntourismus.de (offizielle Tourismus-Website der Stadt Köln)

www.stadt-koeln.de (offizielle Website des Bürgermeisters)

www.koeln.de (Offizielles Stadtportal)

www.stadt-koeln.de/tagdes denkmals (jährlich am zweiten Sonntag im September abgehaltener „Tag der offenen Tür" der weniger bekannten historischen Gebäude und Denkmäler der Stadt)

www.stattreisen-koeln.de (Stadtspaziergänge abseits der bekannten Touristenrouten)

www.expedition-colonia.de (Expedition Colonia – Das Stadtentdeckungsfestival, eine jährlich stattfindende, dreiwöchige Veranstaltung mit Stadtführungen und Exkursionen zu ungewöhnlichen Themen)

www.romanische-kirchenkoeln.de (Freunde der Romanischen Kirchen Kölns)

www.bilderbuch-koeln.de (umfangreiches Online-Archiv moderner und alter Bilder der Stadt Köln)

www.kvb-koeln.de (Website der Kölner Verkehrsbetriebe AG)

www.deutschland-tourismus.de (Informationen für Touristen in Deutschland)

Der DuMont-Brunnen an der Breiten Straße (s. Nr. 3)

Danksagung

Zuerst und vor allem möchte ich mich bei den Mitarbeiterinnen und Mitarbeitern meines Verlages Christian Brandstätter in Wien bedanken, nicht nur für ihren ungebrochenen Glauben an meine Arbeit, sondern auch für ihren Professionalismus, ihren Enthusiasmus und ihr unermüdliches Bemühen, meine Bücher in die Buchläden und an die Kunden zu bringen. In diesem Zusammenhang bin ich ganz besonders Elisabeth Hölzl, Dr. Christian Brandstätter und Nikolaus Brandstätter zu Dank verpflichtet. Dank auch an Ekke Wolf für die ausgezeichnete grafische Gestaltung und an Walter Goidinger für seine einfühlsame und professionelle Übersetzung meines Manuskripts ins Deutsche, bei der ihm Gerti Jaquemar und Susanne Wünning mit Rat und Tat zur Seite standen. Else Rieger hat den Text fachkundig lektoriert; für die Karten zeichnet Helmut Maurer verantwortlich.

Nachstehenden Personen und Institutionen danke ich ganz herzlich dafür, dass sie mir gestattet haben, Fotos zu machen bzw. Zutritte ermöglicht und Informationen bereitgestellt haben: Sabine Abraham und Inga Malgady (Römische Grabkammer in Wieden); Gabriela Adams (Universitätsklinikum Köln); Franziska Bartz (Universität Köln); Rose und Mike Blackadder; Frank Blaeser und Gregor Jaeger (Kletterfabrik); Braustelle; Ralf Bröcker und Heinrich Spechtmeyer (Stadtentwässerungsbetriebe Köln); Hinnerick Bröskamp (intune-performance/DE CAMPO FILM); Kishor Chabra (Afghanische Hindus Gemeinde in Köln e.V.); Bettina Clever (Museum für Ostasiatische Kunst); Rifat Dumrum (Türkisches Restaurant Kervansaray); Levent Ekiz; Jürgen Eifler; Monika Flick (Sterck Joh. Jos & Zoon); Robert Förster; Dr. Marianne Gechter (Stadt Köln, Archäologische Zone/Jüdisches Museum); Anita Glaub (Besteckhaus); Jane Hale, Dr. Klaus Hardering (Dombauverwaltung Köln); Hans Christian Hartmann und Dr. Rudolf Schmidt (KVB-Straßenbahn-Museum Thielenbruch); Haus Scholzen; Brigitta Hommelsheim (Marktverwaltung Stadt Köln); Dr. Patrick Honecker (Universität zu Köln); Hopper Hotel et cetera; Dr. Paul Kluitmann; Stefanie Kursawe (Museum der Puppengeschichte); Holger Lang; Daniel Lemberg (Jüdischer Friedhof Bocklemünd); Oliver Lueb und Ursula Metz (Rautenstrauch-Joest-Museum); Kölner Zoo; Prof. Dr. Herwig Maehler; Heribert Malchers und Stefanie Brands (Hänneschen Puppenspiele der Stadt Köln); Dr. Edgar Mayer (Stiftung Butzweilerhof Köln); A. Michael Marx; Monika Moik und Henning von Dombois (Duftmuseum im Farina-Haus); Andy Mossack; Volker Müller; Kathinka Pasveer (Stockhausen Stiftung für Musik); Michael Paukner (EL-DE-Haus); Marek Pryjomko; Brigitte Rollersbroich (Tyll Kroha Kölner Münzkabinett); Cornelia Römer; Jaime F. Rubio; Sönke Schacht (Neptunbad Premium Sports & Spa); Karl Schiesberg (Weißer Holunder); Rudolf Schmutz; Robert Schwienbacher (Kölner Forschungsinstitut für Festungsarchitektur); Joerg Seidel und Uwe Müller (Rheinisches Industriebahn-Museum); Andrea Seinen (Hotel Chelsea); Arne Seringer (Flora und Botanischer Garten Köln); Adrian Smith; Mary Smith; Wolfgang und Eva Steffens (Senfmuseum); Michael Straßburger (Odeon Kino); Frank Straube und Jörg Schmitter (RheinEnergie AG); Claudia Teichner (Kölner Karnevalsmuseum); Prof. Dr. Renate Thomas, Prof. Dr. Hansgerd Hellenkemper und Dr. Friederike Naumann-Steckner (Römisch-Germanisches Museum Köln); Angelika Wied (Violin Expo Cologne); Heike Wester; Raphael Wissing, Tim Hamacher und Rita Wagner (Kölnisches Stadtmuseum); Rosi Zander (Barbarastollen).

Für gute Unterkunft danke ich den Mitarbeiterinnen und Mitarbeitern der Hotels Star am Dom und Elite an der Universität, besonders Herrn Wei Ying Chen. Für Übersetzungen und moralische Unterstützung Roswitha Reisinger. Für Hilfe bei der Bildauswahl geht mein Dank an Bob Barber, Andreas Eberhart, Tav Falco und Simon Laffoley. Für die Website und technische Unterstützung an Richard Tinkler. Vielen Dank auch an meinen großartigen Cousin James Dickinson, dessen grenzenlose Begeisterung für meine Arbeit ebenso befruchtend wie ansteckend wirkt.

Last but not least bedanke ich mich bei den Einwohnerinnen und Einwohnern der Stadt Köln, die mir während meines Aufenthalts in ihrer faszinierenden und geschichtsträchtigen Stadt ohne Ausnahme mit Freundlichkeit und großer Hilfsbereitschaft begegnet sind.

Bibliografische Information der Deutschen Nationalbibliothek
Die Deutsche Nationalbibliothek verzeichnet diese Publikation in der Deutschen Nationalbibliografie;
detaillierte bibliografische Daten sind im Internet über http://dnb.d-nb.de abrufbar.

1. Auflage

Grafische Gestaltung, Bildbearbeitung: Ekke Wolf, typic.at
Lektorat: Else Rieger
Kartengrafik: APA, Wien
Abbildungen: © Duncan J. D. Smith, mit Ausnahme von:
S. 12, 13 u. 22: Stadt Köln, Archäologische Zone
S. 15 u. 16: FARINA/Duftmuseum im Farina-Haus
S. 44: Archiv der Stockhausen Foundation for Music, Kürten (www.stockhausen.org)
S. 84 u. 85: Rautenstrauch-Joest-Museum
S. 105: Rheinisches Bildarchiv, Köln (Museum für Ostasiatische Kunst/Sammlung Peter und Irene Ludwig)
S. 109: Hinnerick Bröskamp (intune-performance/DE CAMPO FILM)
S. 219: Robert Schwienbacher/Kölner Forschungsinstitut für Festungsarchitektur
S. 229: Neptunbad Premium Sports und Spa

Gedruckt in der EU

Copyright © 2011 by Christian Brandstätter Verlag, Wien

Alle Rechte, auch die des auszugsweisen Abdrucks
oder der Reproduktion einer Abbildung, sind vorbehalten.
Das Werk einschließlich aller seiner Teile ist urheberrechtlich geschützt.
Jede Verwertung ohne Zustimmung des Verlages ist unzulässig.
Dies gilt insbesondere für Vervielfältigungen, Übersetzungen, Mikroverfilmungen
und die Einspeicherung und Verarbeitung in elektronischen Systemen.

ISBN 978-3-85033-454-9

Christian Brandstätter Verlag
GmbH & Co KG
A-1080 Wien, Wickenburggasse 26
Telefon (+43-1) 512 15 43-0
Telefax (+43-1) 512 15 43-231
E-Mail: info@cbv.at
www.cbv.at

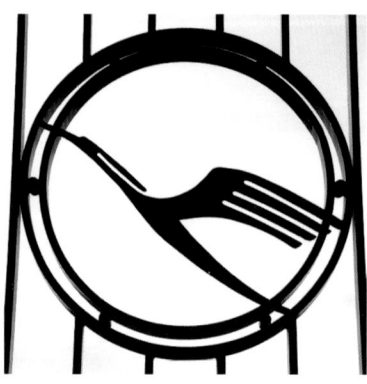

*Das bekannte Lufthansa-Logo am ehemaligen
Flughafen Köln-Butzweilerhof (s. Nr. 64)*